L'enfant que personne n'aimait

Casey Watson

L'enfant que personne n'aimait

Traduit de l'anglais par
Arianne Maksioutine

ÉDITIONS FRANCE LOISIRS

Publié en Grande-Bretagne sous le titre *The Boy No One Loved* par HarperElement, une division de HarperCollins Publishers

Édition du Club France Loisirs,
avec l'autorisation de City Éditions

Éditions France Loisirs,
123, boulevard de Grenelle, Paris.
www.franceloisirs.com

ISBN : 978-2-298-06268-7

À ma merveilleuse famille
qui est toujours là pour moi.

Prologue

Le garçon découvrit ses petits frères couverts d'excréments. Ils avaient retiré leurs couches et s'en étaient barbouillés l'un l'autre tandis que le chien de leur mère – un pernicieux terrier brun – léchait ce qui était resté collé aux barreaux de leur lit.

Il chassa le chien et, avec un haut-le-cœur, s'empara des deux petits avant d'aller chercher une couette dans la chambre de sa mère. Où était-elle passée, cette fois ? Pourquoi n'était-elle jamais là ?

Il descendit ses petits frères, les enveloppa de la couette et les posa sur le canapé. Puis il alluma la télé et mit des dessins animés.

— On a faim, ne cessait de se plaindre le plus grand. On a faim, Justin. S'il te plaît, Justin. Trouve-nous à manger.

Il n'y avait rien. Il n'y avait jamais rien eu. Il chercha tout de même, au cas où. Il fouilla tous les placards, les tiroirs, le gros frigo crasseux. Il sentit les larmes lui monter aux yeux. Il sentit la colère, également. Il regarda ses petits frères, leurs visages pleins d'espoir et d'attente. Qu'était-il censé leur donner à manger ? Qu'était-il censé faire ?

Soudain, tout fut clair dans son esprit. Il n'avait

pas à réfléchir. Il savait *exactement* quoi faire. Comme sur pilote automatique, il sortit ses petits frères de la maison, les posa sur l'herbe – toujours enveloppés de leur couette crottée – et leur intima de ne pas bouger.

Il retourna à l'intérieur et se mit en quête du briquet censé se trouver dans le salon. Après s'en être emparé, il l'alluma calmement contre le canapé. Il arrêta seulement quand des flammes apparurent, et il s'attaqua aux rideaux.

Le chien descendit, la gueule couverte du contenu des couches des petits. Le garçon se précipita vers le placard de la cuisine, sous l'évier : la bouteille qui s'y trouvait était destinée au briquet. Il s'en empara et retourna dans le salon, où il aspergea d'essence la gueule crasseuse de l'animal.

Il jeta un dernier coup d'œil dans la maison et sortit en prenant soin de fermer la porte d'entrée derrière lui. Il rejoignit ses frères sous la couette, sur l'herbe, et regarda calmement la maison et le chien disparaître.

La police localisa sa mère trois heures plus tard. Elle avait manifestement passé l'après-midi chez un ami. Le petit garçon n'avait que cinq ans et demi.

1

C'est étrange comme de petits détails ont tendance à vous rester en tête. Le jour où Justin, le premier enfant qu'on plaçait chez nous, était censé arriver – le dernier samedi avant Noël, une journée magnifique mais fraîche –, deux choses ne cessaient de me tarauder l'esprit. D'abord, l'air désespéré de l'assistant social lorsqu'il nous avait fait part de sa requête, et, ensuite, le fait d'être brune.

Je n'étais pas la seule, d'ailleurs. Ma fille Riley, qui a aujourd'hui vingt et un ans et s'est toujours montrée enthousiaste vis-à-vis de ce projet, arborait la même chevelure que moi. Nous avions toutes les deux hérité des cheveux de ma mère, et, s'il y avait bien une chose que je n'ignorais pas – et j'en savais pourtant peu sur Justin, à cette époque –, c'était l'aversion que lui inspiraient les femmes brunes.

J'arrangeai sa housse de couette « équipe de foot d'Angleterre » pour la énième fois ce matin-là tout en tentant de me sortir ces pensées négatives de la tête. J'avais été formée pour faire ce travail. Mon mari, Mike, aussi. Par ailleurs, cela faisait plusieurs années que je m'occupais d'enfants difficiles. Et enfin, n'était-ce pas la nouvelle carrière que je m'étais choisie ?

Malgré mon angoisse, je ressentais une certaine fierté. Je jetai un coup d'œil dans la pièce avec un sourire de satisfaction. Je n'aurais pas pu mieux arranger sa chambre. L'une des rares choses que nous savions était que Justin aimait le football. Nous avions donc immédiatement décidé de coller à ce thème. Nous avions alors repeint la chambre d'amis en noir et blanc et fait une petite folie en posant sur l'un des murs un papier peint représentant une foule dans un stade.

Nous avions ajouté une moquette verte en guise de terrain, une frise dans le même thème, et j'avais écumé les magasins d'occasion à la recherche de livres, de jeux et de puzzles que mes enfants avaient pu apprécier au même âge. Nous avions également appris qu'il aimait les films, en particulier les Disney ; nous lui en avions donc acheté quelques-uns. Je m'étais souciée du moindre détail, même le plus insignifiant, car j'avais vraiment à cœur de tout faire pour qu'il se sente chez lui. J'ignorais quelle équipe il soutenait. En attendant, j'avais récupéré la vieille couette de mon fils, Kieron. Avec l'équipe d'Angleterre, je ne prenais pas trop de risques vis-à-vis d'un garçon de onze ans fan de football.

Je posai les yeux sur la grosse horloge bleue que Mike avait fixée au mur. Presque onze heures. Ils arriveraient d'un moment à l'autre. Et, comme par magie, j'entendis Mike m'appeler du rez-de-chaussée.

— Ils sont là, chérie.

J'avais rencontré Justin le mardi précédent. À vrai dire, cela ne faisait qu'une semaine qu'on nous avait suggéré ce placement, et huit jours que j'avais quitté mon travail à l'établissement secondaire de notre village. La semaine avait été intense, car tout était arrivé très vite.

Et, même si Mike et moi n'étions pas encore habitués à ce mode de fonctionnement, nous avions saisi la gravité de la situation. John Fulshaw, notre contact dans l'agence de placement en famille d'accueil, avait été très clair : ce n'était pas une décision à prendre à la légère. Nous ne savions pas encore à quel point il avait raison.

John avait été désigné comme notre contact dès notre inscription à l'agence, et nous nous sommes immédiatement bien entendus. Nous le connaissions assez bien, désormais, et, si John se faisait du souci, je ne pouvais que m'inquiéter. Cela dit, nous ne nous attendions pas à ce que les choses soient faciles. Mike et moi ne nous étions pas engagés dans l'accueil traditionnel. Nous étions censés pratiquer une sorte d'accueil intense, sur du court terme, en appliquant un nouveau programme de gestion du comportement. Après que ce concept eut été testé avec beaucoup de succès aux États-Unis, certaines municipalités du Royaume-Uni avaient décidé de le financer. Il concernait les enfants considérés comme « non plaçables » – ceux qui avaient déjà été en familles d'accueil et pour qui la seule autre option était d'être confiés de façon permanente à une institution. Mais pas n'importe quelle institution ; en principe, ils avaient déjà essayé les maisons d'enfants : il s'agissait malheureusement de centres d'éducation surveillée, la plupart de ces jeunes étant coupables de délits.

— Le problème, m'avait dit John lors de notre première conversation au sujet de Justin, c'est que nous savons très peu de choses sur lui et son passé. Et ce que nous savons n'est pas d'un grand secours. Depuis ses cinq ans, il a été placé dans vingt foyers différents, sans succès. Il a connu plusieurs familles d'accueil et maisons d'enfants. Autant dire que vous êtes plus ou moins notre dernière chance. J'aimerais donc venir vous parler de lui, à tous les deux. Demain, si je ne vous prends pas trop au dépourvu.

Notre petite famille avait discuté de ce coup de fil toute la soirée, tentant de déduire ce que nous pouvions du peu d'informations révélées par John au sujet de l'enfant qu'il voulait nous confier. Qu'avait pu faire ce garçon pour avoir connu vingt échecs de placement en seulement six ans ? C'était incompréhensible. Pourquoi était-il perturbé au point d'être « non plaçable » ? Mais, étant donné le peu d'éléments dont nous disposions, il était inutile de spéculer. Nous saurions bien assez tôt de quoi il retournait.

Toutefois, le lendemain matin, John ne nous avait pas appris grand-chose de plus. Aussitôt le café servi, il nous avait confié ce qu'il savait.

— Au départ, c'est une voisine qui a prévenu les services sociaux. Justin avait été plusieurs fois chez elle pour réclamer à manger.

Dans le silence le plus complet, John s'était assis pour parcourir ses notes.

— Les services sociaux ont cherché à en savoir plus, mais la mère semble les avoir convaincus qu'elle se débrouillait très bien toute seule – elle a juste connu une période difficile, à un moment. Manifestement, Justin a confirmé les dires de sa mère. Ils ont donc arrêté là leur enquête. Deux mois plus tard, un voisin demande aux urgences de se rendre au domicile du garçon qui, après avoir joué avec des allumettes, a mis le feu à la maison. Sa mère semblait l'avoir laissé tout seul avec ses deux petits frères…

— Ses petits frères ? Quel âge avaient-ils ? m'étais-je enquise.

John avait consulté ses notes.

— Voyons voir… Deux et trois ans, au moment de l'incident. Et, apparemment, elle les avait laissés tous les trois tout seuls pour aller chez un ami. Leur chien est mort dans l'incendie.

Mike et moi avions échangé un regard en silence. Il devait forcément y avoir autre chose.

John nous avait observés avant de reprendre :

— C'est suite à l'incendie que la mère a accepté qu'il soit placé. C'était une prise en charge volontaire – visiblement, elle ne s'est pas battue pour le garder. Elle s'est contentée de le laisser partir et de recevoir un soutien financier pour les deux petits. Il a alors été placé dans une maison d'enfants en Écosse, avec le droit de voir sa mère deux fois par mois. Mais ça n'a fonctionné qu'un an. Les responsables de l'institution ont eu le sentiment qu'ils ne pouvaient rien faire pour lui. Ils le voyaient comme un enfant…

Il avait baissé les yeux pour donner les mots exacts :

— … « enragé, agressif, une petite terreur incapable de se faire et de garder des amis ». D'après eux, il fallait le placer dans un contexte familial afin que son comportement connaisse une réelle amélioration.

Il s'était adossé à sa chaise, le temps de nous laisser intégrer tout cela. Ces mots auraient pu décrire un enfant plus âgé – un adolescent en pleine rébellion, sans aucun doute –, mais un garçon de cinq ans ? J'étais abasourdie. Ce n'était qu'un bébé.

— Mais ça n'a pas marché, avais-je fini par dire.

John avait secoué la tête.

— Malheureusement, non. À cause de son attitude, il n'est jamais resté où que ce soit plus de quelques mois – ou quelques semaines, même, dans certains cas. Il a agressé physiquement plusieurs de ses assistants familiaux, et il a épuisé les autres. Voilà, avait-il conclu en fermant son dossier tout en y rajustant ses papiers. Vingt placements, et nous n'avons plus d'options.

Il nous avait regardés l'un après l'autre.

— Qu'en pensez-vous ?

Désormais, nous étions quelques jours avant Noël, et cet enfant de onze ans « non plaçable », qui avait mis le feu à sa maison à l'âge de cinq ans, était sur le point d'être placé sous notre responsabilité.

Tout en descendant les marches, j'aperçus une ombre derrière la vitre de la porte d'entrée. La facilité avec laquelle ma main glissait sur la rampe me fit sourire. J'avais passé la matinée à astiquer la maison de fond en comble et j'en avais profité pour changer l'emplacement de toutes sortes d'affaires. Mon pauvre Mike m'avait tapé sur les nerfs dès notre réveil, supposant dans sa grande sagesse masculine qu'étant donné mon niveau de stress, il me rendrait un fier service en anticipant chacun de mes gestes. Ainsi, il n'avait cessé d'être dans mes pattes.

— Mais ce n'est pas possible ! avais-je grommelé encore à peine une demi-heure plus tôt. Comment puis-je arriver à faire quoi que ce soit dans cette maison si tu es toujours dans mes jambes ?

Il s'était alors éclipsé, sûrement ravi de pouvoir m'abandonner à mon irritabilité. Mais il avait eu raison. J'étais si nerveuse que j'avais l'impression d'en être malade physiquement. Jamais un nouveau travail ne m'avait autant angoissée. Probablement parce que ça n'allait en rien ressembler à cela. Ça n'était pas un simple travail, c'était une toute nouvelle façon de vivre à adopter. Finis les horaires neuf heures-dix-sept heures.

Désormais, nous travaillerions vingt-quatre heures sur vingt-quatre, sept jours sur sept. Terminées les soirées tranquilles en amoureux, Mike et moi lovés l'un contre l'autre sur le canapé, ainsi que les week-ends calmes dont nous commencions à peine à profiter, maintenant que Riley avait quitté le domicile familial et que Kieron avait dix-neuf ans. Toutefois, impossible de revenir en arrière. J'avais dit oui. Je m'étais engagée. *Il n'a que onze ans,* ne cessais-je de me rappeler. *Il n'a pas eu une vie facile, jusqu'ici.* Mais c'était justement le manque d'informations à ce sujet qui m'inquiétait.

J'arrivai au bas des marches au moment où Mike atteignait la porte. Je pris une profonde inspiration. Voilà, nous y étions.

— Salut, Justin ! m'écriai-je avec enthousiasme lorsque la porte s'ouvrit sur lui.

Il était accompagné d'Harrison Green, son référent social, qui l'avait emmené chez nous, le mardi précédent, pour notre première rencontre.

La première fois que j'avais vu Harrison, je n'avais pas eu une bonne impression. Il m'avait l'air un peu loufoque pour travailler dans les services sociaux. Dans les cinquante-cinq ans, il arborait une crinière de cheveux gris indisciplinés qui ne semblaient pas avoir connu de peigne depuis bien longtemps.

De manière générale, il paraissait négligé. Peut-être finissait-on ainsi après de longues années dans le social. Lors de cette première rencontre, je n'avais pas pu déduire grand-chose de Justin, hormis le fait qu'il était revêche, un peu mal à l'aise et qu'il manquait légèrement de savoir-vivre.

Par exemple, lorsque nous lui avions proposé un gâteau, il s'était aussitôt jeté sur l'assiette, en avait pris autant que sa main pouvait en contenir et en avait glissé la moitié dans les poches de son pantalon.

Mais ce manque de bonnes manières n'était pas très étonnant étant donné les circonstances. Je n'allais pas commencer à m'inquiéter pour des détails si insignifiants. Hors de question. Nous allions lui apprendre ce genre de choses. C'était ce qui était en lui, les dommages psychologiques, qui m'angoissaient. Pouvait-on le déshabituer de leur manifestation ? C'était la clé de notre mission.

Finalement, nous avions obtenu davantage d'éléments concernant Justin. Pendant que Mike lui avait fait faire le tour de la maison, ce jour-là,

Harrison en avait profité pour combler quelques trous.

— Pour tout vous dire, il a agressé plusieurs de ses assistants familiaux, m'avait-il annoncé d'un air grave. Avec ses poings, mais aussi avec des couteaux de cuisine.

Il avait marqué une pause.

— Il a également menacé de se suicider à de nombreuses occasions et a tenté de se pendre à une cage de but, sur le terrain de foot de son école.

J'avais écouté, bouleversée, et tout emmagasiné afin de le répéter à Mike un peu plus tard. C'était à ce moment-là qu'Harrison avait mentionné le fait que Justin semblait avoir une certaine aversion pour les femmes brunes. Mais il s'était aussi montré enthousiaste quant à une possible évolution de son comportement. Selon lui, la situation actuelle de Justin était autant sa faute que celle de ses anciens assistants familiaux. D'après Harrison, ces gens étaient trop inexpérimentés pour gérer le fait que Justin refuse toute limite. Et c'était pourtant de limites qu'il avait besoin par-dessus tout.

Sur le moment, je n'avais pas été convaincue qu'Harrison pensait vraiment que nous ferions mieux qu'eux. Son air désabusé laissait plutôt entendre le contraire. Les paroles de John au sujet de leur « dernière chance » me revinrent alors. Nous considérait-il, Mike et moi, comme la dernière chance de Justin ? Notre premier placement s'annonçait-il déjà comme un futur échec ?

J'avais tenté de me défaire de cette idée ; il ne fallait pas que je réagisse ainsi. Nous étions la famille d'accueil de la dernière chance ; c'était justement le pourquoi du programme que nous devions appliquer. Mais l'expression d'Harrison n'allait pas dans ce sens. Il n'avait pas beaucoup d'espoir, en vérité. Il lui fallait seulement un endroit où placer cet enfant, et vite.

— Entrez, les invita chaleureusement Mike.

Justin s'exécuta avec une certaine aise, par rapport à sa première visite, et il tira Harrison dans le salon.

— C'est tout ce qu'il a ? demandai-je à Harrison en désignant la valise cabossée de Justin.

Certes, elle était grosse, mais c'était très peu si elle devait contenir tout ce qu'il possédait au monde.

— Euh..., oui, répondit Harrison, visiblement troublé par ma question.

Il semblait vouloir en finir au plus vite. D'ailleurs, il nous le confirma :

— J'ai bien peur de ne pas avoir beaucoup de temps, annonça-t-il. Il va falloir s'occuper des papiers rapidement, car je suis attendu ailleurs..., mais ça va aller, continua-t-il en se tournant vers Justin, qui s'était assis sur le canapé. Tu es content, fiston, pas vrai ?

Justin hocha la tête et s'arracha un demi-sourire bancal.

— Je peux allumer la télé ? me demanda-t-il.

— Bien sûr, répondis-je, ravie de voir que, manifestement, tout allait bien.

Par ailleurs, il semblait bien plus à l'aise avec moi que la dernière fois. Je souris, sentant la tension me quitter peu à peu.

— Tu ne la mets pas trop fort, d'accord ?

Harrison, en revanche, m'agaçait.

— Pourquoi ne pas remplir les formulaires dans

la cuisine ? me demanda-t-il, visiblement impatient de pouvoir passer la porte de la maison.

Il donnait vraiment l'impression de vouloir partir à tout prix.

— Juste une valise, insistai-je en le menant dans la cuisine, tandis que Mike expliquait le fonctionnement des télécommandes à Justin. J'aurais pensé qu'un enfant placé depuis si longtemps aurait amassé des tonnes de choses.

Cette idée ne me venait pas de nulle part. Durant la formation, nous nous étions entre autres intéressés aux possessions des enfants placés. Ceux qui quittent un environnement familial malsain ont très peu de choses, en principe. Négligés et maltraités, ils ne possèdent pratiquement rien et, dans beaucoup de cas, leur famille s'accroche au peu qui leur appartient. En revanche, les enfants qui sont déjà placés possèdent de nombreuses choses, les familles d'accueil recevant suffisamment d'argent dans cette optique.

Harrison paraissait contrarié d'être distrait de sa paperasse.

— Oui, eh bien… dit-il en remuant ses papiers. Justin n'est pas du style à entasser. Comme ça, il voyage léger. Bon, voilà ce qui est prévu…

Nous parcourûmes les documents. On se serait crus en pleine acquisition d'une voiture neuve, Harrison dans le rôle du vendeur nerveux nous remettant la carte grise une fois le contrat signé. Je lui proposai quelque chose à boire, mais il fallait *vraiment* qu'il parte, et, honnêtement, je n'étais pas mécontente de lc voir déguerpir.

Sa façon de nous laisser Justin, comme si c'était

un simple objet, m'agaçait autant que son costume froissé et son odeur de renfermé.

Justin vint dans la cuisine dès le départ d'Harrison, et nous ne l'avions jamais vu avec cet air détendu. Il était plutôt corpulent, et grand pour son âge, également. Je fais un petit peu plus d'un mètre cinquante, et il ne faisait qu'une demi-tête de moins que moi. Il arborait des cheveux blonds épais et drus qui semblaient pousser vers le haut, comme un personnage de dessin animé qui vient de se faire électrocuter. Et il sourit, ce qui adoucit immédiatement ses traits durs. Il n'était pas désagréable à regarder lorsqu'il n'était pas sur la défensive. Je songeai qu'il faudrait travailler sur ce sourire. En espérant pouvoir rapidement en voir toute l'étendue.

— Je suis content qu'il soit parti, me dit-il d'un air détaché. C'est bientôt l'heure de manger ?

Je braquai les yeux sur l'horloge de la cuisine. Il n'était que onze heures et demie.

— Eh bien… Si tu as faim, on peut toujours déjeuner plus tôt…

Il secoua la tête.

— Non, non, je voulais juste savoir à quelle heure on mangeait, répondit-il du même ton détaché. Et ce qu'il y aura.

— Ce qu'il y aura ?

— Oui, fit-il en me regardant.

— Eh bien… Si tu peux tenir un peu plus longtemps, j'étais sur le point d'appeler ma fille, Riley, et mon fils, Kieron. Ils ont *vraiment* hâte de te rencontrer, tu sais. Et on mangera sûrement un gratin de pâtes.

— Midi, alors ?

Justin semblait désormais un peu contrarié.

— Et ce sera un gratin de pâtes, c'est sûr ou pas ?

— À quoi il joue ? s'étonna Mike, une fois Justin rassuré que, oui, nous mangerions à midi, et que ce serait un gratin de pâtes.

Satisfait, il était retourné dans le salon.

— Pourquoi ne pas lui proposer la carte du jour, aussi ? gloussa Mike.

Ça faisait du bien d'entendre la voix familière et rassurante de mon mari – le son du bon sens, de la normalité. C'était sûrement tout ce dont cet enfant avait besoin dans sa vie.

Par excès de prudence, je m'attelai à notre déjeuner prématuré, pendant que Mike appelait Kieron et Riley pour leur annoncer que la voie était libre. Nous avions prévu qu'ils viennent seulement une fois Harrison parti, afin que Justin ne se sente pas étouffé par trop de monde.

Tout en coupant les oignons, j'entendis Mike glousser une fois de plus dans le couloir.

— Faites juste en sorte de réclamer des pâtes ! leur dit-il.

Lorsque vous êtes assistant familial, en particulier dans notre genre de famille d'accueil, il ne faut surtout pas se laisser aller à un sentiment de sécurité trompeur. Mais l'espace d'un instant, juste après le coup de fil de Mike aux enfants, je fus traversée par l'espoir que tout se passerait bien. Certes, Justin semblait ressentir une certaine anxiété vis-à-vis de la nourriture, mais après toutes ces années à avoir été bringuebalé de foyer en foyer, il aurait été étonnant qu'il en sorte sans aucune fixation. J'imaginais qu'il avait dû se disputer de la nourriture avec les nombreuses hiérarchies d'enfants et de préadolescents qui existaient dans chaque nouvelle institution où on le cantonnait.

Mais ce n'était pas sa seule idée fixe, évidemment. J'avais oublié celle dont on nous avait déjà parlé.

Ma fille est magnifique, et je l'aime à la folie. Elle est chaleureuse, amicale, joyeuse, et s'est toujours montrée enthousiaste vis-à-vis de cette idée d'accueil. Quand Kieron et elle sont arrivés, elle semblait donc aussi déterminée que nous pour que Justin se sente chez lui. Lorsque nous nous sommes mis à table, le fameux gratin de pâtes fumant en son centre, Riley s'est assise à ses côtés et s'est penchée vers lui d'un air conspirateur.

— Bienvenue dans cette maison de fous, dit-elle avec un grand sourire.

Elle entama alors un geste, s'apprêtant sûrement à lui ébouriffer les cheveux, mais, avant même qu'elle puisse lever la main, Justin se plaqua contre le dossier de sa chaise et lui jeta un regard glacial.

— Excuse-moi, souffla Riley, gênée. Je voulais juste être gentille.

Mais Justin l'ignora, se pencha en avant et se servit une énorme platée de pâtes. Je notai dans un coin de ma tête qu'à l'avenir, je ferais mieux de remplir moi-même les assiettes dans la cuisine.

Nous mangeâmes dans un silence gêné quelques minutes, et je vis ma fille rougir. J'éprouvais de la peine à la voir aussi embarrassée. Mike le remarqua également et tenta de détendre l'atmosphère en engageant la conversation sur le thème du football. Mais Justin ne manifesta aucun intérêt et continua de manger en silence, un silence se faisant de plus en plus bruyant et envahissant tandis que nous intégrions ce qui s'était passé.

— David viendra faire un saut ? finis-je par demander à Riley.

— Non, répondit-elle en secouant la tête. Pas avant demain. Il travaille, aujourd'hui...

Elle s'interrompit ; Justin la dévisageait de nouveau.

— C'est mon petit ami, lui expliqua-t-elle. On vit tout près d'ici. Il a hâte de te rencontrer, lui aussi.

Malheureusement, Riley semblait être toujours le mal incarné à ses yeux.

— À quelle heure on prendra le goûter, Casey ? me demanda-t-il en l'ignorant totalement. Et qu'est-ce qu'il y aura à manger ?

Je sentais Mike se hérisser à côté de moi.

— Justin, Riley était en train de te parler, dit-il calmement. Et nous ne savons pas ce que nous mangerons à l'heure du goûter. Nous n'avons même pas fini de déjeuner.

— Ça ne fait rien, papa, le rassura Riley. Ça va, je t'assure. Moi aussi, j'ai tendance à rester muette devant des inconnus.

Justin lui jeta un regard mauvais et se tourna de nouveau vers moi.

— Est-ce que je peux monter mes affaires dans ma chambre ?

— Vas-y, dit Mike. Je te rejoins dans un moment.

— Eh bien ! Qu'est-ce qu'il est mal élevé ! remarqua Kieron une fois Justin dans l'escalier.

Mon doux Kieron, qui ne voit le mal en personne. Il se tourna vers sa grande sœur.

— On dirait qu'il ne t'aime pas, Riley !

Elle se renfrogna.

— C'est sûrement à cause de ma couleur de cheveux.

— Tes cheveux ? Pourquoi ?

Elle me lança un coup d'œil.

— Maman m'a dit qu'il avait un problème avec les brunes. Il les déteste.

Kieron me regarda à son tour, choqué. Le mot « détester » ne faisait pas partie de son vocabulaire.

— Je sais... soupirai-je.

J'avais totalement oublié cette histoire. Voilà qui expliquait son comportement !

— Mais il faut que nous gardions à l'esprit que ça fait beaucoup de changements d'un coup, pour lui. Nous devons nous montrer patients et lui donner une chance d'être à l'aise avec nous.

Mike se leva et débarrassa les assiettes. Puis il partit dans la cuisine en secouant la tête.

Tandis que Mike s'attaquait vaillamment à la vaisselle, je sortis griller une cigarette en compagnie de Riley. J'avais essayé de fumer moins, pour finir par arrêter, mais, dans l'immédiat, j'avais vraiment besoin d'un peu de nicotine. Je rassurai ma fille : les choses ne pouvaient qu'aller dans le bon sens. Cela prendrait du temps, mais, une fois que nous connaîtrions un peu mieux Justin, ce serait plus facile et moins stressant pour tous.

Elle ne semblait pas convaincue : Riley aimait être aimée et, même si elle assimilait cette idée d'aversion des brunes, elle était encore contrariée par le rejet manifeste de Justin. Je n'avais plus qu'à espérer que les choses se déroulent comme je le disais.

Des bruits de vaisselle nous parvenant encore de la cuisine, j'acceptai sournoisement une seconde cigarette afin de continuer à évacuer la tension du matin. Nous pouvions au moins nous occuper des préoccupations de Justin vis-à-vis de la nourriture et, quant à son problème avec les brunes, j'étais certaine qu'il changerait d'attitude quand il nous connaîtrait mieux.

J'étais en train d'écraser mon mégot de cigarette lorsque Kieron apparut à la porte.

— Maman ! lança-t-il d'un air dépité. Il faut que tu viennes.

— Où ça ? Qu'est-ce qui se passe ? m'inquiétai-je.

— Papa est monté voir Justin et...

Il ne semblait pas trouver les mots.

— Et sa chambre est..., euh...

Il fronça les sourcils, visiblement secoué.

— Monte, tu verras bien.

2

Je suivis Kieron dans l'escalier, Riley sur mes talons, me demandant ce qui avait bien pu se passer. Une fois sur le palier, nous tournâmes dans le couloir pour faire face à Mike, qui se tenait, muet, à l'entrée de la chambre de Justin. Il se poussa afin que nous puissions voir l'intérieur de la pièce.

Elle était méconnaissable, je n'en croyais pas mes yeux. La charmante chambre que j'avais préparée pour l'arrivée de Justin pendant des jours – l'endroit que j'avais si amoureusement arrangé pour qu'il soit accueillant, douillet, un vrai havre de paix – ressemblait désormais à une cellule de prison. Sous la fenêtre, sur un long placard bas à tiroirs, j'avais posé des livres, quelques figurines de football, des puzzles et une boîte de rangement dans laquelle j'avais glissé un bâton de colle, de la feutrine, du tissu, des post-it et des gommettes en forme d'étoiles. Tout avait disparu ; impossible de voir où c'était passé. Abasourdie, je remarquai qu'il avait fait de même avec la bibliothèque, qui était en quelque sorte la pièce maîtresse de la chambre. Nous y avions peint des carrés rouges et blancs et y avions collé plein de ballons de football en papier.

Nous l'avions ensuite remplie de diverses choses qui, nous pensions, lui plairaient : d'autres livres, des peluches, des stylos, des crayons, etc. Mais tout cela s'était également volatilisé. Il avait recouvert la bibliothèque du jeté de lit bleu en polaire que je venais d'acheter. Le tapis en forme de ballon avait été retiré et, je supposais, caché – en tout cas, je ne le voyais pas –, et l'étalage de coussins duveteux avait disparu du lit. Il avait aussi fermé les rideaux : la pièce était plongée dans l'obscurité, rendant une atmosphère lugubre et déprimante.

Au milieu de ce spectacle, Justin était assis sur son lit. Les genoux remontés contre sa poitrine, il était concentré sur sa console portable, qu'il avait dû récupérer de sa valise. Le plus incroyable, c'était qu'il ne semblait pas se rendre compte que nous étions là, sur le pas de sa porte, tous pantois. Il continuait de jouer, son visage en partie dissimulé par la console, ses doigts survolant les boutons à toute vitesse.

— Justin, suffoquai-je. Qu'as-tu fait à ta chambre, trésor ?

Aucune réponse. Il ne leva même pas les yeux.

— Hé ! ho ! trésor, insistai-je. Où sont passées toutes tes affaires ?

Il déplaça lentement la console afin que je puisse voir la totalité de son visage.

— C'est ma chambre, pas vrai ? lança-t-il sèchement. C'est comme ça que je l'aime.

C'est à ce moment-là que je remarquai que tout n'avait pas disparu. Il avait peut-être dépouillé la chambre, mais il y avait deux choses auxquelles il n'avait pas touché : la télé et le lecteur DVD étaient toujours à leur place. Il ne s'imposait donc pas une privation totale.

C'est cela – cette omission particulière – qui finit par me mettre hors de moi. J'avais passé des heures à me creuser la tête pour cette chambre, et des jours et des jours à faire les magasins et à décorer la pièce. Tout ça pour quoi ? Pour la voir ruinée par ce gamin de onze ans suffisant, en surpoids et clairement mal élevé ! Je voyais rouge ; j'étais vraiment furieuse.

Sentant sûrement ma colère monter, Mike posa la main sur mon épaule et me tira calmement sur le palier tout en faisant signe à Kieron et Riley de redescendre.

— Très bien, Justin, dit-il avec douceur. Tu nous rejoins quand tu en as envie, d'accord ? Ou si tu as besoin de quoi que ce soit…

L'entendre parler ainsi ne fit qu'intensifier ma colère. Je descendis les marches furieusement et fonçai dans la cuisine avant de m'attaquer à Mike, qui me suivait.

— S'il a besoin de quoi que ce soit !

Je pointai le doigt vers le plafond.

— Est-ce que tu as bien regardé l'état de sa chambre ?

C'en était trop. J'écartai les bras en signe d'exaspération.

— Mais pourquoi a-t-il fait ça ?

Les enfants, mal à l'aise, se préparaient manifestement à me voir exploser.

— Je n'arrive pas à y croire, Mike ! crachai-je. Vraiment ! Cette espèce de petit ingrat…

— Casey !

Mike avait monté le ton à mon niveau.

— N'oublie pas à quel genre d'enfant nous avons affaire !

Il me jeta un regard dur.

— Et souviens-toi d'où il vient, d'accord ? Pour l'amour du ciel, chérie, si c'était le petit lord Fauntleroy[1], il ne serait pas placé en famille d'accueil !

Je voyais toujours les enfants, du coin de l'œil, qui réprimaient un gloussement à l'analogie de leur père. Et soudain, toute ma colère s'évapora, presque aussi rapidement qu'elle était apparue. Je me mis à rire, imitée par les enfants, de plus en plus fort, jusqu'à ce que des larmes viennent couler sur nos joues. C'était l'une de ces situations surréalistes où, sur le point de pleurer, on est finalement pris par un fou rire.

Il y en aurait bien d'autres à suivre, mais je l'ignorais encore. Tout ce que je savais, c'est qu'on avait franchi un certain seuil : notre famille se trouvait dans un territoire totalement étranger.

Mike ne riait pas, lui, au contraire. Il nous dévisageait, comme si nous étions devenus fous.

— Excuse-moi, chéri, bafouillai-je. Ce n'est vraiment pas drôle, je sais. Mais c'est plus fort que moi...

Ses traits s'adoucirent légèrement.

— Je sais. Mais baissez un peu le volume, quand même, dit-il en donnant un coup de tête vers l'étage. Il ne faudrait pas qu'il croie qu'on se moque de lui. Je ne suis pas certain que ça arrangerait la situation.

1. Livre de Frances Hodgson Burnett narrant l'histoire de Cédric, un enfant très bien élevé et unique héritier d'un comte anglais. (Toutes les notes sont de la traductrice.)

— C'est vrai, répondis-je en me reprenant. Allez, les enfants, on se calme. Papa a raison.

Ils obéirent aussitôt.

— Vous voulez savoir ce que je pense ? lança Riley en allant s'emparer de la bouilloire. Qu'il est déterminé à ne pas apprécier son séjour ici, et ce qu'il a fait à sa chambre est une façon de le signaler.

— Je pense que tu as vu juste, acquiesça Mike. Je me demande aussi – étant donné ce qu'on sait de lui – s'il n'est pas tellement habitué à ce qu'on lui retire ce qui lui appartient pour le punir de son comportement qu'il préfère ne s'attacher à rien dès le début.

Je rejoignis Riley et sortis des mugs du placard.

— En tout cas, quelle que soit la raison, dis-je, c'est étrange. Et très triste.

Je secouai la tête et fixai Mike.

— Et je crois que ça s'annonce bien plus difficile que ce à quoi nous nous attendions.

Le silence général qui suivit ma remarque en disait long. J'avais raison. Nous le savions tous. Ça allait être difficile. Pas forcément le fait de s'en occuper tous les jours – je pouvais faire cela les yeux fermés. C'était juste ce qu'impliquait d'avoir ce petit étranger vivant parmi nous. Un petit étranger que nous ne comprenions pas. C'est ça qui était dur.

J'aurais dû savoir encore mieux que les autres ce dans quoi nous nous étions embarqués. Cela faisait à peine deux semaines que j'avais quitté mon travail, même si j'avais désormais l'impression que ça faisait une éternité.

Encore avant, j'avais travaillé dans une grande

association qui proposait des programmes d'épanouissement personnel aux adolescents défavorisés. Nous aidions de jeunes gens en marge de la société pour diverses raisons à prendre leur vie en main et à évoluer afin de les responsabiliser. J'avais passé les trois dernières années de ma carrière en tant qu'éducatrice spécialisée dans notre grande école secondaire, gérant le service des élèves qui avaient des troubles du comportement.

Malheureusement, on trouve ce genre d'enfants dans n'importe quelle école. Ceux qui, pour tout un tas de raisons, n'arrivent pas à s'intégrer. Ceux qui perturbent les cours, qui raillent les professeurs, qui se créent tout un tas de problèmes que finissent par subir les autres élèves. Le genre d'enfants qu'au final tout le monde veut confier à quelqu'un d'autre. J'avais adoré ce travail, j'y aimais tout, de A à Z. J'aimais le fait de pouvoir faire quelque chose de bon pour ces jeunes dont la vie à la maison était si dure que l'école était souvent pour eux un havre de paix, ce qui poussait encore davantage à les aider à y rester. À vrai dire, sans services comme celui dans lequel je travaillais, ces jeunes finiraient par se retrouver exclus de tout – et c'était ce qui pouvait leur arriver de pire.

C'était cela – le fait de me lier à ce genre d'enfants – qui m'avait menée par hasard à ce nouveau choix de carrière. Lorsque j'avais commencé à l'école, mon travail était clair : je serais responsable de deux ou trois jeunes à la fois dont je pourrais m'occuper de mon propre bureau. Le fait de gérer peu d'élèves en même temps me permettait de bien communiquer avec eux.

Et, très souvent, c'était grâce à cette attention toute particulière que leur comportement changeait. Loin de leurs camarades, des exigences et du stress de la salle de classe, ils me parlaient souvent de leurs problèmes. Ce que je préférais, c'était les emmener au McDonald's. Quelque chose dans le fait de s'asseoir dans un fast-food, un burger à la main, semblait les faire prendre un certain recul et, surtout, se confier à moi – suffisamment pour que je puisse essayer de les aider.

Mais la vie étant ce qu'elle est, et les budgets étant toujours un sujet épineux, mon travail a commencé à prendre un rythme incroyablement soutenu. Lorsque je suis partie, j'avais cinquante jeunes sur ma liste et je devais emprunter une salle de classe pour les rassembler – salle qu'ils avaient d'ailleurs assez rapidement baptisée « le Service ». Je les séparais en trois groupes : ceux qui étaient en général turbulents et refusaient de coopérer ; ceux qui avaient tendance à être persécutés et sans amis ; et le troisième groupe, comprenant ceux que je qualifiais de « quantités inconnues ». C'étaient les élèves les plus tristes et les plus discrets. Ils ne voulaient ou ne pouvaient pas participer ou interagir. C'étaient les victimes flagrantes de la pauvreté ou de la négligence, dont l'impact était évident sur leur apprentissage.

C'était un travail lourd, et je me faisais aider d'assistants lorsqu'ils étaient disponibles, mais, comme dans la plupart des écoles, ce n'était pas souvent le cas, étant donné le peu d'assistants sur le marché. Je devais alors faire appel à des volontaires de terminale. Ainsi, avec les quelques âmes charitables que je trouvais, je travaillais avec chaque groupe séparément.

La journée pouvait toujours me réserver son lot de défis. Je commençais parfois par un groupe de jeunes qui étaient les boucs émissaires des autres élèves, je m'asseyais avec eux et leur proposais différentes façons de développer leur estime de soi. Nous cherchions également à établir que faire en situation de vulnérabilité. Ces jeunes semblaient s'épanouir davantage lorsque nous faisions des activités de cohésion d'équipe ou quand on leur donnait des responsabilités dans l'école.

Je pouvais aussi me retrouver face à des jeunes qui persécutaient les autres. Je leur signalais alors les conséquences de leurs actes, en partie sur ceux à qui ils s'en prenaient. Je travaillais beaucoup sur l'empathie avec ce genre d'élèves en tentant de leur faire comprendre les dommages émotionnels qu'ils causaient.

En principe, je découvrais que ces terreurs avaient leurs propres problèmes à régler. Dans ce cas, nous étions très proactifs et mettions en place un soutien supplémentaire et des interventions.

Au fur et à mesure, j'avais également commencé à travailler de plus en plus avec certains parents, endossant le rôle non officiel de « super nounou ». Je devais alors me rendre régulièrement chez eux, parfois tard le soir, ce qui outrepassait clairement les termes de mon contrat – sans parler du temps que j'y passais. Tout cela commençait à m'épuiser.

Somme toute, mon « Service » avait fini par devenir la victime de son propre succès. Dans une école, c'est comme partout ailleurs : dès qu'il arrive quelque chose, les rumeurs vont bon train. Et, dans ce cas précis, c'était devenu un sujet de conversation régulier dans la salle des professeurs, qui reconnaissaient tous comme la vie était plus agréable depuis que tel élève perturbateur n'assistait plus à tous ses cours. Du coup, les nouveaux enseignants ne cessaient de venir me parler de certains de leurs élèves, et ma nature faisait que je ne disais jamais non.

Il devenait de plus en plus difficile d'aider qui que ce soit de la façon que je voulais vraiment le faire. Peu à peu, je pris conscience qu'aider plein de jeunes, mais par petites bribes, n'était pas la meilleure manière d'user de mon temps et de mon expérience. Ne serait-il pas plus utile de chercher à changer la vie d'un enfant à la fois, mais de façon déterminante ?

Ce n'est pas la seule raison qui nous poussa à devenir famille d'accueil. Les difficultés de l'éducation ne nous étaient pas étrangères. En effet, Kieron était atteint d'une forme légère du syndrome d'Asperger, ce qui le rendait un peu différent des autres enfants.

Kieron était magnifique extérieurement (un Adonis svelte, blond et d'un mètre quatre-vingts – et conscient de son charme !) mais, plus important encore, il l'était également intérieurement. Il ne semblait y avoir aucune méchanceté en lui, et il n'avait jamais eu un seul ennemi. Cela découlait peut-être de sa maladie – c'est en tout cas ce que nous pensions –, mais Kieron ne comprenait vraiment pas comment on pouvait être désagréable ou mauvais, et il ne voyait que le bien chez tous ceux qu'il rencontrait. Il adorait également les animaux.

Mais sa maladie l'obligeait à avoir un certain style de vie. Il devait tout planifier – c'est toujours le cas –, et ça le mettait hors de lui si quoi que ce soit devait changer à la dernière minute. Si nous avions prévu une activité ou une sortie quelconque, nous étions conscients des risques si nous tentions de modifier le programme au dernier moment : les changements soudains le perturbaient au point de l'angoisser. Tout petit, son désarroi sautait aux yeux. Il devenait nerveux, paniquait, et on pouvait clairement lire la peine qu'il ressentait. Il s'arrachait également la peau autour des ongles jusqu'à ce que sa chair à vif le fasse souffrir. Depuis son adolescence, si quelque chose le perturbe, il s'arrête simplement de parler et se replie sur lui-même. Toutefois, si c'en est vraiment trop pour lui, il montre encore aujourd'hui des signes manifestes de malaise et de désarroi que je perçois toujours aussitôt.

Comme beaucoup d'enfants atteints du syndrome d'Asperger, il classait et collectionnait tout. Sa chambre était un vrai spectacle pour les yeux, avec ses figurines de football, ses programmes, ses photos de stars, ses voitures anciennes, ses autographes, ses souvenirs personnels... Par exemple, toutes les cartes d'anniversaire qu'il avait pu recevoir dans sa vie étaient rangées dans un ordre précis. Ses DVD étaient classés selon ses acteurs préférés, ses voitures, selon la couleur, ses CD, selon l'artiste. Évidemment, si vous tentiez de changer l'ordre de quoi que ce soit, c'était à vos risques et périls.

C'est surtout Kieron qui nous fit réfléchir à deux fois à cette histoire de famille d'accueil, lorsque nous commencions à y songer sérieusement. À dix-neuf ans, c'était un adulte, certes, mais un adulte vulnérable, et, comme il vivait chez nous, nous nous devions de prendre en compte l'incidence de ce projet sur lui, car nous n'envisagions pas d'être une famille d'accueil traditionnelle. Lorsque j'avais tapé *« travailler avec des enfants difficiles »* sur Internet, au moment où je commençais à me poser sérieusement des questions au sujet de mon travail, j'avais déniché un lien mentionnant ce nouveau type d'accueil, dont les tests aux États-Unis avaient été couronnés de succès. Il se basait sur un cumul de points récompensant l'évolution du comportement de l'enfant. Nous allions être formés à cette méthode, conçue pour aider les enfants les plus difficiles, ceux qui sont incapables de demeurer dans une famille d'accueil traditionnelle. C'était le type d'enfants avec qui la vie avait été dure – ceux que j'avais l'habitude de côtoyer à l'école, et que je pouvais aider, je n'en doutais pas. C'était le genre d'accueil qui me plaisait, et, après m'être renseignée à ce sujet, j'étais sûre de moi.

Ce soir-là, allongée sur mon lit, je tendais l'oreille, incapable de dormir et dévorée par l'angoisse, pour guetter le moindre signe d'activité dans la chambre de Justin. Malgré nos six mois de formation intense, et la préparation et les attentes qui en avaient découlé, Mike et moi ne nous attendions pas à l'énorme changement que causerait l'arrivée de cet enfant dans nos vies.

Non seulement il était hostile, mais c'était également un total inconnu qui se trouvait à quelques mètres de nous, dormant sous notre toit, ayant mis la pagaille dans ma famille en moins de vingt-quatre heures. Tout en me laissant enfin gagner par le sommeil, j'étais certaine d'une chose : nous étions engagés, désormais. Nous ne pouvions plus revenir en arrière.

3

J'adore Noël – depuis toujours et ça ne changera jamais –, et, en principe, je programme les festivités bien en avance. Évidemment, en décembre, tous les détails se règlent d'eux-mêmes. Ainsi, au moins deux semaines avant l'arrivée de Justin dans la famille, j'avais déjà entamé mon décompte habituel avant le grand jour.

Nous vivions dans une confortable maison jumelée de quatre chambres, avec un beau jardin, dans un petit village en périphérie d'une grande ville. C'était le genre de communauté très unie où tout le monde se connaissait, et, honnêtement, notre maison était plus ou moins une référence à cette période de l'année. Je n'ai jamais été très douée pour le jardinage – en dehors de quelques pots de fleurs agglutinés autour de la porte arrière de la maison –, mais au moment de Noël, je me métamorphosais. J'adorais cette période, et peu m'importait que cela se voie. Mon sapin brillait déjà de mille feux – Riley avait déclaré avec finesse qu'on aurait dit qu'une fée avait vomi dessus (c'est une comique, ma fille) –, et j'avais orné le reste de la maison de guirlandes électriques et de décorations.

Dehors, j'avais continué à donner libre cours à mon obsession en installant un père Noël gonflable, un autre sapin tout en scintillements, ainsi qu'un renne illuminé tirant son traîneau chargé de cadeaux. J'avais aussi déniché des guirlandes dont j'avais couvert la haie de devant. Résultat : comme tous les ans, ma maison était la plus kitsch de la rue.

J'ignorais ce que Justin pensait de tout cela. C'était sûrement naïf de ma part, étant donné mon expérience avec les jeunes en difficulté, mais je me suis laissée aller au désir que tout soit parfait pour lui, afin d'essayer de lui montrer comment pouvait être la vie de famille. Je ne pouvais m'empêcher de penser à la visite importante que Justin devait faire le lendemain de Noël. Mike allait l'emmener, à quelques heures d'ici, chez sa mère et ses petits frères. Justin était censé passer la nuit là-bas – cela faisait un peu plus de trois mois que ça n'était pas arrivé, nous avait-on appris (ce qui correspondait plus ou moins à la période où elle s'était trouvé un nouveau petit copain).

Nous ne savions que très peu de choses à ce sujet, mais ce que nous n'ignorions pas, c'était que ces visites étaient irrégulières – lorsqu'il y en avait – et semblaient toujours coïncider avec l'arrivée d'un nouveau petit copain. Cette femme avait tendance à vouloir voir son fils chaque fois qu'elle se mettait à fréquenter quelqu'un, et elle l'oubliait dès qu'il lui avait servi à passer pour une femme suffisamment « maternelle ». Le simple fait d'en parler me brise le cœur. Comment pouvait-elle se comporter ainsi avec son propre enfant ? Comment une mère peut-elle traiter la chair de sa chair de cette façon ? Je me doutais que cette situation pesait lourd sur les épaules de Justin. Après ma petite crise, le soir de son arrivée, je m'étais ressaisie et je recommençais à me montrer optimiste. Malgré la fermeture des écoles durant les vacances, j'avais réussi à contacter le rectorat et à lui assurer une place dans le collège du village afin qu'il puisse démarrer les cours en janvier. Évidemment, le fait d'y avoir travaillé aidait dans ce genre de situation : je m'entendais bien avec la direction et toute l'équipe de soutien, ce qui s'avérerait sûrement pratique, maintenant que nous accueillions le genre d'enfants qui aurait sans doute besoin d'elle.

Par ailleurs, son dossier signalant que son niveau scolaire était très en dessous de la moyenne, on lui avait attribué une éducatrice spécialisée, Helen King, qui me paraissait très bien. Elle avait également prévu un certain budget pour bénéficier de l'aide supplémentaire d'un spécialiste du soutien scolaire et ainsi permettre à Justin de rattraper son retard – ce que j'aurais pu faire lorsque je travaillais encore là-bas, c'est certain.

Tout prenait donc forme, et, même si nous devions rapidement nous occuper de ses angoisses au sujet de la nourriture (désormais, à sa demande, un tableau dans la cuisine détaillait les repas de la journée et l'heure à laquelle nous les prenions), Justin semblait s'habituer tranquillement à sa nouvelle vie. Vis-à-vis de Noël, un instant il débordait d'enthousiasme, l'autre, il se renfrognait et boudait. Toutefois, son attitude générale me confortait dans l'idée que nous progressions. À tel point qu'à la fin de la semaine, je me sentais assez optimiste pour l'emmener, avec Riley, faire quelques achats de Noël en ville.

— Il est grand comment ? me demanda-t-il tandis que notre train nous menant au centre commercial traversait à toute vitesse la campagne enneigée.

Jusqu'ici, il s'était montré de bonne humeur, bavard et surexcité. Il nous avait appris qu'il n'était jamais allé dans un grand centre commercial.

— Très grand, répondis-je. Il y a des magasins partout. Il doit y en avoir une bonne cinquantaine.

Cette information le captiva davantage.

— Et il y aura un sapin ?

— Sans aucun doute, dis-je en souriant. Plusieurs, même. De très grands, avec plein de lumières et de boules.

Cela semblait le ravir, même si je gardais à l'esprit sa remarque au sujet du nôtre : mes « putains de guirlandes électriques » lui donnaient mal à la tête. En tout cas, aujourd'hui, ça allait. Jusqu'ici.

— Je veux des DVD pour Noël, répondit-il à Riley, qui l'avait gaiement lancé sur ce que le père Noël pourrait bien lui apporter. J'aimerais avoir plein de DVD, et une nouvelle console avec plein de jeux. Et des soldats en plastique pour pouvoir jouer avec dans le bain.

Riley haussa légèrement les sourcils. J'imaginais ce qu'elle pensait : n'était-il pas un peu vieux pour jouer avec des soldats dans le bain ?

Je me contentai d'acquiescer. Il avait sûrement dû grandir trop vite concernant certains aspects de sa vie, mais, avec son passé, on pouvait aisément comprendre son manque de maturité sur d'autres points.

— Et à part des soldats ? demandai-je.

— Des pistolets en plastique et un couteau suisse.

On passait d'un extrême à l'autre.

— Tu es trop jeune pour ce genre de choses, lui dis-je gentiment. Peut-être dans quelques années…

Mais sa transformation fut soudaine et spectaculaire. Contrarié, il pinça la bouche de colère, ses yeux s'assombrirent, et il se renfrogna. Il s'obstina dans son mutisme le reste du voyage. Et ni Riley ni moi ne pûmes y changer quoi que ce soit.

Cependant, une fois arrivé au centre commercial, Justin sembla de nouveau trop surexcité pour nous en vouloir, et il lança des regards émerveillés aux décorations, aux vitrines et à la foule. L'aire de restauration, au dernier étage, avait achevé de le galvaniser, béat qu'il était devant un tel choix de fast-foods. Paradoxalement – j'avais vraiment l'impression de ne pas apprendre assez vite –, cela l'énerva lorsque je lui proposai de choisir l'endroit où nous déjeunerions.

— Ce n'est pas juste, Casey ! s'insurgea-t-il.

Cette façon de s'exprimer était quelque peu déroutante, et son désarroi, de nouveau palpable.

— Tu sais très bien que j'aime *tout* ! Tu n'aurais pas dû nous emmener ici si tu ne peux pas te décider. Je me sens mal, maintenant, et c'est *ta faute* !

Je m'empressai de choisir un endroit et, l'atmosphère étant revenue à la normale, le déjeuner se passa sans encombre. Mais un incident similaire eut lieu lorsqu'on commença à faire les magasins. L'agence de placement nous donnait une certaine somme pour Justin, qu'il pouvait utiliser comme argent de poche. Je lui avais donc pris trente livres afin qu'il puisse acheter des cadeaux à sa mère et ses deux petits frères.

Le but n'étant pas de l'étouffer ou de l'influencer dans ses choix, qui se devaient d'être personnels, je l'envoyai dans un magasin, seul, tandis que Riley et moi attendions à l'extérieur. Il y resta assez longtemps et, lorsqu'il en ressortit les mains vides, il affichait de nouveau un air sombre.

— Il n'y a que de la merde, là-dedans ! cria-t-il en se ruant vers nous. Il y a trop de choses. Je ne sais pas quoi acheter !

À deux doigts de pleurer, il se tourna alors vers Riley.

— Tu peux choisir pour moi, s'il te plaît ? lui demanda-t-il.

— Bien sûr, répondit-elle en se levant d'un bond et en l'accompagnant à l'intérieur du magasin.

Ils réapparurent quelques minutes plus tard ; Justin était radieux. Ils avaient pris un collier pour sa mère et deux figurines de superhéros pour ses frères, et il semblait sincèrement ravi que Riley l'ait aidé. Tandis que nous quittions le centre commercial, je me dis que ce côté lunatique était compréhensible. Y avait-il quelque chose de plus difficile pour des enfants qui n'avaient rien – à vrai dire, même personne pour les aimer ou prendre soin d'eux – que de faire face à un monde bourré de familles, de bonheur et de joie ? Ça devait être très dur pour lui en particulier, étant donné sa situation désespérée, sa solitude et le fait qu'il aurait « le droit » de voir sa mère seulement quelques heures sur de longs mois.

Cela dit, son comportement avait révélé quelque

chose de plutôt positif. Son animosité vis-à-vis de Riley semblait avoir disparu. Tout bien considéré, c'était donc une journée très productive.

Noël approchant à grands pas – LE grand jour –, Justin trouva également un allié de surprise en la personne de Kieron. Malgré l'enthousiasme sporadique de Justin vis-à-vis de toutes ces préparations, la tension dans la maison était palpable : la plupart du temps, avec les nombreux amis et la famille qui ne cessaient de passer, et les changements de programme et le bavardage qui en découlaient, son humeur se faisait de plus en plus changeante et sombre.

Et nous avions vraiment beaucoup de visites. Mon frère et sa famille restaient chez nous pour Noël, et plein de gens passaient : des voisins, des amis, même des anciens collègues de l'école. Il y avait constamment du bruit (du bon bruit, dans l'ensemble : des rires, surtout), mais Justin cherchait de plus en plus à le fuir ou, s'il restait parmi nous, il semblait vouloir me mettre dans l'embarras, par exemple en disant à ma nièce et mon neveu que le père Noël n'existait pas, en jurant, en claquant les portes ou en couvrant toute conversation par le bruit de la télé, qu'il montait au maximum. Mais, à la vérité, c'est moi qui avais besoin d'une leçon, et c'est Kieron, mon fils, qui me la fit.

Il avait beau aimer Noël, cette période stressait mon enfant, car, de toute évidence, sa routine s'en retrouvait chamboulée, et toutes ces allées et venues qui n'étaient pas programmées le rendaient toujours nerveux. Ainsi, il disparaissait souvent dans sa chambre dès que quelqu'un sonnait à la porte. Le jour de l'arrivée de mon frère, ma petite nièce, Brooke, voulut donner son cadeau à Kieron, mais impossible de le trouver. Je l'avais vu pour la dernière fois sur la véranda, où il accrochait des décorations de dernière minute, mais il ne se manifesta pas quand je l'appelai. Je montai alors les marches quatre à quatre dans l'idée de glisser la tête par la porte de sa chambre, mais, en m'approchant, j'entendis des bavardages et des rires qui venaient de la chambre de Justin. Je m'arrêtai devant la porte et reconnus la voix de Kieron :

— Je sais ce que tu ressens. Maman est toujours comme ça, disait-il.

Je compris aussitôt qu'il devait parler à Justin.

— Elle a toujours été comme ça, ajouta-t-il d'un ton songeur. Elle adore être entourée de bruit et de gens.

Il se mit à rire.

— Le problème, c'est qu'elle pense qu'on est comme elle !

Justin prit alors la parole.

— C'est pas grave. Tu peux rester dans ma chambre jusqu'à ce que les autres soient partis, si tu veux. On peut jouer à Football Manager, à la condition que je sois l'Allemagne. D'accord ? Tu n'as qu'à prendre l'Angleterre, et on va te botter les fesses.

— Vas-y, lance le jeu, répondit Kieron en riant. On va voir si tu es si bon que ça…

Je m'éloignai alors discrètement, résolue à ne pas demander à Kieron de descendre et me maudissant de ne pas avoir remarqué que tout le monde ne partageait pas forcément mon trop-plein d'enthousiasme vis-à-vis de Noël. C'était moi qui avais besoin d'un bon coup de pied aux fesses !

Évidemment, j'ai eu ce que je méritais. Au réveillon de Noël, malgré ma détermination à tempérer ma surexcitation, j'étais hyperactive. Ce jour-là, c'était toujours le branle-bas de combat pour moi, mais cette année, c'était encore pire.

Notamment parce que je dus me lever tôt – avant que Justin ne se réveille – pour appeler les amis et la famille et leur expliquer que nous avions décidé d'annuler le réveillon. Mike et moi en avions discuté longuement, et nous en avions conclu que c'était la décision la plus sensée à prendre : nous étions certains que Justin ne pourrait pas gérer la situation.

Kieron était ravi, contrairement à notre pauvre Riley.

— Mais, maman ! me lança-t-elle dans un accès de colère qui ne lui ressemblait pas. Ce gamin commence déjà à tout gâcher ! David et moi avions vraiment hâte d'être à ce soir. Tout est fichu, maintenant. Merci beaucoup.

— Je suis désolée, répondis-je, mais…

— Et pourquoi est-il obligé d'être ici ? me coupa-t-elle. Il y a bien *quelqu'un* qui aimerait le voir pour Noël, non ? Pourquoi ne pas faire en sorte qu'il aille ailleurs, ce soir ?

Je tentai de lui expliquer calmement qu'il n'y avait *vraiment* personne, et peut-être se montrait-elle légèrement égoïste : le but, en accueillant cet enfant malheureux, était justement de l'aider. Déjà que s'en débarrasser à la moindre occasion serait en totale contradiction avec notre mission, mais à Noël ? Comment pourrions-nous faire une chose pareille ?

À mon grand soulagement (teinté de culpabilité ; c'était le choix de ses parents, après tout, et non le sien), elle se résigna et vint m'aider à emballer les cadeaux, tandis que Kieron et Justin jouaient encore à Football Manager, là-haut. J'avais chargé Mike (pour son plus grand plaisir…) d'aller en ville pour les achats de dernière minute.

Peut-être que tout irait bien, pensai-je. Oui, peut-être. J'inspirai profondément. En tout cas, jusqu'ici, ça allait.

Mais cette accalmie n'était pas faite pour durer. Il devait être quatre heures de l'après-midi, et je m'affairais dans la cuisine à préparer les légumes pour le repas du lendemain. Justin était déjà descendu deux fois en grommelant que je n'avais pas encore noté sur le tableau ce que nous mangerions à l'heure du goûter. La troisième fois, je perdis patience.

— Écoute, trésor ! lançai-je, consciente de l'agacement que laissait trahir ma voix. J'essaie de préparer le repas de demain. J'ai d'autres choses en tête que ce que tu auras pour le goûter !

Aussitôt, je regrettai d'avoir prononcé ces paroles : la réaction de Justin fut immédiate. Ses yeux s'assombrirent de cette façon quelque peu inquiétante que nous connaissions bien maintenant : clairement, il était hors de lui.

— Tu sais où tu peux te les mettre, ton goûter et ton Noël ? Dans ton cul ! hurla-t-il avant de disparaître de la pièce et de claquer la porte de la cuisine si fort que les murs en tremblèrent.

Kieron fit son apparition quelques instants plus tard, ayant sûrement tout entendu et croisé Justin dans l'escalier. Je tentai de retenir mes larmes qui menaçaient de couler. Je pense que, jusqu'ici, j'avais refusé d'admettre à quel point cette situation pesait sur moi, et, la dernière chose que je voulais, c'était que mon fils s'en rende compte. Mais, quelques secondes plus tard, la situation allait s'aggraver. Avant même que je puisse expliquer à Kieron ce qui venait de se passer, Justin se rua de nouveau dans la cuisine, ses yeux jetant des éclairs, les joues écarlates, brandissant les DVD de Disney que nous lui avions achetés et hurlant comme un fou tout en les cassant en deux, l'un après l'autre.

— Voilà ce que je pense de ton goûter de merde ! cria-t-il. Et voilà ce que je pense de tes cadeaux de merde ! C'est pour les bébés ! vociféra-t-il tandis que des débris de DVD volaient dans la cuisine. Alors, pourquoi tu ne les files pas à ta sale nièce ! J'en veux pas, t'as compris ? De toute façon, je ne pouvais pas les lire, parce que j'ai défoncé mon lecteur DVD aussi !

— Justin… soufflai-je.

Mais il ne me voyait ni ne m'entendait. Il s'empara de mon téléphone portable, sur la table de la cuisine, et le balança contre le mur. La coque s'ouvrit, la batterie tomba, et les morceaux de mon téléphone vinrent se mêler aux débris de DVD par terre. C'était si soudain que j'étais incapable de faire quoi que ce soit. Je le dévisageai, muette.

— Monte dans ta chambre ! TOUT DE SUITE !

lui cracha alors Kieron. Et n'envisage même pas de descendre si ce n'est pas pour t'excuser ! Tu n'es qu'un morveux égoïste, et s'il n'en tenait qu'à moi, tu n'aurais rien à l'heure du goûter !

Les yeux de Justin étaient désormais aussi pleins de larmes que les miens. Lorsqu'il sortit de la pièce à la hâte, les miennes coulaient sur mes joues malgré ma résolution à ne pas pleurer.

Je tirai une chaise, m'assis et enfouis mon visage dans mes mains, honteuse de ne pas avoir été capable de gérer la situation et d'avoir perturbé Kieron. J'avais gâché Noël.

Toutefois, je ne restai pas assise longtemps. À quoi pensais-je donc ? Je me relevai et allai enlacer Kieron, en train de ramasser les morceaux de mon téléphone disloqué. Il était blanc comme un linge et tremblait.

— Ça va aller, trésor, le rassurai-je.

Il ne supportait pas de me voir contrariée.

— Il avait certainement besoin de vider son sac. Nous tous, d'ailleurs. Je vais bien, Kieron, sérieusement.

— Je sais, maman. Mais, bon sang, j'ai failli le *gifler* !

Comme je l'imaginais, cette pensée le terrifiait. Ce n'était *pas* Kieron. Il m'examina du regard.

— Tu es sûre que ça va ?

Je lui pressai l'épaule avec ma main.

— Je vais bien, maintenant. Vraiment. Je te le *jure.*

Je reculai d'un pas en lui remuant doucement les épaules.

— Mais, dis-moi, tu t'es transformé en vrai Bruce Lee pour ta maman !

— Tss-tss… Bruce Lee ? Il est tout poussiéreux ! Je dirais plutôt Bruce Willis.

Je lâchai un gros soupir de soulagement. Le calme était revenu, en tout cas pour l'instant.

Quand Mike réapparut avec les courses, j'avais pris suffisamment de recul vis-à-vis de la situation. Ce n'était qu'une crise passagère – un symptôme –, et pas la fin du monde. Évidemment, Kieron en voulait encore à Justin et insistait pour qu'il descende s'excuser, mais, après avoir expliqué à Mike ce qui s'était passé, j'avais le sentiment profond que nous devions tous calmer le jeu. Je ne voulais ni n'avais besoin d'excuses, leur annonçai-je. Il n'avait simplement pas pu supporter toute cette accumulation et cette excitation. J'aurais dû réfléchir à ce que tout cela signifiait pour lui. À quel point cela devait être différent de ce qu'il avait toujours connu. Et, même si nous lui confirmions que le père Noël lui apporterait plein de cadeaux, pourquoi nous croirait-il ? Il ne les avait pas vus, car nous les avions cachés. Et comment pouvait-il, avec un tel passé, faire confiance à qui que ce soit, même à nous ?

Malgré tout, Mike voulait quand même monter lui parler, mais pas pour le disputer. Nous avions convenu que ce serait inutile, voire contre-productif. Il avait sûrement l'habitude qu'on lui fasse la morale, mais il fallait au moins lui faire comprendre qu'une telle attitude était inacceptable. De toute évidence, il en était déjà conscient – et qu'il perdrait aussi des points sur son tableau de comportement –, mais, selon Mike, il fallait le lui rappeler clairement.

Une demi-heure plus tard, ils descendirent tous les deux. Justin, la tête basse, avait les yeux rouges et gonflés. Visiblement, il avait beaucoup pleuré.

— Excuse-moi, Casey, dit-il d'un air grave. Et excuse-moi, Kieron. Je vous rembourserai tout ce que j'ai cassé avec mon argent de poche, je vous le promets. J'ai seize livres dans mon tiroir, déjà.

Il semblait si confus et honteux que je fondis aussitôt. Pauvre petit. Pauvre, pauvre petit. Né dans des circonstances si terribles, et sans rien pouvoir y faire.

— Laisse tomber, répondis-je.

Mais Mike secoua la tête.

— Non, Casey. Nous avons déjà convenu d'un accord, n'est-ce pas, Justin ? Nous lui achèterons un nouveau lecteur DVD lorsqu'il aura mis de côté de quoi payer la moitié. On est d'accord, Justin ?

Le petit hocha la tête.

— On est d'accord.

Je traversai la cuisine pour aller ébouriffer ses cheveux, et il me laissa faire. Ce n'était peut-être pas grand-chose, mais nous avions au moins réussi à établir un contact.

De nouveau, je sentis la tension me quitter peu à peu et mon humeur festive reprendre le dessus. Tout allait bien se passer. Maintenant que la crise avait été surmontée, nous allions tous pouvoir profiter de Noël et du nouvel an.

Mais il fallut moins de quarante-huit heures pour que cet élan d'optimisme soit rompu.

4

Le matin de Noël, je me levai tôt, une fois de plus, et dans la bonne humeur. Dans le salon, j'allumai la télé et zappai jusqu'à trouver une chaîne diffusant quelque chose de festif. Je finis par tomber sur *Le Magicien d'Oz* – un de mes films préférés. Je partis ensuite dans la cuisine préparer le petit-déjeuner, où je greffai mon CD de Noël à la cacophonie ambiante, montant le volume un tout petit peu trop fort.

— Pour l'amour du ciel, chérie ! lança Mike, qui apparut dans sa robe de chambre.

Je l'attirai contre moi et tentai de le faire tournoyer, mais ça ne l'amusait pas, visiblement.

— Lâche-moi, espèce de cinglée ! dit-il avec un sourire. Tu vas finir par réveiller tout le quartier avec ce boucan ! Prépare le petit-déjeuner, femme !

Il m'embrassa alors le bout du nez et me serra dans ses bras.

— Je vais réveiller les enfants.

Je sortis le bacon et le jus d'orange du frigo en souriant. J'étais convaincue d'avoir le meilleur mari au monde. Je n'aurais jamais envisagé, ne serait-ce qu'un instant, de devenir assistante familiale si je n'avais pas eu un homme comme Mike à mes côtés. Lorsque Justin est arrivé chez nous, cela faisait douze ans que nous étions mariés, et nous étions en couple depuis bien plus longtemps. Nous nous connaissions depuis que nous étions hauts comme trois pommes et avions toujours été amis. Ce n'est qu'après l'échec de mon premier mariage, alors que je cherchais du soutien auprès de mes amis, que Mike et moi avons réalisé à quel point nous tenions l'un à l'autre. La suite, on la connaît, et nous sommes amoureux comme au premier jour.

C'est le partenaire idéal. Il tempère mon impulsivité et ma nervosité avec son calme et sa sagesse, et il me fait me sentir en sécurité, émotionnellement et physiquement (avec son mètre quatre-vingt-cinq, comparé à mes quelques petits centimètres au-dessus du mètre cinquante). Je savais que je pouvais totalement m'appuyer sur lui.

Je jetai un œil à la porte du réfrigérateur recouverte de post-it que j'avais dû couper ou resserrer afin de pouvoir en insérer de nouveaux, plus gros. À côté du tableau des repas – sur lequel je n'avais pas oublié de noter la dinde du soir *et* le sandwich au bacon du petit-déjeuner – se trouvait celui des points que nous avions commencé à attribuer à Justin dès son arrivée, et qui faisait partie de notre stratégie afin qu'il modifie son comportement.

Ainsi, si tout se passait bien, il pourrait retourner dans une famille d'accueil traditionnelle une fois son programme terminé avec nous. C'était tout ce que nous espérions (même si « tout » est un mot en fin de compte assez large) : qu'il réussisse à être placé de façon définitive dans une famille d'accueil afin qu'il ait la chance de connaître une vie d'adulte heureuse et épanouie.

Le fonctionnement du tableau était assez simple. Lorsqu'il avait accumulé suffisamment de points, il avait le choix entre plusieurs récompenses (par exemple, décider d'une sortie ou du contenu du dîner), l'idée étant qu'il soit assez motivé pour tenter de les gagner. Car, évidemment, sans points, pas de récompenses. S'il se comportait bien et effectuait les tâches de tous les jours que nous attendions de lui, comme se brosser les dents, faire son lit, être poli, etc., il gagnait des points.

Mais, s'il faisait quelque chose de mal, il les reperdait aussitôt. Malheureusement, l'épisode de la veille lui en avait fait perdre un sacré nombre. Mais, en grande partie grâce à la contribution de Mike, il s'était excusé, ce qui n'était pas rien pour un tel enfant. J'étais très heureuse que nous entamions Noël sur une note positive. La seule ombre au tableau, c'est que nous avions prévu, ainsi que Riley et deux ou trois autres personnes, de lui offrir des DVD, et il n'avait plus rien pour les lire.

Mais il ne servait à rien de me soucier de cela dans l'immédiat. Nous verrions bien le moment venu. À cet instant, le calme régnait dans la maison, et cela me suffisait.

Kieron semblait être de mon avis. Quelques minutes plus tard, il était dans la cuisine, visiblement de nouveau lui-même, après la scène dont il avait été témoin la veille, et aussi excité par Noël à dix-neuf ans qu'il l'avait été durant toute son enfance. Tandis que le compte à rebours était synonyme de stress, d'angoisse et d'imprévus, le grand jour était quant à lui totalement prévisible.

En effet, c'était l'une de ces journées où notre petite routine familiale variait rarement, ce qui était parfait pour quelqu'un comme mon fils. Et puis, évidemment, il y avait plein de cadeaux, que nous mettions toujours – à sa demande – dans un gros sac de Noël.

Nous en avions confectionné un pour Justin aussi, qui descendit en trombe, pas loin derrière Kieron, l'air bien plus calme et radieux maintenant que le grand jour était arrivé. Quelque part, ils avaient pas mal de choses en commun.

Je tentai de donner un certain ordre à l'ouverture des cadeaux, dans le salon, mais c'était inutile. Depuis que nos enfants étaient assez grands pour créer le chaos, mon obsession ne servait plus à rien.

— Vérifie les noms sur les étiquettes, trésor, signalai-je à Justin qui déchirait les emballages à toute vitesse. Sinon tu ne sauras pas qui t'a offert quoi.

Mais je parlais à un mur. Il était bien trop excité pour écouter ce que je disais, et comme ce devait être un grand moment pour lui, loin de moi l'idée d'insister et de tout gâcher.

— Tu sais quoi ? ajoutai-je en m'accroupissant pour rassembler les papiers arrachés. Tu n'auras qu'à dire « Merci pour mon cadeau » à tout le monde. Comme ça, tu ne pourras pas te tromper.

J'étais vraiment touchée de voir à quel point il avait été gâté. Tous les membres de la famille lui avaient offert quelque chose ; pourtant, rien ne les y obligeait. Je fus particulièrement émue par l'attention de Riley. Elle ne connaissait cet enfant que depuis une semaine, sans parler du fait qu'elle et David ne nageaient pas dans l'argent. Toutefois, elle lui avait acheté tout un lot de soldats en plastique, ainsi que des revolvers, des grenades et tout ce qui allait avec. Un sourire traversa mon visage ; nous allions avoir du mal à le sortir du bain, désormais.

Le sol du salon était un océan de cadeaux et de papier déchiré, et c'est un bruissement de papier, justement, qui me fit me retourner vers Mike, qui sortait discrètement de la pièce. Je supposai qu'il était parti jeter un œil au bacon, mais il revint avec un cadeau dont j'ignorais l'existence et le tendit à un Justin surpris.

— Tu vas sûrement en avoir besoin, dit-il en souriant.

Avant même que je puisse m'interroger, Justin avait ouvert son paquet : c'était un lecteur DVD. Il murmura un merci médusé mais clairement enjoué à Mike, et l'expression sur son visage – plutôt rouge, dans l'immédiat – en disait long. D'ailleurs, j'imagine que la mienne aussi.

— Qu'est-ce que c'est que cette histoire ? demandai-je à Mike, une fois seule avec lui dans la cuisine pour servir le petit-déjeuner.

— J'ai appelé Angela hier soir, quand tu es allée te coucher, expliqua-t-il.

Angela était sa sœur.

— Ça m'embêtait que le petit n'ait rien pour lire ses nouveaux DVD. Je sais qu'il doit apprendre que tout acte a ses conséquences, et je pense toujours qu'il doit économiser pour payer la moitié d'un nouveau lecteur. Mais, bon, c'est Noël, n'est-ce pas ? Il n'y a pas de mal à lui laisser celui-ci pour le moment, je crois.

— Mais comment est-il arrivé ici ?

— Elle me l'a apporté pendant que tu dormais comme une marmotte.

Je l'entourai de mes bras.

— Chéri, tu es tout simplement merveilleux. C'est adorable, ce que tu as fait.

— C'est autant pour nous que pour lui, tu sais, ajouta-t-il d'un air piteux. Il est forcément sur les nerfs, par rapport au fait de voir sa mère et ses frères. Je me suis dit que ça serait bon pour tout le monde s'il pouvait penser à autre chose.

Mais, en définitive, Justin était tout sauf nerveux, le vingt-six au matin. En tout cas, en surface, il semblait heureux et excité. J'aurais peut-être dû prendre ça pour un signe. À montrer trop d'enthousiasme vis-à-vis de quelque chose, il y a de fortes chances d'être déçu. Il ne tenait pas en place.

— Maman n'a pas fait de repas de Noël, hier, m'annonça-t-il fièrement pendant que nous lui servions un petit-déjeuner très matinal, composé de céréales, de pain grillé et de jus d'orange.

Il était tout juste sept heures du matin, et je le sentais. Nous nous étions tous couchés très tard.

— Elle l'a gardé pour le manger avec moi, continua-t-il. J'imagine que mes frères n'ont pas dû être contents !

Malgré la joie que provoquait en moi son excitation – depuis la veille, il s'était replié sur lui-même, ce que je mettais à la fois sur le compte de l'après-coup de l'attente des cadeaux et le fait de devoir revoir sa mère –, je priais intérieurement pour que le sort ne lui joue pas de mauvais tour et qu'il ne soit *pas* déçu.

Mais le peu que je savais sur sa mère ne me laissait pas très optimiste. Il était placé depuis ses cinq ans. Ça en disait déjà long – sans parler du fait que c'était une prise en charge volontaire : elle ne s'était pas battue pour le garder. Elle l'avait consciemment abandonné. Et pourquoi Justin était-il le seul dans cette situation ? Pourquoi pas ses deux frères ?

— Mon référent m'a dit que ma mère avait des tonnes de choses pour moi, ajouta-t-il. J'ai l'impression que le Noël d'aujourd'hui va être encore meilleur. Pas vrai, Casey ? Moi, j'en suis sûr.

Justin avait eu Harrison Green au téléphone, deux jours auparavant – un coup de fil obligatoire quand un enfant vient d'être placé, afin de s'assurer que tout va bien. Comme c'est une discussion privée, l'enfant peut signaler en toute honnêteté un malaise quelconque. J'espère que Justin n'a pas ressenti ce besoin, mais qui sait ?

Je lui répondis que, oui, il aurait sûrement droit à un merveilleux deuxième Noël tout en maudissant intérieurement Harrison de lui avoir donné des détails inutiles et de l'avoir surexcité. À quoi cela servait-il ? Pourquoi le faire espérer des choses dont il ignorait si c'était vrai ? Surtout que, dans le passé, Janice (c'était le nom de sa mère, apparemment) avait clairement prouvé que de tels espoirs pouvaient être anéantis.

Je finis par leur faire au revoir du pas de la porte – ce pauvre Mike se lançait dans un long et fatigant trajet de six heures aller-retour – et m'intimai de me sortir ces idées de la tête. Sa mère n'était peut-être pas si mauvaise que ça. Et, de toute évidence, j'avais besoin de repos. Cela ne faisait-il vraiment qu'une semaine que Justin était arrivé chez nous, et moins de deux semaines que nous le connaissions ? J'avais l'impression que ça faisait une éternité. Il avait clairement chamboulé nos vies. Mais je savais que les choses seraient plus simples lorsqu'il reprendrait l'école. C'est à ce moment-là que la routine s'installerait. En attendant, il valait mieux que je me douche, m'habille et m'active. Avec Kieron, nous allions passer la journée chez Riley et David. Mike nous rejoindrait après avoir déposé Justin, et lui et moi retournerions à la maison un peu plus tard pour la délicieuse soirée au calme que nous avions prévue, rien que tous les deux, devant la télé. Il n'y a rien que j'aurais pu désirer plus ardemment, songeai-je en montant gaiement me préparer.

— Chinois ou indien ? demanda Mike. Ils sont ouverts tous les deux. J'ai bien envie de curry, moi. Et toi ?

— Ça m'est égal, lui répondis-je en tapotant les coussins du canapé afin que nous puissions regarder un film assis confortablement.

Il allait être dix-neuf heures, et il était temps de se poser. Mike était revenu vers quatorze heures trente et nous avait rejoints directement chez Riley, où nous avions passé un moment très agréable, à parler de tout et de rien, ce qui semblait un vrai luxe, désormais, comme cette soirée. Un luxe dont j'avais l'intention de profiter pleinement.

Kieron faisait la fête avec ses amis de l'université, et il ne rentrerait pas de la soirée. Il adorait la fac, et nous étions ravis de le voir si bien s'intégrer. Ayant très envie de devenir DJ professionnel, il avait décidé de suivre des études sur les médias.

Il allait attaquer son second trimestre, et, d'après son tuteur, il faisait de réels progrès. Il s'était intégré socialement et s'était fait de bons amis. Il dormirait chez l'un d'eux ce soir-là – sûrement pour que nous ne voyions pas l'état dans lequel il rentrerait.

Une fois à la maison, Mike me donna ses premières impressions sur Janice. Justin semblait ne pas s'être calmé de tout le trajet et avait passé tout ce temps à parler de ses petits frères et d'autres Noëls qu'il avait adorés. Mais dès que Mike lui demandait des détails, Justin avait tendance à détourner le sujet. Mike avait l'impression qu'il avait en tête une image du Noël parfait, et que tout ce qui lui rappelait la réalité devait être ignoré, de peur de détruire cette conception idéalisée.

À mon grand étonnement, Mike m'apprit aussi que Janice me ressemblait un peu. Elle ne faisait que quelques centimètres de plus que moi, et nous avions en commun nos yeux marron et nos cheveux bruns. Elle était très accueillante et lui avait proposé d'entrer. Il avait hésité, mais Justin avait visiblement insisté pour qu'il fasse la connaissance de ses petits frères.

— J'aurais aimé être avec toi, lui dis-je. J'aurais adoré les rencontrer. Comment sont-ils ? Ils ressemblent à Justin ?

Mike me regarda avec cet air perdu typiquement masculin.

— J'imagine. Je n'ai pas fait attention.

Les hommes, tous les mêmes. Incapables de se préoccuper de ce genre de choses. Je secouai la tête.

— À quoi ressemblait la maison, sinon ? Les petits étaient habillés correctement ? Il y avait des livres ? Quelle sorte de jouets ?

— Attends une seconde, me coupa-t-il en faisant mine de fouiller dans sa poche. Je crois que j'ai la liste complète, illustrée par des photos…

Je réussis toutefois à lui grappiller quelques informations.

La famille vivait dans un parc de logements sociaux délabrés, et le jardin était jonché d'ordures. Mike y avait vu notamment un vieux canapé et plein de jouets cassés. L'intérieur était démodé, avec du mobilier couvert de vieux tissu, des rideaux marron des années 1970 et un cendrier débordant de mégots. Le plus déconcertant, c'était l'énorme télé à écran plat et le home cinéma qui prenaient apparemment la quasi-totalité d'un mur du salon.

Toutefois, Mike était rassuré par l'accueil sincère de Janice, et elle semblait partager l'enthousiasme de son fils.

Mike avait les traits fatigués, et il devrait repartir tôt le lendemain afin de récupérer Justin chez sa mère vers midi. Contente que tout aille bien, je me détendis enfin. J'avais bien l'intention de profiter pleinement de ce moment à deux.

— Il y a *La vie est belle* à la télé, c'est parfait ! annonçai-je lorsqu'il réapparut avec les menus. Il vient tout juste de commencer. Allez, viens te serrer contre moi. Tu passeras commande aux prochaines pubs.

Je n'avais pratiquement rien mangé de la journée, et j'avais vraiment hâte de dévorer mon poulet makhani et mon riz pilaf, mais je pouvais attendre vingt minutes de plus.

Toutefois, quoi qu'il se passât dans la vie de James Stewart, quelqu'un là-haut semblait nous en vouloir. Une sonnerie nous parvint soudain du couloir : le téléphone.

— Qui ça peut bien être, à cette heure ? lançai-je alors que nous nous levions du canapé simultanément. Ne bouge pas, chéri, j'y vais, ajoutai-je en le repoussant gentiment.

Une fois dans le couloir, je m'emparai du combiné, m'attendant plus ou moins à entendre la voix de ma mère ou de mon père – les autres membres de la famille utilisaient leurs portables, désormais, tout comme nous d'ailleurs. Mais je n'eus même pas le temps de dire un mot : à l'autre bout du fil, je fus aussitôt agressée par une voix de femme furieuse.

— Vous pouvez venir chercher ce petit merdeux ? rugit-elle. Je ne plaisante pas. Venez le chercher *maintenant* !

Estomaquée, je ne compris pas immédiatement ce qui se passait.

— Je vous demande pardon ? À qui ai-je l'honneur ?

— C'est moi ! cracha la femme. Janice. Vous êtes bien Casey ?

C'était la première fois que je parlais à la mère de Justin, et j'étais pour le moins mal à l'aise.

— Janice ! Qu'est-ce qui se passe ? Il y a un problème ?

Je l'entendis alors crier, loin du téléphone, s'adressant à quelqu'un d'autre.

— Tu t'approches des petits et je te tue, sale merdeux ! Casey, vous êtes là ?

Elle me hurlait de nouveau dessus.

— Vous entendez ce qui se passe, non ?

— Voyons, Janice, répondis-je en tentant de garder une voix calme et posée.

Mike, désormais dans le couloir, me jetait un regard interrogateur.

— Dites-moi ce qui se passe. Justin va bien ?

Elle lâcha un rire sarcastique, mais je savais bien qu'elle trouvait la situation aussi peu amusante que moi.

— Justin ? Est-ce que ce petit con va bien ? Non ! Il y a quelque chose qui ne va pas du tout dans sa tête !

Soudain, elle éclata en sanglots. Je décelai la voix de Justin, en arrière-fond, qui criait :

— Casey ! Vous feriez mieux de venir me chercher ! Je risque de tuer cette salope dans pas longtemps !

Je fis en sorte de ne pas perdre mon sang-froid tout en réalisant que Mike allait devoir partir le chercher, tout de suite.

— Très bien, Janice. Janice ? *Écoutez-moi.* Mike part dans une minute. Essayez de vous calmer en attendant… Il va faire au plus vite… Vous pouvez me passer Justin, s'il vous plaît ?

Je posai la main sur le combiné pour camoufler ma voix.

— Désolée, chéri, articulai-je tout bas en faisant comprendre à Mike qu'il y avait un problème. Il va falloir que tu ailles le rechercher. C'est l'anarchie, là-bas. Elle est en pleine crise d'hystérie. Elle n'arrête pas de pleurer, et lui menace de la tuer. Mon Dieu... Est-ce que tu peux te préparer pendant que j'essaie de les calmer ?

Mike, désormais résigné au fait que notre soirée « tranquille » ne le serait finalement pas, me laissa tenter de mettre les choses au clair et alla se préparer pour un nouveau long trajet. J'entendis quelqu'un, à l'autre bout du fil, s'emparer du téléphone.

— Justin ? C'est toi, trésor ? Qu'est-ce qui s'est passé ? Qu'est-ce que c'est que cette histoire ?

Lui aussi pleurait. Il ne cessait de réprimer de gros sanglots en reniflant.

— Venez juste me chercher, s'il te plaît, Casey. Je vais tuer cette pute, je le jure !

— Trésor, ne t'inquiète pas. Ça va aller. Mike est déjà parti...

Ce n'était qu'un demi-mensonge, car c'était exactement ce que mon pauvre Mike s'apprêtait à faire.

— ... Il va faire au plus vite, d'accord ?

J'entendais encore Janice.

— Petit merdeux ! criait-elle – sûrement pour que je m'alarme davantage. J'ai bien envie d'appeler les flics ! Tu oserais frapper ta mère, petit merdeux !

— Casey ! lança alors Justin. Il faut que j'y aille, d'accord ? Je te raconterai plus tard.

Mon Dieu, m'inquiétai-je. Me raconter *quoi ?*

— Dis juste à Mike de se dépêcher.

Il raccrocha dans la foulée. Désormais, le seul

bruit perceptible était la voix nasillarde de James Stewart provenant de la télé.

Ouais, songeai-je amèrement. *Que la vie est belle !...*

Mike réapparut avec Justin en pleine nuit. Le trajet avait été d'autant plus stressant que, dans son empressement, Mike avait non seulement oublié son portable, mais aussi son portefeuille, et la crainte de tomber en panne d'essence l'avait angoissé tout le retour. Justin, bouleversé, monta directement dans sa chambre. J'aurais aimé faire un geste – au moins le serrer dans mes bras –, mais il semblait fermé sur lui-même, et la raison me poussa à ne pas l'arrêter. À cette heure-là, nous n'aurions réussi à rien, de toute façon. Le laisser se reposer était ce qu'il y avait de mieux à faire. Nous aurions tout le temps de mettre au clair cette triste histoire plus tard dans la matinée.

Toutefois, j'avais le cœur brisé. J'éprouvais la douleur physique que ressent une mère lorsque son enfant est blessé ou profondément contrarié. Mike semblait lui aussi fatigué, et je ne pouvais pas lui en vouloir. J'allumai la bouilloire et attendis qu'il me raconte.

— C'était affligeant ! lança-t-il une fois assis en réchauffant ses mains gelées autour d'un mug de café bien chaud. Elle était déjà sur le trottoir, en robe de chambre, alors que je venais à peine de sortir de la voiture. Les petits étaient avec elle. Impossible de la faire taire, c'était une vraie furie. Alors, voilà le topo : elle pensait le surprendre en lui annonçant qu'elle était enceinte – tu y crois ? – et il s'est aussitôt jeté sur elle pour la frapper – c'est ce qu'elle dit, en tout cas – en la traitant de « pute » et de « sale traînée ».

Je secouai la tête tout en assimilant ces informations.

— Elle est enceinte ?

— C'est ce qu'elle prétend. Bref, elle m'a dit qu'elle lui avait rendu ses coups lorsqu'il l'avait insultée. Apparemment, il l'a refrappée aussitôt en la menaçant de la cogner dans le ventre.

Je n'arrivais pas à y croire, même si c'était sans doute ce à quoi il fallait s'attendre, étant donné son passé.

— Mon Dieu, dis-je, dévastée. Quelle triste histoire !...

— Oh ! mais il y a pire. Il a « volontairement » – bien que je ne sache pas comment une telle chose est possible – vomi sur tous ses cadeaux de Noël, qu'il n'avait pas encore déballés, et lui a dit qu'elle pouvait se les carrer dans le cul. Apparemment, les petits pleuraient et le suppliaient d'être gentil avec elle, mais, d'après Janice, Justin s'en est alors pris à eux en leur disant que leur mère était une traînée et que leurs pères étaient des camés. Et ainsi de suite jusqu'à ce qu'elle nous appelle.

— Où était Justin pendant qu'elle te racontait tout ça ? T'a-t-il donné sa version des faits ?

— Non. Il n'était pas avec nous. Il avait foncé vers la voiture dès que je m'étais garé. Tu l'aurais vu, assis sur le trottoir, appuyé contre une roue, en train de pleurer tout son soûl.

Mike semblait ébranlé.

— Je n'arrive pas à y croire, Case. Vraiment. Comment pouvait-elle ne pas se douter qu'elle le blesserait en lui annonçant une telle chose ? Et clairement, elle ne l'a toujours pas compris. Je te jure que j'aurais pu la gifler avec plaisir.

— Justin t'a un peu parlé de tout ça lorsque vous êtes partis ?

Mike secoua la tête.

— Il était bouleversé, Case, vraiment. La première chose qu'elle lui aurait dite, c'est qu'ils avaient déjà fait le repas de Noël la veille, et la seconde, qu'elle avait une surprise pour lui. Évidemment, si tu dis ça à un enfant...

Il secoua de nouveau la tête. Toute cette histoire l'avait vraiment chamboulé.

— Mais la surprise, c'était qu'elle attendait une petite fille. D'après lui, elle semblait trouver cela vraiment drôle – pour moi, c'est carrément *criminel* –, et elle a annoncé que cette petite serait une princesse pourrie gâtée. Et qu'elle serait spéciale. Pas une « malade mentale, comme lui », m'a-t-il dit précisément.

Il prit une gorgée de café et soupira en posant son mug.

— Puis il s'est endormi. Pour tout le reste du trajet.

Le cœur lourd, nous allâmes nous coucher vers trois heures du matin. Comment une mère pouvait-elle parler de cette façon à son enfant ? Une chose était sûre : si nous avions la moindre chance d'aider Justin, il allait falloir nous tenir au courant de beaucoup d'éléments manquants.

5

En tant qu'assistants familiaux, Mike et moi devions entre autres tenir un carnet dans lequel nous notions tout ce qui se passait pour chaque placement. C'était en quelque sorte un compte rendu détaillé du progrès de l'enfant et d'informations importantes le concernant, qui pouvaient être rapportées dans son dossier. Dans le cas de Justin, son dossier étant pour l'instant plus ou moins un trou noir, il était d'autant plus nécessaire pour moi de tout noter tant que c'était encore frais. J'avais également hâte de demander de plus amples informations à John Fulshaw concernant la mère de Justin et ce qui s'était passé entre eux ces dernières années. *Vingt échecs de placements.* Je ne cessais de revenir à ce fait brut. Si nous voulions l'aider, il nous fallait des réponses. Qu'était-il arrivé à cet enfant ? Pourquoi tant de placements s'étaient-ils mal passés ? Nous avions non seulement besoin de savoir ce qui lui était arrivé, mais aussi *pourquoi.*

Ce qui était clair, c'est que Justin s'efforçait de tenir le coup. Il souffrait beaucoup, et, à juste titre, d'après la scène dont Mike avait été témoin, chez sa mère. Mais autre chose me travaillait. Depuis son retour chez nous, il semblait s'être mis en tête, consciemment ou non, de devoir me faire payer ce que sa mère lui avait fait. Peut-être même de faire payer les femmes, en général.

Depuis que Mike m'avait fait remarquer les similarités que je partageais avec Janice, je me demandais si Justin n'avait pas parfois du mal à me dissocier de sa mère. Ce n'était pas improbable, étant donné tout ce qu'il avait dû subir dans sa courte vie.

— Pourquoi tu fais la cuisine ? demanda-t-il le lendemain à Mike, qui était en train de préparer le déjeuner. À chacun son boulot !

Surpris qu'une telle remarque sorte de la bouche d'un enfant de onze ans, Mike lui expliqua que, non seulement on ne parlait pas ainsi chez nous, mais nous ne fonctionnions pas de cette façon. Il n'y avait pas de hiérarchie dans notre maison. Pas d'ordre d'importance. Nous étions sur le même pied d'égalité et travaillions en équipe. S'il fallait préparer le repas, quelqu'un s'en chargeait. Il n'y avait pas de loi stipulant que ce quelqu'un devait être moi. Mais Justin était catégorique :

— C'est le travail des femmes, insista-t-il.

Même si Mike lui expliqua que la notion de « travail de femmes » n'existait pas, il ne voulut rien entendre.

— Tu ne me verras jamais faire un travail de femmes, lâcha-t-il avec fermeté.

Plus tard dans la journée, il descendit de sa chambre, où il jouait à la console. Riley, David, Kieron et moi jouions au Scrabble.

— Tu veux te joindre à nous ? lui proposa Riley.

Justin semblait contrarié par le simple fait qu'elle lui ait adressé la parole.

— Pourquoi je ferais une chose pareille ? lança-t-il.

Puis il se tourna ostensiblement vers Kieron et David.

— Ça vous dit de venir jouer au foot avec moi, dehors ? leur demanda-t-il. On pourrait monter mon nouveau filet.

Riley posa ses lettres en faisant la moue.

— Je voulais seulement me montrer gentille, lui cracha-t-elle. Et tu vois très bien qu'ils ne peuvent pas aller jouer au foot. On est en pleine partie, si tu ne l'avais pas remarqué, donc...

— C'est bon, Riley, la coupai-je afin de détendre l'atmosphère. Je suis certaine que Justin ne voulait pas être impoli. Et si tu restais pour voir qui va gagner la partie ? Les garçons pourraient aller s'amuser avec toi, ensuite.

— Oui, ajouta David en souriant. Il faut que tu nous voies mettre une raclée aux filles ! Après on jouera au foot.

J'adorais David. C'était le compagnon idéal pour Riley. Il était jovial, drôle et, par-dessus tout, il s'accommodait du fort caractère de notre fille, ce qui était miraculeux. Mike et moi le connaissions depuis plus longtemps qu'elle, car c'était le fils d'une bonne amie. Je n'étais pas certaine que Riley ait jamais réalisé à quel point ses parents avaient fait en sorte qu'elle et David se retrouvent nez à nez le plus souvent possible.

Mais, comme beaucoup d'hommes, il ne voyait pas les choses de la même façon que nous, les filles, et il eut droit à un regard glacial de la part de sa chérie suite à sa remarque dont le but, je n'en doute pas, était de détendre l'atmosphère. Justin ricana, ce qui énerva davantage Riley.

— Tu ne portes pas les femmes en haute estime, Justin, lâcha-t-elle d'un ton brusque.

— *Tu ne portes pas les femmes en haute estime, Justin,* répéta-t-il. Toujours en train de se plaindre !

Il tourna les talons et quitta la pièce.

Les garçons ne semblaient toujours pas comprendre ce qui se passait, mais c'était loin d'être notre cas, à Riley et moi. Nous avions saisi la logique de la situation. Et nous avions décelé un symptôme, celui d'un enfant qui s'acharne à provoquer une réaction.

— Je suppose qu'il tente de te faire payer ce que sa mère lui a dit, suggéra Mike, confirmant mes propres pensées, lorsqu'on se retrouva seuls tous les deux, un peu plus tard.

— À moi et à Riley, acquiesçai-je. J'imagine que c'est lié à cette histoire de brunes, ajoutai-je en soupirant. Je préférerais qu'il vienne m'en parler.

Mais il ne fallait pas que je compte là-dessus. Et je n'avais pas fini d'en baver. Il était clair que nous ne faisions que gratter la surface de la peine que subissait vraiment Justin. Le lendemain matin, lorsque je descendis, il était assis à la table de la cuisine, en train de lire un magazine, la vaisselle de son petit-déjeuner vide, à côté de lui.

— Tu t'es levé tôt, trésor. C'est Mike qui t'a préparé ton petit-déjeuner ?

Il secoua la tête.

— Non. Ça fait longtemps qu'il est parti travailler. Je m'en suis occupé.

Il semblait en tirer une certaine fierté. Bien, pensai-je. *Bien.* Voilà qui lui donnerait des points, et Dieu sait qu'il en avait besoin. Et cela pourrait lui faire changer d'avis, au sujet du travail des femmes...

Je passai la main dans ses boucles blondes, et il me laissa faire, visiblement ravi.

— Qu'est-ce que tu lis ? lui demandai-je.

— Le magazine du journal de Mike, répondit-il gaiement. Celui avec le programme télé.

J'en étais sûre. Il était fou de télé – il adorait en particulier les feuilletons. Il était toujours en train d'éplucher les magazines télé ou utiliser Internet afin de suivre l'actualité de ses personnages préférés. Il aimait savoir à l'avance ce qui allait se passer, et, lorsqu'il était d'humeur sadique, il tentait souvent de nous dévoiler la suite quand un épisode se terminait sur un suspense insoutenable.

Je me fis un café et montai me doucher, la maison rayonnant d'ondes positives. Peut-être notre relation allait-elle se développer, aujourd'hui. Peut-être allait-il se sentir capable de me confier ce qui s'était passé. De pleurer, même. De tout déballer.

Lorsque je redescendis, il n'était plus là. Il était parti regarder la télé dans le salon. Je ramassai son assiette, son mug et pris le chiffon pour nettoyer la table. C'est en soulevant le magazine que je remarquai deux trous sur la page à laquelle il était resté ouvert.

En regardant de plus près, je me rendis compte que ces trous ne se trouvaient pas n'importe où : ils avaient été faits au niveau des yeux d'une star, une femme.

Je m'assis et parcourus le magazine pour réaliser qu'il avait réservé le même sort à de nombreuses autres pages. Il avait retiré avec minutie les yeux de toutes les femmes brunes du magazine. Je fus prise d'un frisson : cette vision donnait clairement la chair de poule. Il y avait de quoi s'inquiéter.

Il fallait que j'appelle John pour lui en parler. J'étais sûre que ça cachait quelque chose de grave, et il fallait que je l'ajoute tout de suite à mes notes.

Ce soir-là, l'attitude de Justin ne fit que m'inquiéter davantage. Après avoir fait la vaisselle et vérifié le menu du lendemain – afin de pouvoir répondre aux questions que Justin me poserait, comme chaque jour –, j'éteignis la lumière de la cuisine et partis dans le salon. Là, comme chaque jour, nous entamions la soirée en regardant *EastEnders*[1].

L'épisode avait commencé depuis peu lorsque Mike et moi nous rendîmes compte que Justin parlait dans sa barbe. Il était assis face à nous, sur l'autre canapé, tout seul, et semblait inconscient du fait qu'il parlait tout haut.

— Sale traînée, marmonnait-il. Espèce de pute. Tu vas avoir ce que tu mérites. Crève, salope !

Nous le dévisagions, choqués, mais il ne le remarqua même pas. Il agissait ainsi chaque fois qu'une actrice brune apparaissait à l'écran. Et, comme l'intrigue du moment concernait les sœurs Slater, toutes brunes, ce n'était pas l'épisode idéal,

1. Célèbre feuilleton télévisé britannique diffusé depuis 1985.

étant donné les circonstances. Mais Justin ne semblait pas se rendre compte de ce qu'il faisait. C'était comme s'il était en transe.

Mike et moi l'avons regardé, perplexes, continuer ainsi tout le reste de l'épisode. Il était plus qu'évident qu'il n'était pas conscient de ses actes, et j'étais curieuse de savoir comment les choses allaient tourner.

J'eus ma réponse au moment du générique de fin. Son air menaçant et son regard noir que nous commencions à bien connaître disparurent en un instant. C'était comme s'il s'était sorti mentalement de sa transe et était de nouveau parmi nous. Il se tourna vers moi en souriant.

— J'adore *EastEnders* ! s'enthousiasma-t-il.

Nous nous contentâmes d'acquiescer avec un sourire tandis qu'il sortait de la pièce en trottinant.

— Qu'est-ce que c'était que ça ? lança Mike lorsqu'il fut certain que Justin était parti.

— Chéri… dis-je en secouant la tête, perdue. Je ne peux même pas te donner une *ébauche* de réponse logique.

— Combien de points a Justin, pour l'instant ? me demanda Riley quelques jours plus tard au téléphone.

Elle avait clairement une idée derrière la tête.

— C'est le dernier jour de congé de David, m'expliqua-t-elle. On irait bien au cinéma. On s'est dit que Justin aimerait peut-être venir avec nous ?

C'était un amour. J'étais ravie de la façon dont elle nous soutenait, surtout que Justin ne faisait pas grand-chose pour qu'elle l'apprécie. J'étais très fière d'elle, et de David, également.

— Super ! répondis-je en me réjouissant intérieurement d'avoir droit à quelques heures pour moi toute seule.

Par ailleurs, j'avais un coup de fil à passer, et il valait mieux que Justin ne soit pas présent à ce moment-là.

— C'est aussi sa dernière journée de vacances avant la reprise de l'école. Ça tombe très bien ! Et, oui, je suis certaine qu'il a assez de points sur son tableau.

C'était vrai. Malgré mes inquiétudes continues – et de plus en plus grandes – vis-à-vis de son état émotionnel depuis sa visite chez sa mère, il se débrouillait bien, niveau pratique. Il aidait dans la cuisine, me harcelait moins au sujet des repas, se rendait utile au jardin, se douchait sans qu'on ait à insister et, pour mon plus grand bonheur, avait même ressorti, dans sa chambre, certaines des choses qu'il avait volontairement fait disparaître. Un ciné avec Riley et David serait donc parfait.

— Il sera ravi ! Je vais lui annoncer la bonne nouvelle tout de suite !

Justin n'était pas dans sa chambre, et je perçus le bruit de la douche. Cependant, il y avait bien quelque chose dans la chambre, et c'était une odeur très étrange. Une sorte de mélange d'effluves corporels et de chien mouillé. Aussitôt, je revis Kieron m'en parler. Deux jours auparavant, il m'avait dit que la chambre de Justin sentait un peu la cage à hamster. Je ne m'en étais pas inquiétée outre mesure, mais, désormais, je voyais exactement de quoi il voulait parler. J'enfonçai la tête un peu plus loin dans la chambre tout en plissant le nez.

L'une des règles concernant Justin – et l'une des façons dont il obtenait des points – le rendait responsable de l'état de sa chambre. Ce n'était pas grand-chose, étant donné le peu qu'il possédait. Je n'y entrais que pour ramasser des mugs vides ou son linge, et, depuis son arrivée, je n'y avais passé que quelques minutes, chaque fois pour changer ses draps. Mais, tout en l'appelant dans la salle de bains, je me dis qu'il était avec moi depuis bientôt quatre semaines, et que sa chambre avait bien besoin d'un petit coup de chiffon – sans parler de désinfection, visiblement. Dès qu'ils seraient sortis, j'en profiterais pour aller y redonner un bon coup de propre, avec un peu d'huile de coude et d'eau de Javel.

Mais avant, il fallait que je parle à John, que j'appelai aussitôt après le départ de Riley, David et Justin. J'avais tellement de choses à lui dire que je passai dix bonnes minutes à lui dresser le tableau des quelques jours précédents.

— J'ai besoin d'en savoir plus, lui dis-je lorsque j'eus terminé de lui expliquer ce qui s'était passé entre Justin et sa mère. Il y a sûrement des dossiers le concernant *quelque part*. Son comportement nous inquiète énormément, et maintenant que nous avons vu l'état de sa relation avec sa mère, nous sommes certains de ne pas avoir connaissance de tous les éléments nécessaires. C'est évident. Il a de gros soucis émotionnels.

Je mentionnai alors à John les fameux trous dans le magazine.

— Et j'ai le sentiment que ces soucis remontent

à loin. J'aimerais en connaître la cause exacte. Nous sommes quelque peu désemparés, John. Nous ne pouvons pas l'aider de façon concrète si nous ignorons son passé.

J'avais conscience de mon air désespéré, mais c'était vraiment ce que nous étions. Si personne ne nous aidait en nous donnant des informations pertinentes sur lesquelles baser notre façon de le gérer, nous ne pouvions pas aider Justin. Nous ne pouvions que tempérer son comportement, ce qui, si les réelles raisons de ce comportement n'étaient pas connues, était assez inutile. D'après moi, nous ne pouvions faire notre travail correctement si ces questions cruciales demeuraient sans réponses. Il y avait une bonne nouvelle, toutefois : John n'était pas resté les bras croisés. À vrai dire, il nous avait même devancés et avait retrouvé deux anciens référents sociaux de Justin.

— L'un est à la retraite et le second exerce dans une autre région. Mais ils ont tous les deux accepté de me rencontrer afin de m'en apprendre davantage sur son passé. J'y *travaille*, Casey, ajouta-t-il en riant. Je vous le promets. Je vous recontacte dès que possible.

Ragaillardie par ces nouvelles, je montai ensuite au trot, armée de tout mon attirail de bombes désinfectantes. Il n'y avait aucune odeur, même des plus étranges, dont je ne pouvais venir à bout en ma qualité de femme de ménage *extraordinaire*[1]. Celle-ci ne ferait pas exception à la règle.

Ma recherche porta ses fruits assez rapidement.

---

1. En français dans le texte.

L'odeur semblait venir du grand placard encastré, dans le coin. Quand je l'ouvris, la puanteur décupla. Je me mis à fouiller les nombreuses étagères couvertes de boîtes et finis par trouver un sac de supermarché, rempli d'une matière douce et molle, et fermé par un nœud bien serré. Lorsque je parvins à l'ouvrir, mes suspicions furent confirmées. La puanteur était si puissante qu'elle me gifla littéralement. Avec un haut-le-cœur, je jetai un œil dans le sac et découvris ce qu'il contenait : une dizaine de paires de chaussettes sales et malodorantes.

Attention, c'étaient des chaussettes sales et malodorantes bien au-delà de ce qu'on peut imaginer et, ayant déjà eu un adolescent à la maison, je m'y connaissais en termes de saleté. Je qualifierais même leur odeur de pestilence nocive. Leur raideur montrait qu'elles étaient sûrement là depuis longtemps. Elles firent une sorte de bruit de papier froissé lorsque je les sortis du sac.

C'est à ce moment-là que je vis quelque chose qui balaya tous mes espoirs naïfs concernant les garçons et l'attention qu'ils portent à leur hygiène personnelle. En effet, ces chaussettes n'étaient pas seulement sales, elles étaient toutes couvertes de sang au niveau des orteils, du sang séché presque noir.

Je me redressai et allai m'asseoir sur le lit pour tenter de comprendre ce que je venais de dénicher. La source de l'odeur était désormais évidente, et la raison pour laquelle il avait rassemblé ses chaussettes dans un coin était tout aussi claire. Il attendait sûrement de trouver un moment où il pourrait les laver sans se faire surprendre.

Je posai le sac et continuai mes recherches, ce

que je n'avais jamais osé faire avec mes enfants. D'ailleurs, ce n'était pas quelque chose que j'avais l'habitude de faire avec qui que ce soit en des circonstances normales. Mais cette fois, c'était sérieux. Il fallait que je le fasse, mon instinct me l'intimait. J'ignorais ce que je cherchais, mais j'étais certaine qu'il y avait quelque chose de caché quelque part. Je savais seulement que je trouverais autre chose. Je passai sa chambre au peigne fin de façon méthodique. Et, après pratiquement une heure entière à mettre la pièce plus ou moins à sac, je finis par faire ma première découverte. Je venais de soulever le matelas afin de pouvoir examiner le sommier lorsque j'y aperçus une légère déchirure. Elle était minuscule, mais également droite et précise : en clair, ce n'était pas un simple accroc. J'y glissai un doigt avec précaution.

Quelque chose de pointu piqua soudain le bout de mon index. Je le retirai alors délicatement afin d'éviter de me couper le doigt. C'était la lame d'un petit couteau, qui venait sûrement du coffret d'artiste que nous lui avions acheté.

Mon instinct rappliqua aussitôt et m'incita à continuer. Tout en repoussant la crainte qui s'était emparée de moi quant à ce que je pourrais trouver ensuite, je repris mes recherches avec un regain d'énergie. L'attention que je portai aux détails fut récompensée.

En une demi-heure, j'avais amassé un butin plutôt sinistre, composé de toutes sortes de couteaux et de lames, avec lesquels il semblait s'être blessé volontairement. Il y avait une paire de ciseaux, que je pensais avoir égarée – j'avais même réquisitionné

Justin pour m'aider à la retrouver – et deux ou trois lames de rasoir jetables, dont les supports en plastique avaient fondu, ce qui signifiait qu'il avait également trouvé un briquet ou des allumettes. J'avais aussi découvert un petit couteau à légumes que je n'avais jamais vu auparavant, et un cutter qu'il avait sûrement dû trouver dans notre boîte à outils.

Tout cet étalage était terrifiant, et je restai là, à l'observer, emplie à la fois d'horreur et d'une grande tristesse. Qu'est-ce qui pouvait pousser un garçon à faire une chose pareille ?

Ce n'était pas une nouvelle habitude. Quelqu'un avait *forcément* dû être au courant. Voilà à quel point Justin souffrait.

6

— Je ne peux pas m'en empêcher, déclara Justin. Je sais que je ne devrais pas le faire, mais c'est plus fort que moi.

C'était le lendemain matin, et Justin et moi étions assis dans sa chambre où, après une longue hésitation, j'avais finalement décidé de lui parler.

— Je sais, trésor, je sais. Mais on ne peut pas te laisser te faire du mal, tu comprends ? Ça doit être très douloureux, mais en plus, si je ne suis pas au courant, je ne peux pas t'aider à nettoyer ces plaies. Elles auraient pu s'infecter, ça aurait pu dégénérer et, dans ce cas, qu'est-ce qu'on aurait fait, trésor ?

J'étais anéantie, depuis ma sinistre découverte. Je n'avais pas dormi de la nuit, ne cessant de me maudire pour ne pas avoir compris plus tôt qu'il s'automutilait. J'étais persuadée qu'avec mon expérience concernant les enfants mal dans leur peau, j'aurais dû remarquer *quelque chose* qui l'aurait trahi. Par exemple, pourquoi la sonnette d'alarme n'avait-elle pas retenti lorsque j'avais perdu ma paire de ciseaux ? J'avais confié à Mike que j'avais même demandé à Justin de m'aider à la chercher, et la colère que je ressentais vis-à-vis de moi-même de ne pas avoir compris à ce moment-là. Comment avais-je pu ne rien voir ? Et ses pieds ? Il était clair qu'ils devaient être dans un piteux état. Cet enfant n'était pas un simple invité ; il *vivait* avec nous. J'étais rongée par une telle culpabilité et une telle rage ! Comment avait-il réussi à nous cacher cela si bien ?

— Parce que c'est quelqu'un de très renfermé, Case, m'avait fait remarquer Mike. Tu le sais très bien. Il ne laisse rien transparaître. Quand penses-tu que tu aurais pu voir quelque chose ? Il est soit complètement habillé, soit en pyjama, et il ne quitte jamais ses chaussons...

— Et on sait pourquoi, maintenant !

— Voyons, Case. Ne sois pas si dure avec toi-même. Ce n'est pas comme si c'était un tout-petit que tu devais laver et habiller.

Évidemment, Mike avait raison, mais j'étais toujours envahie par cette culpabilité tenace. Il fallait que je sois bien plus vigilante, désormais. Je regardai Justin, le visage tordu par l'angoisse, et hésitai à l'enlacer. C'était assez difficile de savoir s'il fallait prendre le risque ou non. Maintenant qu'il semblait prêt à me parler, je ne voulais pas qu'il se ferme comme une huître, ce que tout contact physique pourrait engendrer.

Il était en pyjama – avec aux pieds ses chaussons omniprésents –, couché sur son lit, en train de regarder des dessins animés. Du moins, c'est ce qu'il faisait avant que je ne vienne lui parler de mes découvertes.

— Allez, trésor. Laisse-moi jeter un œil à tes pieds...

J'avais finalement décidé de jouer la carte de la cajolerie.

— Laisse-moi au moins te les nettoyer.

Je me composai un air neutre lorsque Justin retira lentement ses chaussons, bien que ce fût une des choses les plus difficiles que j'aie eu à faire depuis longtemps. Comme je m'y étais attendue, ses pieds étaient dans un état indescriptible. Il n'y avait aucun doute quant au fait qu'il s'infligeait cela depuis quelque temps. Sous ses ongles, la chair semblait s'être infectée et, autour, la peau était à faire frémir. Il devait se mutiler régulièrement, ce qui entraînait beaucoup de saignements. Ses pieds étaient couverts de croûtes et de taches blanches. Ça me brisait le cœur d'imaginer la douleur que cette habitude devait provoquer, et, une fois de plus, je m'en voulus de ne rien avoir remarqué.

À cet instant, j'aurais pu aller dans la salle de bains pour prendre de quoi le soigner, mais quelque chose me dit que, si je le faisais, je pourrais rater le moment que j'attendais. J'avais la nette impression qu'il voulait parler. Il ne savait tout simplement pas par quoi commencer. Il fixait ses pieds, comme s'il les voyait pour la première fois.

— Tu veux savoir ce que je pense, trésor ? dis-je en me rasseyant à ses côtés. Que tu as dû beaucoup souffrir à l'intérieur pour vouloir te faire autant de mal à l'extérieur.

Je marquai une pause afin de le laisser saisir le sens de mes paroles, puis je repris :

— Je sais également que tu as vécu beaucoup de choses difficiles dans ta vie. Quand tu étais petit, c'est bien ça ?

Il hocha la tête.

— Je sais aussi que, quand des enfants vivent des choses terribles, lorsqu'ils sont trop jeunes pour vraiment comprendre ce qui leur est arrivé et pourquoi, eh bien, parfois, cela les rend furieux, une fois plus grands, et ils font certaines choses, comme ce que tu as fait à tes pieds. Ce n'est pas ta faute, Justin. Je ne suis pas fâchée. Tu le comprends, n'est-ce pas ?

Il demeura muet un très long moment, la tête basse, puis soudain, il la leva, se tourna vers moi et plongea ses yeux dans les miens. Il déversa alors un flot de paroles :

— Qu'est-ce qu'il y a à comprendre, Casey ? Ma vie a toujours été de la merde ! C'est une pétasse, c'est tout. Une pétasse. Elle s'est débarrassée de moi, elle m'a dit que je lui posais problème, tout ça. Mais elle a gardé Alfie et Mikey, pas vrai ? *Pas vrai ?* Oui, oui, je comprends, pas de souci !

Il s'était mis à pleurer tout doucement et en silence. Ce n'était pas de la colère. C'était comme s'il n'avait plus la force de se battre. Mon instinct m'assura que je pouvais le toucher, désormais. Je me rapprochai et entourai ses épaules de mon bras. Je m'attendais à ce qu'il se raidisse, mais il n'en fit rien, au contraire. Il se blottit contre moi et cala sa tête sur ma poitrine avant de se mettre à sangloter.

— C'était une vie de merde, répéta-t-il. De merde. Je savais bien qu'elle se droguait : tous les autres se foutaient de nous à cause de ça. Mais je ne savais pas que c'était de l'héroïne. Je ne le savais pas. Je connaissais le nom, mais j'ignorais ce que c'était vraiment, ce que ça faisait. Tout ce que je voyais, c'est qu'elle ne nous apportait jamais à manger. Elle ne nous nourrissait pas. Alfie avait juste besoin de lait, putain ! Elle n'en avait jamais...

Je lui pressai l'épaule.

— Je ne peux même pas imaginer à quel point ça a dû être difficile.

Il écarta légèrement la tête pour pouvoir me regarder.

— Je peux te dire quelque chose, Casey ?

— Bien sûr, trésor, répondis-je. Mais laisse-moi te parler d'abord.

Je détestais avoir à le faire, mais je me devais vraiment de le lui signaler. C'était une partie essentielle et intrinsèque à mon travail.

— Il faut que tu saches, Justin, que si ce que tu t'apprêtes à me dire est quelque chose de très grave, je devrai le partager. Tu comprends ? C'est pour que nous puissions *tous* avoir une chance de t'aider. D'accord ?

Il hocha la tête, bien que je ne sois pas certaine qu'il ait bien saisi. Il semblait davantage centré sur le fait de continuer que d'écouter. Et il fallait que je le laisse s'exprimer.

— C'étaient Alfie et Mikey, reprit-il. On crevait vraiment de faim. Tous les trois. Je ne me souvenais même plus de la dernière fois où on avait mangé. Elle avait passé des jours allongée sur le canapé, sans rien faire. Puis elle était repartie. Moi, je m'occupais d'eux, et elle ne revenait pas, et ils n'arrêtaient pas de crier et de pleurer, là-haut. Je ne savais pas quoi faire. Alors, je me suis souvenu que, dans le jardin d'à côté, ils faisaient pousser plein de choses. Et ils avaient de la rhubarbe. Tu connais ?

— Oui, je connais la rhubarbe, dis-je en acquiesçant.

— J'ai grimpé sur les poubelles, puis par-dessus la barrière, et j'en ai volé des tas, pour leur donner quelque chose à manger. Mais quand je suis monté les voir, je les ai trouvés assis dans leur lit, sans leurs couches, en train de manger leur merde. Ils la mangeaient, Casey ! Tous les deux. Ils étaient assis, en train de manger leur propre merde !

— Mon Dieu, c'est horrible...

— Mais elle s'en foutait !

Il devait ravaler ses larmes, désormais.

— Elle n'en avait rien à foutre ! Elle se contentait de ramener sa bande de camés à la maison, et ils restaient là à rien faire, avachis sur les canapés ou par terre. Les bébés pleuraient, mais personne ne les entendait !

La colère l'envahissait tandis qu'il se confiait à moi. Je tentai d'imaginer l'horreur de la situation et commençai à me sentir mal. Mais je sentais qu'il fallait que je prenne sur moi, car, manifestement, ce n'était que le début.

Je ne voulais pas qu'il se laisse emporter par la fureur, au point de devenir agressif et incapable de contrôler ses émotions. Je voulais seulement qu'il continue à me parler. Qu'il sorte ce qu'il avait sur le cœur. Car je sentais que ça pouvait être décisif dans notre relation. Non, je *savais* que le fait qu'il se livre à moi serait décisif. Et il n'avait pas fini. Il s'essuya le visage avec sa manche et continua, toujours blotti contre moi, sa joue réchauffant mon bras. Je le serrai plus fort. Je me demandais combien de fois dans sa vie cet enfant avait été câliné. Pouvait-on les compter sur les doigts d'une main ? Et qu'est-ce que cela lui faisait ressentir ?

— Une fois, elle a organisé une fête, reprit-il. Il y avait plein de gens. Il était tard. On était censés dormir, mais c'était juste impossible. C'était l'enfer, en bas. L'enfer. La musique était à fond. Tout le monde criait. Ils n'arrêtaient pas de passer le même disque. C'était sans fin. Tu connais UB40 ? Ma mère les adorait.

« Puis cet homme est monté. Il est apparu sur le pas de la porte et il m'a donné une pièce d'une livre avant de me proposer de descendre avec eux. Plus exactement, il m'a demandé si je voulais « me joindre à la fête ». J'étais ravi. J'avais eu droit à une livre. Il en avait peut-être d'autres. Il y aurait peut-être même de quoi manger, en bas. Je suis descendu avec lui. Il y avait six ou sept personnes. Principalement des hommes, ma mère, et une femme que je ne connaissais pas. Je ne l'avais jamais vue. Le gars m'a demandé si j'avais envie de faire un jeu avec lui. Je ne savais pas ce qu'il manigançait, il m'a juste dit que c'était un jeu…

Il cherchait ses mots, comme si c'était difficile d'exprimer clairement ce qui s'était passé. J'imaginais à quel point cela devait être éprouvant de raconter des souvenirs aussi durs.

— Un jeu ? répétai-je.

Justin hocha la tête.

— Puis il a retiré son pantalon. Il a pris ma main et m'a fait attraper… Tu vois… Et il riait. Ils riaient tous. Même ma mère. Ils m'ont dit que je devais laisser ma main là jusqu'à ce qu'ils aient compté jusqu'à soixante.

Son visage se tordit en une grimace, et ses paroles étaient entrecoupées de gros sanglots. Je lui caressai les cheveux.

— Ça va aller, soufflai-je. Calme-toi, Justin. Ça va aller…

Nous restâmes assis quelques instants sans plus parler. Mais je m'attendais à ce qu'il y ait une nouvelle accalmie, comme dans une tempête. Et ce fut le cas.

La maison avait son odeur habituelle, ce frais matin de novembre. Elle dégageait un mélange d'urine et de cigarettes. Les lourds rideaux étaient tirés sur les fenêtres crasseuses du salon, et on avait poussé le canapé afin de faire plus de place. Là, parmi les canettes de bière écrasées, les cendriers qui débordaient, la table basse crottée et les papiers de bonbons, la mère de Justin était couchée par terre, à peine consciente, sur la moquette en peau de mouton, devant la cheminée électrique.

— Suce ! aboya l'homme qui tenait fermement la tête de Justin entre ses mains. Suce, petit bâtard !

Il s'enfonça violemment, plus profond encore, écrasant le visage terrifié du petit garçon contre son aine.

Justin suffoquait et remuait, cherchant désespérément sa mère du regard. Il ne comprenait pas pourquoi elle ne l'aidait pas. Pourquoi laissait-elle faire cet homme ?

— T'as plutôt intérêt à ce qu'il fasse ça bien, grondait-il. Espèce de traînée. Ou tu peux dire au revoir à ta putain de came, crois-moi.

Il frappa Justin dans le dos, ce qui le fit se débattre davantage. Enfin, sa mère s'anima. Elle se mit péniblement à genoux et se traîna jusqu'à eux sur le tapis de corde.

— Allez, mon bébé, lui murmura-t-elle à l'oreille. Sois gentil avec oncle Phil. Allez, mon bébé. Il sait que maman a besoin de ses médicaments.

Ce n'était pas la première fois. Et il savait que ce ne serait pas la dernière. Mais que pouvait-il faire, à part obéir à sa mère ? Alors, il ferma fort les paupières et pensa au père Noël et à tout ce qu'il pourrait lui emmener s'il était gentil. Et qu'il était important que maman ait ses médicaments. Il voulait qu'elle les ait. Il voulait vraiment qu'elle les ait. Avec ses médicaments, elle serait bientôt de nouveau heureuse, et elle aurait peut-être même envie d'un câlin sur le canapé. Alors, il continua tout en priant pour que ça prenne rapidement fin et en faisant en sorte de ne pas vomir, car il savait que cela rendrait oncle Phil très furieux.

Soudain, ce fut fini. L'homme le repoussa, et Justin voulut se précipiter dans les bras de sa mère tout en essayant de retirer le liquide salé de sa bouche. Mais elle n'était déjà plus dans la pièce. Sûrement partie chercher du papier d'aluminium pour que l'homme puisse y mettre ses médicaments.

Ça ne le dérangeait pas. C'était fini ; il pouvait attendre. Et il attendit patiemment, roulé en boule dans le coin du canapé, frissonnant dans le seul slip qu'il portait. Car il savait, tandis qu'il les regardait tenir la flamme du briquet sous le papier d'aluminium, que bientôt – dès qu'ils auraient aspiré toute la fumée par le biais de ces stylos cassés – elle serait différente, heureuse, et qu'elle s'occuperait peut-être à nouveau de lui.

En effet, elle s'affala rapidement près de lui avec un sourire extatique. Mais elle n'avait pas le temps de faire des câlins. Elle avait d'autres plans en tête.

— Allez, mon bébé, lui murmura-t-elle. Sois gentil, va t'habiller, maintenant. C'est l'heure d'aller à l'école.

Il tenta de discuter – il voulait rester encore un peu pour caresser ses lourdes boucles noires –, mais oncle Phil lui prit brutalement le visage au creux de sa grosse main infecte et lança :

— Fais ce qu'on te dit. C'est l'heure d'aller à l'école !

Il n'avait donc pas le choix. Il n'avait plus qu'à obéir.

Son uniforme était en boule, sur le sol de la cuisine, exactement là où il l'avait laissé la veille. Et, tout comme la veille, il n'y avait rien à manger. Il y avait du ketchup, du bouillon en cube et un reste de sauce brune, mais rien pour le petit-déjeuner. Pas de nourriture au sens propre. Il finit par dénicher un biscuit au gingembre, qu'il fourra dans sa bouche, puis il écouta, tout en s'habillant, oncle Phil crier après Dylan, le chien de sa mère. De toute façon, elle devait sûrement dormir désormais.

Il monta sur la pointe des pieds. Ses frères dormaient également. Et s'ils restaient assoupis, ils ne lui réclameraient pas à manger et ne se mettraient pas à pleurer. Satisfait, il quitta la maison en silence.

— Est-ce que tu sais à qui tu parles, espèce de clodo ?

Justin se retourna sur deux garçons qu'il connaissait et qui venaient vers lui. Il était dans le parc, ayant opté pour le long trajet pour aller à l'école. Comme il était bien trop tôt pour prendre par la route, il avait décidé de passer par le parc et de faire quelques ricochets dans la mare aux canards.

Il lâcha la pierre qu'il s'apprêtait à lancer et secoua la tête.

— À personne, répondit-il.

Il savait que ces garçons étaient des terreurs. Ils avaient constamment des problèmes avec la police et causaient toujours la pagaille dans le quartier, lui avait dit sa mère. Il valait mieux qu'il garde ses distances.

— Tu n'es qu'une sous-merde, cracha le plus grand. Et ta mère est une sale traînée.

— La ferme ! lâcha Justin, même s'il savait qu'il n'aurait pas dû. Ou elle passera chez toi te régler ton compte !

— En faisant quoi ? En suçant mon père ? lança l'autre garçon en poussant Justin. C'est une putain de camée. Elle ferait n'importe quoi pour un fixe.

Justin ne put s'empêcher d'éclater en sanglots.

— Laissez-moi tranquille, je veux rentrer chez moi ! pleurnicha-t-il, ce qui ne fit qu'accroître les rires des deux garçons.

Soudain, l'un d'eux, n'étant visiblement toujours pas satisfait, fit tomber Justin et lui retira aussitôt ses chaussures.

— Sans ça ? lança-t-il avant de les soulever haut dans le ciel et de les jeter en plein dans la mare.

— Hé ! cria Justin.

De nouveau sur ses pieds, il brandissait maintenant les poings. Il bondit sur le plus âgé et se mit à le rouer de coups, ce qui déclencha un nouveau fou rire chez les garçons. Ils n'étaient toutefois pas d'humeur à plaisanter et, sans que Justin puisse se défendre, ils agrippèrent ses bras et ses jambes, le firent basculer en avant et lui plongèrent la tête sous l'eau.

Puis ils le tirèrent en arrière et le regardèrent tousser et crachoter en ricanant.

— Salut, débile ! lancèrent-ils. On se voit à l'école.

Il lui fallut quelques minutes avant de trouver la force de se relever, minutes qu'il passa en grande partie à contempler le ciel en silence. Il était gelé, trempé et couvert de boue.

Il n'avait plus de chaussures et il se doutait qu'il ne pourrait pas les récupérer Elles avaient été lancées bien trop loin. C'était trop dangereux. Il pourrait se noyer. Il ne pouvait plus aller à l'école. Il n'irait pas à l'école. Il retournerait chez lui et raconterait à sa mère ce qui s'était passé. Il rentrerait en boitant, pieds nus, dans ce froid glacial. Que pouvait-il faire d'autre ?

Mais lorsqu'il rentra, sa mère n'était pas là.

7

Cela faisait une heure que nous étions assis sur son lit. Une heure durant laquelle j'avais dû m'efforcer de ne pas éclater en sanglots, tandis que Justin me racontait son histoire. Je savais qu'il était indispensable de me contenir. Si je laissais transparaître ne serait-ce qu'une once de la fureur et du dégoût que m'inspiraient les sinistres détails de sa petite enfance – mon Dieu, peut-on appeler cela une enfance ? –, j'étais certaine qu'il se refermerait comme une huître et ne pourrait pas continuer. Il me confiait de sombres secrets, et je savais d'expérience que les enfants qui avaient vécu de telles choses portaient en eux des cicatrices qui, même avec la meilleure attention et le meilleur soutien du monde, ne guériraient jamais entièrement. Ces cicatrices leur rongeaient l'esprit et le cœur, tel un cancer, et brouillaient entièrement la perception qu'ils avaient d'eux-mêmes. Comme n'importe quel autre enfant, Justin devait se sentir coupable. Il devait d'une certaine façon avoir le sentiment qu'il méritait ce qui lui était arrivé. Car, c'est triste à dire, mais c'est exactement ce que font ces enfants.

J'essuyai les larmes qui couvraient désormais nos

joues, ne désirant qu'une chose : faire mordre la poussière à tous ces monstres. Je savais que je me devais de rester professionnelle en toutes circonstances et que, si on y réfléchissait bien, ces « monstres » étaient sûrement d'autres personnes qui avaient elles-mêmes été profondément meurtries, mais, à cet instant, je n'arrivais pas à ressentir vis-à-vis d'eux autre chose que du mépris.

En tout cas, j'étais prête à faire tout ce qui serait en mon pouvoir pour aider Justin. Il méritait bien mieux que la vie qu'on lui avait offerte jusqu'ici. Il ne méritait rien de moins que d'être heureux, comme n'importe quel autre enfant, d'ailleurs.

Par-dessus tout, les adultes l'avaient non seulement laissé tomber, mais leur cruauté et leur négligence avaient scellé son destin vis-à-vis des enfants de son âge. Ainsi, il en était devenu le bouc émissaire.

Justin, qui était resté silencieux un moment, toujours contre moi, me sortit une fois de plus de mes songes.

— C'était ce jour-là, dit-il.

— Quel jour ?

— Le jour où j'ai brûlé la maison.

Le jour où j'ai brûlé la maison. J'intégrai cette information. Il n'avait pas dit « La maison a brûlé », mais « *J'ai* brûlé la maison ». Cela me brisa le cœur.

Mais je savais que je ne devais pas réagir. Je me contentai donc de rester muette et de le laisser poursuivre.

— Je suis rentré, et mes frères étaient dans un état pas possible. Elle les avait laissés tout seuls ! Elle était partie, et elle les avait laissés ! Tu arrives à y croire ? C'était l'enfer. Ils pleuraient, ils réclamaient à manger. Je ne le supportais plus. Je n'avais rien à leur donner et je ne savais pas quoi faire. Alors, j'ai pensé...

Il s'interrompit.

— Que tu ne pouvais plus gérer tout ça ?

Je le sentis hocher la tête.

— Je n'en pouvais plus, Casey. C'en était trop. Le chien qui mangeait leur merde, les pleurs, tout... Je n'arrivais pas à croire qu'elle ait pu faire ça.

Il fallut une heure de plus à Justin pour me confier toute l'horreur de ce qui se produisit cette journée-là. Cette journée qui nous avait été racontée, à Mike et moi, de façon purement détachée. Ces informations soigneusement couchées sur papier au sujet de ce garçon de cinq ans qui avait joué avec les allumettes, avait accidentellement mis le feu à la maison et par la suite été placé. Ce petit de cinq ans qui créait tant de problèmes que sa pauvre mère ne pouvait simplement pas le gérer et n'avait eu d'autre choix que de le laisser aux mains des services sociaux. Comment en vouloir à cette femme ? Après tout, tous les rapports concernant cet enfant le qualifiaient de « perturbateur », « incontrôlable » et de « brute ».

Sauf que tous ces rapports étaient peut-être dans le faux. Ou l'auraient au moins été si sa vie avait commencé différemment. De toute évidence, ce jour-là (et les jours précédents, pour ne pas dire toute sa vie), il s'était passé bien plus que ce dont les services sociaux étaient au courant. Je travaillais dans ce milieu. J'avais passé de nombreuses années dans une école d'une certaine taille comportant toutes sortes d'élèves ; je n'étais pas naïve. Toutefois, je n'arrivais pas à saisir comment de telles choses – des choses importantes, comme le fait d'avoir une mère héroïnomane incapable de s'occuper de ses trois petits – n'avaient pas été perçues. Un voisin ou un ami de la famille avait bien dû remarquer quelque chose ? Quiconque ayant été en contact avec eux, même brièvement, avait dû se rendre compte que ça n'allait pas ?

En écoutant Justin – c'est-à-dire en entendant ce qui s'était *vraiment* passé, que l'incendie avait été volontaire et non la conséquence d'avoir joué avec des briquets ou des allumettes –, je compris que, ce jour-là, quelque chose s'était brisé en lui, qu'il était arrivé au bout du rouleau. Ce n'était pas surprenant. Il avait cinq ans et vivait un véritable enfer, et pas un seul adulte n'avait fait en sorte de lui venir en aide. Les sévices sexuels, les pleurs continuels, les intimidations, peu importe ce qui a tout déclenché.

Ce qui importait, d'après ce que me confiait Justin, c'était qu'à cet instant où il était rentré chez lui, trempé, glacé, triste et ayant besoin de sa maman, il avait pris conscience que rien ne s'arrangerait, que rien ne changerait, et que c'était simplement une façon de réagir.

Il n'aurait pas pu envisager ce que son acte impliquerait – il était bien trop jeune pour prendre une décision aussi réfléchie. Ça peut sonner cliché, mais Justin avait lancé un appel à l'aide.

Il n'arrivait pas à expliquer ce qui l'avait poussé à faire cela, et je préférais ne pas insister. Comment pouvait-il l'expliquer, de toute façon ? Il avait cinq ans. Ce n'était pas cet enfant de onze ans malheureux, meurtri, qui s'automutilait, que personne ne semblait avoir jamais aimé et qui était blotti dans mes bras. Il n'avait que *cinq ans*. Aurait-il été capable d'expliquer son geste ? J'en doute. Seulement, en voyant son chien lécher le contenu des couches de ses petits frères, sur les barreaux du lit, il comprit qu'il n'en pouvait plus. Voilà à quoi ressemblait sa vie. Il ne pouvait simplement plus continuer comme ça.

— Je voulais que Dylan meure, déclara-t-il, bien que je ne l'aie pas lancé sur ce sujet.

Je m'étais seulement demandé, probablement comme d'autres avant moi, pourquoi il avait sorti ses petits frères de la maison et pas le chien de la famille. Il était clair désormais que ce n'était pas vraiment le chien de la « famille ».

— Je le détestais, dit Justin. Je le détestais parce qu'elle l'aimait. C'était *son* chien, et elle l'aimait plus que nous. Elle le caressait tout le temps. Il y avait même une photo de lui accrochée au mur du salon. Mais aucune de nous. Non, juste le chien. Et elle le nourrissait. Comme par hasard, elle arrivait toujours à lui dénicher de la nourriture. Je voulais le lui faire payer. Lui donner une leçon. Et j'ai réussi.

La gorge me serra de nouveau quand je songeai à ce que cette vengeance avait coûté à cet enfant de cinq ans.

— Ça va aller, trésor, soufflai-je. Ça va aller.

Les services sociaux avaient mis un certain temps à localiser la mère de Justin, le jour de l'incendie.

Elle était avec son « petit ami », dans le quartier, mais assez loin pour ne pas entendre l'agitation et les sirènes. C'étaient les voisins qui avaient appelé les pompiers. À leur arrivée, ils avaient trouvé Justin et ses petits frères blottis sous leur couette, dans le jardin, les plus jeunes terrorisés, mais l'aîné apparemment muet.

— Elle ne voulait pas qu'ils m'emmènent, ajouta-t-il, alors que je rassemblais mes esprits et commençais à nettoyer et panser ses pieds.

Le fait de m'avoir raconté son histoire semblait l'avoir calmé.

— Elle ne voulait pas, répéta-t-il. Elle nous aimait vraiment, mes frères et moi…

Il marqua une pause.

— Vraiment. Mais ils lui ont dit qu'elle n'avait pas le choix. Si elle ne me laissait pas partir, elle irait en prison. Alors, j'ai dû les suivre. Sinon, elle serait allée en prison.

Je ravalai ma colère en me rappelant les paroles de John lorsqu'il nous avait parlé de Justin pour la première fois. *Une prise en charge volontaire.* C'était clair.

— Je sais, trésor, répétai-je. Ça a dû être terrible. Pour vous tous. Voilà, ajoutai-je en lui montrant ses pieds soignés. Il va falloir que tes plaies restent propres pour pouvoir guérir.

Je l'observai un instant tout en me rendant compte du temps qui s'était écoulé. Ça faisait des heures que nous étions dans sa chambre.

— Tu dois avoir faim, dis-je. L'heure du petit-déjeuner est passée depuis longtemps. Tu veux descendre, que je te prépare quelque chose à manger ?

Mais il n'avait pas faim – c'était incroyable – et, également pour la première fois depuis son arrivée chez nous, il ne s'était pas soucié de l'heure du repas. Il m'annonça qu'il voulait juste rester encore un petit peu dans sa chambre pour regarder les dessins animés.

— Tu es sûr ? dis-je tout en commençant à me lever. Je peux te faire du pain grillé et te le monter, si tu veux.

Justin secoua la tête et fit alors quelque chose qui me toucha en plein cœur. Il écarta les bras et se pencha vers moi pour réclamer un câlin.

— Je t'aime, Casey, dit-il lorsque je l'enlaçai. Vraiment. Je t'aime vraiment, tu sais.

Incapable de parler, de peur de fondre en larmes, je me contentai de hocher la tête et de le serrer fort jusqu'à ce qu'il me lâche, puis je quittai la pièce.

Je descendis, la tête bourdonnant de toutes ces révélations. Non seulement la situation avait incroyablement évolué, mais le passé de Justin était désormais bien plus clair. Il fallait que je parle à John Fulshaw dès que possible, tant que tout était frais dans mon esprit. J'avais enfin le sentiment que nous pouvions faire en sorte d'aider Justin. Toutefois, ce que je ressentais était trop fort pour être simplement glissé dans un coin de mon cerveau portant l'étiquette « travail ».

Je m'assis et me mis à pleurer.

8

C'était le samedi matin suivant, et j'étais sur des charbons ardents.

J'avais eu de longues conversations avec John Fulshaw et Harrison Green, durant lesquelles je leur avais fait part de ce que m'avait confié Justin, et, même si j'avais pleinement conscience que c'était une de mes principales responsabilités en tant qu'assistante familiale (et que je n'envisagerais jamais de fuir), j'étais angoissée en songeant à la façon dont réagirait Justin lorsque je lui expliquerais qu'ils voulaient tous les deux s'entretenir avec lui. De toute évidence, il fallait le faire : en dehors de l'importance que cela avait vis-à-vis du progrès psychologique de Justin, il y avait d'autres choses à prendre en compte, en particulier le fait que Janice avait encore la garde de ses deux frères et était enceinte. Consommait-elle toujours de la drogue ? Côtoyait-elle par conséquent des toxicomanes ? Et surtout, est-ce que ces révélations impliqueraient une enquête des services sociaux ? Si c'était le cas, Janice devinerait d'où venaient ces informations, ce qui menacerait leur relation déjà difficile. Cette idée me causait un terrible sentiment de culpabilité. Car je ne doutais pas de quelle façon elle s'en prendrait à Justin.

Je ne me sentais donc pas à l'aise. Je percevais à quel point cela avait été une énorme étape de franchie pour Justin – si renfermé, incapable de se rapprocher de qui que ce soit, si méfiant des adultes – de se confier à moi, qui étais tout de même encore une étrangère, à ses yeux, et de partager ses souvenirs les plus sombres et les plus douloureux. J'avais le pressentiment que, malgré le fait de l'avoir prévenu que je devrais rapporter ce qu'il m'avait révélé, il verrait cela comme une vraie trahison. Comment lui en vouloir ? Il avait onze ans ; comment pouvait-il comprendre la portée de tout cela ?

Il s'avéra que j'avais vu juste.

J'avais choisi de renoncer à un samedi shopping avec Riley (à contrecœur, étant donné que les moments « entre filles » passés avec elle étaient, et sont toujours, l'une des choses que je préfère) afin d'être certaine d'avoir un peu de temps seule avec Justin dans la journée. Mike emmenait Kieron au foot tous les samedis et restait pour l'encourager.

Le moment était venu, et j'étais fébrile.

— C'est l'heure, les garçons ! lançai-je à Kieron et Mike.

Les trois gars jouaient à Football Manager sur la PlayStation, formant l'image parfaite d'une famille heureuse et détendue. Justin avait été de bonne humeur toute la matinée, ce qui m'angoissait davantage.

— Vous allez être en retard pour le coup d'envoi si vous ne vous pressez pas. Et ce jeu, ajoutai-je en désignant la télé et la console, sera toujours là quand vous rentrerez.

Nous tenions tous à ce que Justin sorte et fasse un peu plus d'exercice, non seulement parce qu'il avait quelques kilos de trop, mais aussi parce que nous étions conscients de la valeur émotionnelle du sport, ce qui pouvait faire beaucoup de bien à un enfant stressé avec autant de problèmes que Justin. Et s'il trouvait une activité qu'il aimait et pour laquelle il montrait certaines facilités, cela pourrait lui permettre d'y canaliser sa colère et son agressivité. Et puis, qui sait, s'il travaillait dur, il pourrait même gagner de la confiance en lui.

Mais malgré les encouragements de Mike et Kieron, il nous fallait encore persuader Justin des bienfaits du plein air. Mike disait en plaisantant qu'il avait même peur d'aller voir un match, au cas où quelqu'un lancerait involontairement la balle dans sa direction.

Nous finirions peut-être par le convaincre, mais, dans l'immédiat, il était davantage attiré par la télé et la PlayStation, comme c'est souvent le cas des enfants au passé difficile et qui ont peu d'amis. Toutefois, il semblait heureux, ce jour-là, et il arracha la manette des mains de Kieron en souriant.

— Oui, allez-y, vous deux. Laissez-moi m'occuper de vos équipes. Comme ça, je serai sûr qu'elles perdent et je monterai dans la ligue supérieure !

— Mamannnnnnnnn ! gémit Kieron. Ne le laisse pas faire, s'il te plaît ! Ça m'a pris des heures pour arriver à ce niveau !

— Voyons, Kieron. Quel âge as-tu ? lançai-je en

lui faisant la grimace. Allez, Mike, emmène-le jouer avec les grands garçons, chéri !

Ils finirent par quitter la maison en ayant droit à une ou deux autres taquineries de Justin. Nous étions enfin au calme. Justin retourna à sa PlayStation, et je décidai de le laisser un moment, principalement afin de pouvoir mettre de l'ordre dans mes pensées avant de m'atteler à la tâche désagréable qui m'attendait.

Quinze minutes plus tard, je l'appelai dans la cuisine pour déjeuner. Je nous avais fait des sandwiches, que j'avais posés sur la table, dans des assiettes. Il tira une chaise, s'assit et s'empara du sien.

— Je plaisantais, Casey, dit-il aussitôt. Je ne vais pas toucher à l'équipe de Kieron.

Ces paroles me firent fondre le cœur.

— Je m'en doutais, trésor. Et Kieron aussi, ne t'inquiète pas. C'était juste pour rigoler. Tu veux un verre de lait ?

Il hocha la tête et fit attention à vider sa bouche avant de répondre.

— Oui, s'il te plaît. Et je peux avoir des chips ? Je meurs de faim !

— Tu meurs toujours de faim ! lançai-je en allant lui chercher un paquet dans le placard. À vrai dire, je m'inquiéterais, si ce n'était pas le cas.

Je revins m'asseoir et sentis que le moment était venu.

— Au fait, trésor, dis-je d'un ton léger. Je voulais te parler de quelque chose. Tu te souviens de notre discussion de jeudi ? Au sujet de ta maman et de tout le reste ?

Silence. Il se contenta de fixer son sandwich, qu'il venait de reposer sur son assiette. Eh merde. *Merde.* J'aurais dû attendre encore un peu, lui laisser deux ou trois jours de plus pour qu'il s'en remette. C'était trop tard maintenant, j'avais commencé.

— Eh bien... repris-je. Tu te souviens que je t'ai dit qu'il faudrait que j'en parle un peu à John et Harrison ? J'ai eu une petite discussion avec eux, parce que..., parce que tu m'as confié des choses pour le moins inquiétantes, tu es d'accord, trésor ? Et il faut qu'ils comprennent ce qui t'est arrivé afin de pouvoir t'aider eux aussi. Tout comme moi...

Je m'interrompis. À vrai dire, c'est le regard de Justin et son visage littéralement transformé qui me stoppèrent net. Même si je m'attendais à ce qu'il laisse éclater sa colère à un moment ou un autre, j'étais médusée par son expression. Je n'ai jamais rien vu de tel – avant ou depuis. Sans exagérer, c'était comme une scène de film d'horreur au ralenti, où un homme se transforme en loup-garou. Ses sourcils se froncèrent jusqu'à former une seule longue ligne rageuse, et ses yeux s'assombrirent – vraiment, ils étaient presque noirs. Ses pommettes se haussèrent, et sa bouche se tordit en un sourire mauvais. Sans plaisanter, je dus me répéter intérieurement *ce n'est qu'un enfant, il n'a que onze ans, c'est tout,* car ce dont je fus témoin glaçait vraiment le sang.

Il redressa lentement la tête – *et voilà,* pensai-je, *ça va sortir* –, posa les deux mains sur la table, se leva et poussa sa chaise.

— Ne t'inquiète pas, Justin, tentai-je. Ils ne le diront à personne. C'est confidentiel. Ils ne feront rien qui pourrait te causer des soucis. Tu n'as *rien* à craindre. Ils veulent seulement t'aider. Nous tous, d'ailleurs !

— Espèce de pétasse, lâcha-t-il tout bas.

À vrai dire, sa voix était étonnamment calme. Je m'attendais toutefois à ce que cela dégénère à tout moment.

— Justin, dis-je sévèrement. Je te prie de ne pas me parler comme ça. Tu vas perdre des points, c'est dommage. Tu t'étais si bien comporté aujourd'hui.

J'avais conscience de m'accrocher en vain à un semblant d'espoir.

— J'emmerde les points, gronda-t-il. Et je t'emmerde, toi aussi. Tu as dit que je pouvais te faire confiance !

— Mais c'est *vrai* !

— Non ! Tu es une menteuse. Une sale menteuse ! Pourquoi tu leur en as parlé ? Pourquoi ? Je ne veux pas rester ici.

Il dégagea la chaise d'un coup de pied.

— Je ne reste pas ! Tu es exactement comme ma mère !

Là-dessus, il s'empara de son assiette, et *blam.* Il la lança sur le mur de la cuisine. Instinctivement, je baissai la tête, même si, Dieu merci, je me rendis compte qu'il ne m'avait pas visée. Malgré les circonstances, il avait déjà été trop loin. Mais je n'avais pas encore tout vu.

Il se mit à donner des coups de poing sur la table, faisant s'entrechoquer ce qui restait dessus, comme les rejets d'une mer déchaînée.

Je saisis mon assiette avant qu'elle se retrouve en morceaux, elle aussi.

— Justin !

J'avais levé le ton. Je devais rester calme, mais tout en gardant le contrôle de la situation.

— Va dans ta chambre et n'en sors pas à moins d'être calmé ! Je refuse de discuter avec toi si tu réagis de cette façon.

Je pris son verre de lait, cette fois.

— Je sais que tu es fâché, continuai-je. Et je le *comprends.* Je suis désolée que tu le prennes comme ça, vraiment. Mais je ne te laisserai pas parler ou te comporter ainsi. Allez ! lançai-je en tentant de charger ma voix d'un maximum d'autorité. Plus vite ! Tu montes ! *Maintenant !*

Je t'en prie, pensai-je tout en l'observant hésiter à m'obéir. *Je t'en prie, n'aggrave pas les choses. Monte.* Mais, devant sa manifeste indécision, je pris le parti d'insister.

— Justin, je te parle. Tu montes dans ta chambre !

Je plantai mon doigt en direction de la porte.

— Dans ta chambre, *maintenant* !

Il s'exécuta enfin. Il sortit comme une furie en claquant toutes les portes qu'il passait et en hurlant des injures.

Je mis la main contre mon cœur, qui s'était emballé. C'était comme si toute la structure de la maison s'était mise à vibrer.

Après avoir ramassé la vaisselle cassée et remis la pièce plus ou moins en ordre, je demeurai assise un moment dans la cuisine, l'estomac noué. Il avait fallu que j'en parle – c'était mon travail que de signaler ce genre de choses – mais j'avais l'impression d'avoir tout fait de travers. J'aurais dû mieux préparer Justin ou trouver une meilleure façon de lui dire ce qui allait se passer. Je me rendis compte de ce que j'avais encore à apprendre au sujet de la nouvelle carrière que je m'étais choisie – que Mike et moi avions choisie, plutôt –, sans parler du fait que la situation m'avait rappelé de manière claire et nette à quel point ce travail était astreignant.

Je pris une profonde inspiration et me penchai pour ramasser sous la table un petit morceau d'assiette que je n'avais pas vu. Je réalisai alors que je tremblais. Toutes ces années que j'avais passées à travailler à l'école, je ne m'étais jamais sentie aussi vulnérable et bouleversée. Comment un enfant de onze ans avait-il réussi à me mettre dans cet état ? Mécaniquement, je m'emparai des cigarettes et sortis pour en fumer une. Mais c'était impossible : mes mains tremblaient trop pour réussir à garder le briquet allumé.

Comment en étais-je arrivée là ? J'avais travaillé pendant des années avec les enfants les plus difficiles qui existent, et je ne parvenais pas à me souvenir d'une telle situation. Je m'en voulais, et j'en voulais également aux circonstances. J'avais l'impression d'avoir ruiné – même si ce n'était pas ma faute – la seule occasion, à vrai dire, la *première*, que Justin avait trouvée pour enfin s'ouvrir à moi.

Oui, c'était le protocole, mais c'était franchement dur à avaler, et je n'étais plus vraiment sûre de pouvoir me fier à ce fameux protocole.

Il me fallut un certain temps pour me calmer. Je tentai ensuite d'appeler Mike, mais il ne semblait pas y avoir de réseau, au terrain de football, car je tombai directement sur le répondeur. Il ne serait pas de retour avant l'heure du goûter, et je ne savais pas quoi faire. Je songeai à demander à Riley de venir, mais je craignais que ça ne fasse qu'empirer l'état de Justin.

Je passai quelque temps en pleine hésitation, sur la véranda, à fumer en contemplant le jardin. Devais-je monter voir s'il s'était calmé ou non ? Je finis par décider qu'il ne valait mieux pas, si je voulais éviter d'aggraver les choses et de déclencher une nouvelle dispute. Je craignais également de devoir lui faire face seule. Il m'avait terrorisée, et j'avais l'estomac noué à la simple pensée de monter le voir. Il valait mieux le laisser tranquille en espérant qu'il se soit calmé pour le retour de Mike.

En attendant, il fallait que je m'occupe. Après avoir fini de nettoyer la cuisine et jeté les restes du sandwich de Justin, je me mis à préparer le repas du soir. J'avais prévu un poulet au curry accompagné de riz : l'un des plats préférés de Kieron. Je sortis méthodiquement les ingrédients du frigo. Des blancs de poulet, des poivrons, des oignons et de l'ail, que je rassemblai et entrepris de couper et broyer. Cette tâche mécanique et abrutissante était étrangement thérapeutique et, peu à peu, je sentis mes épaules se détendre. Je commençais même à me demander, tout en étant gagnée par le calme, si je n'avais pas réagi de façon excessive. Après tout, je m'étais attendue à ce qu'il explose d'une façon ou d'une autre. Peut-être était-ce justifiable.

Cela faisait pratiquement une demi-heure que je m'affairais quand Justin réapparut soudain dans la cuisine. Je sursautai, car je ne l'avais pas entendu descendre. Il ne dit rien ; il se contenta de se rasseoir à sa place. Je décidai de l'imiter et de rester muette. Je lui souris, mais il détourna aussitôt la tête.

Il semblait vouloir attirer mon attention malgré tout, car il se mit à tapoter la table avec des couverts. Cependant, il se lassa rapidement et se releva. Puis il s'approcha de moi. Là, il s'empara du couteau plat – celui que je venais d'utiliser pour écraser les gousses d'ail – et le fit traîner sur le plan de travail. Il le reposa et se dirigea vers la cuisinière, où le poulet grésillait. Il prit la cuillère en bois, dans la sauteuse, et se mit à faire de la percussion en tapant dessus. La tension était de nouveau presque palpable.

— Tu peux arrêter, Justin, s'il te plaît ? lui demandai-je en gardant mon calme.

Mais il m'ignora et continua son boucan. J'attendis une minute.

— Justin, peux-tu arrêter ce bruit, s'il te plaît ? répétai-je plus fermement, cette fois.

Mais il n'obéit toujours pas.

J'avais conscience que quelque chose se tramait, mais je n'étais pas du tout préparée à ce qui se passa ensuite. Sans que je réalise immédiatement ce qui arrivait, Justin se jeta sur mon bloc à couteaux, en sortit un et bondit aussitôt sur le plan de travail.

À la fois stupéfaite par son agilité – autant dire que nous nous étions laissé berner par son apparent manque d'endurance – et terrifiée, étant donné qu'il me dominait par la taille, désormais, je ne pus que le regarder avec horreur brandir le couteau. Son visage arborait de nouveau cet effroyable masque méprisant, et il lançait des injures dans un discours de plus en plus décousu : il me détestait, il allait me poignarder, j'étais une mère pathétique. Mais lorsqu'il hurla que je préférais le chien à lui, je fus pétrifiée. Nous n'en possédions pas ; je compris donc qu'il me confondait avec sa mère. Je n'étais même pas certaine qu'il était en possession de toutes ses facultés à ce moment-là. Il fallait que je réfléchisse vite et bien.

— Pose ce couteau, dis-je d'un ton ferme. Justin, pose ce couteau.

Mais il était cramoisi, désormais, et je réalisai qu'il ne m'entendait pas. Il avait déconnecté et s'était de nouveau enfermé dans sa bulle. J'eus alors une idée, certes pas très conventionnelle. En tout cas, elle n'apparaissait pas dans le manuel de la parfaite famille d'accueil.

Ayant pris en compte deux choses – que Justin s'était emparé du plus petit couteau du bloc, et qu'il adorait les films, dont un en particulier –, je bondis pour arracher le plus gros et le brandis de façon aussi menaçante que lui.

Puis, de mon meilleur accent australien, je lançai :

— Un couteau, ça ? *Ça*, c'est un couteau !

Puis je retins mon souffle en attendant une réaction de sa part.

Il me dévisagea, figé, avec un air incrédule, puis, à mon grand soulagement – mêlé de stupéfaction –, il éclata de rire.

Aussi abasourdie que je l'avais été trente secondes plus tôt, il me fallut quelques instants avant de savoir quoi faire. Enfin, je lui fis un sourire, puis je me mis à rire moi aussi.

— Descends de là, maintenant, espèce de casse-cou ! le réprimandai-je toujours en souriant. Et pose donc aussi ton couteau minable !

Devant mes yeux étonnés, il s'exécuta sans un mot.

Je tremblais encore, toujours sous le choc de ce qui venait de se passer. Qui aurait pu penser que je réussirais à venir à bout d'une situation dangereuse avec une réplique de *Crocodile Dundee* ?

Nous avons fini par arriver à discuter de ce qui s'était passé. Je pris l'initiative – et le dessus, ou du moins cela y ressemblait-il – de lui proposer de m'aider. Je lui fis donc utiliser le couteau de façon plus conventionnelle (et légèrement moins terrifiante) pour couper des tomates et des concombres et préparer une salade. Après tout, lui fis-je remarquer, s'il aimait tant manger, il était logique qu'il apprenne à se nourrir correctement. Je lui signalai aussi, me rappelant ce que Mike m'avait dit du point de vue de Justin au sujet du « travail des femmes », que certains des meilleurs chefs du monde avaient commencé en aidant dans la cuisine, tout comme lui. Tandis que nous nous affairions, je sentis que c'était le bon moment d'aborder de nouveau le sujet. Je me mis à parler des différents métiers qu'exerçaient les gens : certains étaient chefs, policiers, et d'autres – Mike et moi en étant le parfait exemple – avaient décidé d'aider les enfants. Des enfants qui, comme lui, avaient vécu des choses terribles, et qui avaient besoin de plein d'amour et d'attention afin qu'ils voient la vie d'un meilleur œil.

Je lui expliquai de nouveau la réalité de ma situation : en tant qu'assistante familiale, je ne travaillais pas seule, et j'avais accepté d'obéir à certaines règles, l'une d'elles stipulant que je ne garde rien secret. Tout comme les chefs devaient obéir à toutes sortes de règles d'hygiène dans la cuisine, afin que leurs clients ne soient pas malades, je devais moi aussi suivre celles que l'on m'avait imposées. Et elles n'avaient pas pour but de lui porter préjudice, tout au contraire. Il y avait des gens qui étaient là pour nous soutenir – nous *et* lui – mais qui ne pouvaient le faire que si je leur disais la vérité. Ce qui signifiait que je n'avais pas d'autre choix que de faire ce que j'avais fait.

Il sembla intégrer tout cela, hochant la tête de temps à autre tout en continuant à couper ses légumes, à côté de moi, et j'étais soulagée de voir qu'il acceptait la situation. Je n'étais pas stupide, et je savais qu'il se sentait tout de même blessé et trahi. Avec toutes les explications du monde, il était impossible de changer de sentiments en un claquement de doigts.

— Et tu ne peux rien y faire, me rappela Mike ce soir-là tandis que je m'inquiétais de nouveau, allongée sur notre lit. Tu ne peux que continuer ce que tu as fait jusqu'ici, chérie. Vous avez fait des progrès. Il s'en remettra. Votre relation évoluera encore.

— Tu crois ?

Je l'espérais sincèrement, mais je n'étais pas convaincue. C'était peut-être trop tard, pour Justin.

— J'en suis sûr, répondit Mike. Écoute, chérie, essaie de voir les choses de cette façon : il s'est senti trahi – et il finira par tourner la page, je n'en doute pas une seconde – parce qu'il a fait des progrès.

C'est précisément parce qu'il se sent proche de toi, de nous tous, de la famille, que cette… prise de conscience, disons, lui a fait si mal. Si tu y réfléchis bien, ça ne doit pas être marrant tous les jours d'avoir sa vie gérée par tout un tas d'adultes qui ne cessent d'apparaître et de disparaître et qui passent leur temps à se mêler de ses affaires. Je ne sais pas…

Il haussa les épaules.

— Il avait peut-être oublié tout ça, vu qu'il s'était fait à sa nouvelle vie, ici. C'est vrai, il est bien, chez nous.

— Ouais, et il se fait dénoncer. Par *moi.*

— Voyons, écoute-toi ! Case, tu sais que j'ai raison. Il faut que tu arrêtes !

Il m'entoura les épaules et m'attira contre lui.

— Tu t'en sors comme une chef. Tu es une mère géniale et une assistante familiale super. Ça ira, tu verras, je te le promets.

Je savais que Mike était la voix de la sagesse – c'est d'ailleurs pour ce trait de caractère que je l'aimais tant. Mais c'était tout de même décourageant d'assister à ce changement brutal chez Justin. En une journée, les affaires qu'il avait sorties et laissées traîner dans sa chambre – des livres, des jouets, des jeux vidéo, le tapis de foot et quelques puzzles – avaient toutes été de nouveau reléguées au fond du placard, et le jeté de lit bleu avait repris sa place sur la bibliothèque. Sa chambre ressemblait une fois de plus à une cellule de prison. Elle était même encore plus spartiate. Et je fis bientôt une nouvelle découverte. Deux jours plus tard, lorsque je rentrai dans sa chambre afin de ramasser son linge sale, je me rendis compte que la télé était allumée. Je pris la télécommande pour l'éteindre, et je réalisai soudain que le dessin animé était en noir et blanc. Pensant que la télé avait un problème, je demandai à Mike de venir jeter un œil.

— Non, dit-il en me prenant la télécommande des mains pour faire un test. Il n'y a aucun souci. Regarde.

Il appuya sur un bouton, et la couleur réapparut.

— Tu vois ? Tu peux remettre la couleur avec la télécommande.

Il me la retendit.

— Ce n'est pas la première fois qu'il fait ça.

— De quoi ? De mettre en noir et blanc ?

Mike hocha la tête.

— Oui. Je l'ai déjà vu faire en passant dans sa chambre.

— Mais quel est l'intérêt ?

Mike haussa les épaules.

— Je n'en sais rien. Mais on ne peut pas dire que ce soit la seule chose bizarre venant de lui.

Je fus prise d'un frisson. Peut-être faisait-il cela pour que la télé s'accorde à son humeur maussade. Cet enfant me paraissait de plus en plus étrange.

Il semblait également de plus en plus déterminé à faire payer le monde entier pour ce qui lui était arrivé en refusant d'y prendre part de quelque façon que ce soit. John et Harrison vinrent lui rendre visite, chacun séparément, et, même si j'étais absente – c'était le protocole qui le voulait –, ils me signalèrent tous les deux qu'ils n'avaient rien obtenu de Justin. Il s'était totalement refermé, comme s'il s'était lui aussi recouvert de ce jeté de lit bleu. Face aux deux hommes qui l'avaient questionné avec tact sur ce qu'il m'avait confié, il s'était contenté pour toute réponse de regards durs et de haussements d'épaules silencieux.

Au moins, pensai-je, aurait-il l'école pour l'occuper, désormais. Peut-être le changement de décor, un nouvel environnement et de nouvelles têtes lui seraient-ils bénéfiques. Peut-être même se ferait-il quelques amis, qui sait ?

Mais il s'avéra que je me montrais encore d'une grande naïveté. Cela ne faisait que quelques jours qu'il avait repris les cours lorsque je reçus un coup de téléphone de l'école durant la pause déjeuner.

— Madame Watson ? dit une voix d'homme. C'est Richard Firth, le responsable des sixièmes. Je vous appelle au sujet de Justin Reynolds. Vous êtes bien son assistante familiale ?

Mon estomac se tordit.

— Oui. Oui, tout à fait. Tout va bien ?

— J'ai bien peur que non. Nous allons devoir l'exclure de l'école.

— Oh ! non. Pourquoi ? m'exclamai-je en pensant sans le dire à haute voix : *quoi, déjà ?*

— Pour avoir poussé une élève dans l'escalier.

9

C'était une journée glaciale de fin février, et je vis par la fenêtre la cavalerie arriver pour l'entretien concernant Justin.

C'était une entrevue spécifique aux enfants placés, et, suite aux révélations inquiétantes de Justin, nous en avions prévu une dans les semaines à venir. Mais, étant donné l'incident qui avait eu lieu à l'école et l'exclusion qui en avait découlé, les services sociaux avaient considéré la situation comme urgente.

Il avait été exclu pour une semaine, et on m'avait conviée à un rendez-vous afin d'en discuter avec son proviseur et sa responsable de l'aide à l'apprentissage, Julia Styles. Heureusement, la fille n'avait pas été blessée. Elle était juste secouée. Étant donné les conséquences dramatiques que son geste aurait pu avoir, il leur paraissait important que Justin en comprenne toute la portée. On lui avait également signalé qu'il aurait très bien pu avoir des problèmes avec la police. Heureusement, rien de tel n'aurait lieu, car les parents de la jeune fille semblaient s'être satisfaits de la façon dont l'école avait géré la situation.

Ni moi ni le personnel de l'établissement n'avons réussi à en savoir plus sur les circonstances de l'incident, cela étant pratiquement impossible d'obtenir quoi que ce soit de la part de Justin, hormis ses marmonnements continuels au sujet des autres enfants qui avaient tendance à lui « taper sur les nerfs » et comment, à ce moment-là, il avait juste « pété les plombs ». Il fallait alors que je me résigne à ne pas en savoir davantage.

À la maison, nous venions donc de passer une semaine éprouvante avec Justin, sur ses gardes, replié sur lui-même et pour le moins fermé à toute communication. Il avait aussi subi les effets de sa perte de points soudaine, la privation de télé et de console étant la pire punition possible pour lui – et donc sûrement la plus efficace. En dépit du bon sens, j'avais l'impression d'être punie aussi. La vie à la maison était bien plus pénible quand Justin était malheureux.

Mais il avait désormais repris les cours ; la voie était donc libre pour notre entretien avec son équipe de travailleurs sociaux, afin que nous puissions réévaluer ses mesures d'aide actuelles. Je fis en sorte d'avoir mon carnet et un stylo sous la main pour le jour J, consciente que cette réunion serait d'une grande importance et ne désirant pas oublier quoi que ce soit qui pourrait se montrer utile.

Je ne m'étais pas attendue, en premier lieu, à ce que Justin ne soit pas présent à cet entretien. J'étais certaine qu'il se tramait quelque chose. Ils m'avaient intimé de ne pas lui mentionner notre réunion et m'avaient informée que Janice n'y serait pas conviée non plus. Voilà qui était étonnant.

Durant notre formation, Mike et moi avions appris que l'enfant était *toujours* présent lors de ces entretiens et, s'ils étaient toujours en contact, ses parents ou ses tuteurs étaient conviés également. Qu'on ne puisse pas s'entretenir avec la mère de Justin me semblait très étrange. Ça ne paraissait tout simplement pas normal – quelles que soient les circonstances – que l'avenir d'un enfant soit remis en question sans un de ses parents, si cet enfant jouissait encore de l'autorité parentale.

Mais, même si Janice n'était pas là, c'était une réunion conséquente. Ce matin-là, j'ouvris la porte à toute une petite troupe : en plus de John Fulshaw et du référent social de Justin, Harrison Green, étaient présents Helen King (éducatrice spécialisée), Gloria Harris (l'agent d'évaluation), Julia Styles (responsable de l'aide à l'apprentissage) et Simon Ellis (responsable de notre programme d'accueil). Mike était au travail.

Grand Dieu, songeai-je tout en les comptant, sur le seuil. *J'espère que j'ai assez de tasses.*

— Entrez, je vous en prie ! lançai-je tout haut. Nous pouvons nous installer dans le salon – par ici. La porte à gauche. Je vais chercher des chaises sur la véranda.

J'entendis John dire aux autres de s'installer. Quelques instants plus tard, il me rejoignit sur la véranda.

— Désolé, Casey. On est un peu envahissants aujourd'hui…

— Je ne vous le fais pas dire ! lui répondis-je en lui passant la chaise de jardin la moins abîmée du lot. Tout de même, John, vous auriez pu me prévenir de la petite sauterie.

— Désolé, répéta-t-il. Donnez-moi celle-ci, aussi. À vrai dire, il y a d'autres choses assez graves dont nous devons parler. C'est pour ça que la « big boss » est là, entre autres. Allez, on y va. Vous pouvez préparer quelque chose à boire, si vous voulez. Je m'occupe d'installer tout le monde.

Je feignis l'indignation avec un claquement de langue, bien qu'en vérité il fût très fort pour mettre les gens à l'aise, et je me sentais toujours plus tranquille quand il était là. Ce qui n'était pas négligeable, parce que tout ce petit groupe était pour le moins intimidant. C'était probablement involontaire, mais, je n'y pouvais rien, ils m'impressionnaient vraiment. C'étaient eux qui prenaient toutes les décisions capitales. À côté, j'avais le sentiment d'être comme un poney travaillant dans les mines : peinant pour tracter le charbon.

Une fois dans la cuisine, je m'emparai de ma grande cafetière et de ma théière, et, après les avoir remplies, j'allai les poser dans le salon, aux côtés de l'assortiment de vaisselle en porcelaine que j'avais déjà préparé : mon pot à lait et mon sucrier n'allant absolument pas ensemble, ainsi qu'un patchwork de tasses. Pourquoi avoir un service de tasses, de toute façon ? Chez nous, on n'utilisait que des mugs.

Toutefois, je me sentis un peu gênée d'un tel manque de goût, face à tous ces gens. C'était quelque chose que j'avais hérité de ma mère. Tout était composé de bric et de broc, dans notre famille. Nous trouvions toujours le moyen de nous faire un petit plaisir, avec les enfants, mais nous ne cherchions pas à dépenser notre argent dans de la porcelaine chic. Peut-être devrais-je faire une entorse à la règle, maintenant que j'allais frayer avec le grand monde des services sociaux. Je notai dans un coin de mon esprit d'acheter au moins un service de tasses à café lors de mes prochaines courses.

Personne ne sembla pourtant s'en offusquer – en apparence, du moins – et, à ma grande surprise, Harrison se leva et s'occupa de remplir les tasses. Je ne l'avais jamais vu aussi dynamique.

C'est Gloria – la « big boss » – qui prit d'abord la parole en se présentant et en nous informant qu'elle présiderait la réunion et en rédigerait le compte rendu. Voilà qui prenait une tournure bien officielle. Cette femme paraissait très agréable, et je me pris immédiatement de sympathie pour elle. Elle dégageait cette espèce de gentillesse qui me faisait m'interroger sur son passé. Elle semblait à la fois chaleureuse et sage, ce qui était une combinaison pour le moins heureuse et importante à mes yeux, étant donné que, ces derniers jours, et suite aux révélations traumatisantes de Justin, je commençais à ressentir un certain élan protecteur maternel vis-à-vis de lui. Je me sentais responsable professionnellement – ce que j'étais, tout comme Mike, d'ailleurs –, mais également émotionnellement du bien-être de Justin, désormais.

Chacun dut ensuite fournir aux autres les derniers éléments qu'ils possédaient au sujet de Justin. John confirma qu'il n'avait pas pu creuser davantage concernant les révélations que je lui avais confiées il y a peu. Harrison en fit de même – il n'avait aucune note, mais il dit plus ou moins la même chose que John : il n'avait pas obtenu plus d'informations.

Julia avait des nouvelles : elle put nous parler de l'exclusion récente de Justin. Elle nous confirma ce que l'école m'avait dit : les parents avaient décidé de ne pas donner de suite à cette affaire. Toutefois, elle ajouta qu'étant donné que la jeune fille avait signalé au personnel de l'établissement qu'elle avait encore peur – tout comme de nombreux autres élèves – de Justin, il serait désormais surveillé pendant les pauses et le déjeuner. Visiblement, il n'était pas ravi, mais ils ne changeraient pas d'avis dans l'immédiat. Helen avait des nouvelles un peu plus positives. Le comportement de Justin en classe semblait être en légère amélioration, ainsi que son niveau scolaire. Par conséquent, ils avaient décidé de réévaluer ses objectifs afin qu'il fasse encore plus d'efforts, la clé de la progression, dans un tel cas, étant énormément basée sur le fait que l'enfant cherche constamment à s'améliorer. D'après eux, cela s'appliquait d'autant plus à Justin qui avait un potentiel de réussite scolaire auquel personne ne s'était attendu, ce qui était une très bonne chose.

Ce fut enfin mon tour, et je mis un certain temps à décrire en détail ses révélations inquiétantes, le fait que j'avais découvert qu'il s'automutilait et sa crise lorsqu'il avait appris que je n'avais pas gardé ça pour moi. J'avais le fort sentiment, et je le signalai, que, malgré le fait que nous nous en soyons sortis et que tout allait bien en ce moment, il était encore perturbé par le fait de devoir gérer les émotions qu'avaient suscitées ces souvenirs qu'il avait tenté d'effacer de sa mémoire.

Gloria acquiesça.

— Vous avez absolument raison, Casey. C'est un schéma qui se produit souvent chez les enfants qui ont subi des sévices. Ils vident tout et…, eh bien, malheureusement, nous assistons à ce genre de scène.

Elle jeta un œil à ses notes.

— Quelqu'un a-t-il quelque chose à ajouter ? John, je vois que oui. Une information que vous a transmise l'assistant social d'un de ses frères ?

Mon estomac se contracta soudain. Voilà enfin cette « autre chose » à laquelle je m'attendais.

John s'éclaircit la gorge.

— Oui, et je n'ai reçu que ce matin le coup de fil m'en confirmant les tenants et les aboutissants. Ce que j'ai découvert sera donc probablement une nouvelle pour tout le monde. Un collègue m'a appelé pour m'informer que Mikey – c'est le plus âgé des deux petits frères de Justin – a donné à sa maîtresse une raison de croire qu'il était victime d'abus sexuels.

Il marqua une pause afin de nous laisser intégrer cette information. Si c'était exact, les conséquences pouvaient être très sérieuses – en particulier pour ce pauvre Justin, réalisai-je, le cœur serré.

John reprit.

— Il aurait dit à sa maîtresse que l'« ami » de sa mère avait « tiré sur son zizi » et qu'il « n'aimait pas ça ». Évidemment, étant donné que cela n'est pas sans rappeler les révélations de Justin concernant des situations similaires qui impliquaient des dealers de drogues, nous avons alerté la protection de l'enfance. Ils mènent une enquête en urgence, car, si la mère côtoie toujours ce genre de personnages, les deux garçons sont de toute évidence en danger.

— Tout contact avec Justin doit donc être interrompu pour le moment, déclara Gloria.

John hocha la tête.

— Oui, bien sûr. Tant que cette affaire n'est pas réglée, en tout cas.

— Ça ne va pas être facile pour lui, ajoutai-je.

— J'en suis consciente... répondit Gloria avec un sourire amical.

— Et que vont devenir les autres garçons ? demandai-je. Vont-ils être placés, eux aussi ?

— Il est trop tôt pour le dire, m'informa-t-elle. Tout dépend de ce que la protection de l'enfance va découvrir. La seule chose que je peux vous assurer, c'est que Mikey, Alfie et Janice sont sous surveillance étroite.

— Mais, quoi qu'il arrive, cela ne fera que déstabiliser Justin. Pour lui, le fait de voir ses petits frères est extrêmement important. Si on lui retire ça...

— Eh bien, il va falloir prier pour que cela n'arrive pas, me rassura Gloria. Mais ne vous inquiétez pas. Même si les petits doivent être séparés de leur mère, nous ferons en sorte qu'ils puissent rester en contact avec Justin. Ce sera une priorité.

Elle jeta un coup d'œil à ses notes et secoua légèrement la tête.

— Et d'après ce que je vois, la relation que Justin entretient avec sa mère est déjà assez houleuse.

Et qu'en serait-il, songeai-je, si Janice découvrait les révélations de Justin au sujet des sévices sexuels dont il avait été victime ainsi que leur importance dans l'enquête qui allait avoir lieu. Si jamais l'intervention des services sociaux lui retirait la garde de ses deux plus jeunes fils, elle le lui mettrait forcément sur le dos. Je n'en doutais pas une seconde. Même si le passé de Justin ne venait que renforcer les révélations de Mikey. Même si cette femme était clairement dangereuse pour ses enfants.

Je songeai tristement à leur contact actuel, qui revenait à un coup de téléphone à Janice par semaine. Il parlait très peu à ses petits frères – il arrivait qu'ils viennent prendre le combiné, mais c'était très rare –, et les échanges (que Justin attendait chaque semaine avec impatience, malgré tout) étaient à vous briser le cœur. La gêne, la banalité des sujets, cette façon de communiquer qui manquait cruellement de profondeur, et surtout d'amour… On aurait dit qu'il tentait de faire la conversation à un inconnu dans le bus.

C'était tellement flagrant que le problème le plus sérieux chez Justin, aujourd'hui, n'était pas seulement le traumatisme, bien que très douloureux, laissé par ce qui s'était passé plus tôt dans sa vie, mais aussi le fait de devoir affronter la triste réalité du rejet constant de la personne censée l'aimer inconditionnellement. Sa mère. Sa mère, qui ne semblait pas l'aimer du tout. Qui avait décidé de le considérer comme un monstre alors qu'il avait cinq ans.

Et seul Dieu savait ce qui se passerait si elle perdait ses autres fils. Je n'osais même pas l'imaginer tellement cette idée me terrifiait.

— Ce qui est essentiel, désormais, continua Gloria en prenant compte de ces nouvelles informations, c'est de faire en sorte de soutenir Justin de notre mieux. Simon ?

Elle se tourna vers le responsable du programme d'accueil, qui s'était montré très discret jusqu'ici.

— Pouvez-vous nous signaler les mesures nécessaires ?

— Bien sûr, dit-il en poussant sa tasse de café pour ouvrir son dossier.

J'aimais bien Simon, et Mike aussi. Il avait été l'un de nos examinateurs durant notre formation. C'était un natif de Liverpool, direct, sympathique et visiblement très impliqué dans son travail. Il faisait également partie de ces rares personnes prêtes à éviter la paperasserie administrative, s'il le fallait, même au risque de se retrouver dans le pétrin.

— J'ai le sentiment que Justin pourrait bénéficier efficacement d'une rencontre régulière avec l'une de nos assistantes sociales, Sandie, l'idée étant qu'ils se voient seul à seul une fois par semaine, pour commencer, dans l'espoir qu'ils construisent une relation stable qui le préparera peu à peu à sa prochaine famille d'accueil.

Il me lança un coup d'œil.

— Ce qui est notre objectif, ne l'oublions pas. L'idée est qu'elle devienne une personne de confiance à qui il puisse tout dire.

J'intégrai cette information tout en échangeant un regard avec John. En tant qu'assistants familiaux, notre rôle était de nous impliquer, et donc de nous comporter comme des parents, et non comme des psychologues. On nous avait textuellement conseillé de jouer « au papa et à la maman » et de laisser le côté thérapie professionnelle *aux* professionnels. Je comprenais le principe, mais je n'étais pas forcément d'accord. Et Simon le savait, car nous en avions discuté durant la formation. En tant que parents, nous endossons différents rôles vis-à-vis de nos propres enfants, et j'avais le sentiment, tout comme Mike, que cette logique s'appliquait également dans ce cas. Il n'y avait aucune raison qu'en tant qu'assistants familiaux, nous ne puissions pas nous comporter de la même façon.

Toutefois, malgré notre désaccord concernant la frontière parent/psychologue, c'étaient un soutien et une amitié supplémentaires pour Justin, ce qui ne pouvait pas lui faire de mal. J'acquiesçai et fis un rapide sourire à Simon, qui me le rendit.

— Nous allons également lui assigner une personne chargée de développer ses aptitudes en le mêlant aux autres afin de déclencher en lui un intérêt dans de nouvelles activités d'équipe, le but étant qu'il se fasse des amis.

Cette idée me plaisait beaucoup, car son côté et-si-on-s'amusait-plutôt-que-de-discuter serait parfait pour Justin. J'étais certaine qu'il en serait ravi, et j'avais hâte de lui en parler.

— Voilà, conclut Simon. Il n'y a plus qu'à espérer que cela fonctionne. En tout cas, si son travail scolaire continue à évoluer et que, socialement, il y a du progrès, nous allons dans la bonne direction.

Déjà vingt échecs de placement, pensai-je. Et maintenant, une enquête de la protection de l'enfance, par-dessus le marché. Serait-ce vraiment si simple de faire des progrès ? Je n'étais pas certaine d'y croire, mais je l'espérais du fond du cœur.

La réunion prit fin peu de temps après. Chacun se préparait à partir, mais John n'avait toujours pas mis sa veste.

— J'ai deux ou trois choses à vous dire, m'annonça-t-il tandis que les autres quittaient la maison. C'est possible de reboire quelque chose ?

Nous partîmes dans la cuisine, John avec le plateau de vaisselle, et moi chargée de remplir la bouilloire.

— J'ai rencontré l'un des anciens assistants sociaux de Justin, dit-il en me rejoignant près de l'évier et en mettant dans le lave-vaisselle les tasses et les soucoupes. Comme il est à la retraite, je suis allé le voir chez lui pour essayer de récupérer quelques infos.

Je rinçai nos mugs afin de les réutiliser. Un thé pour lui et, pour moi, ma drogue de prédilection : un autre café.

— Et ? lançai-je.

— Visiblement, Justin vous a dit la vérité. Il lui avait en tout cas raconté la même chose. Quand il avait... six ou sept ans.

— Mais ça n'apparaissait pas dans son dossier, fis-je remarquer.

John secoua la tête.

— Non, vous avez raison. On dirait bien que cet homme y a accordé peu d'importance.

— Peu d'importance ? Cette histoire de fellation sur un dealer de drogue ? Le chien ? L'incendie ? Il avait *cinq ans*. Pourquoi aurait-il inventé des choses pareilles ? Mon Dieu, aurait-il pu y avoir un appel à l'aide plus clair ?

— Je sais, répondit John en fronçant les sourcils. Mais apparemment, et je ne fais que le citer, il pensait que Justin « fabulait ». Il était toujours en train de mentir, de déclarer des choses totalement incroyables, par exemple qu'il avait frappé, à cinq ans, le petit ami de sa mère avec une queue de billard, et qu'il avait déjà fumé du cannabis, etc., etc.

Je tentai de m'imaginer Justin tout petit, et le fait qu'il soit « toujours en train de mentir ». C'était tout de même très risqué de supposer une chose pareille. Je n'étais pas naïve, je savais bien qu'il ne fallait pas croire tout ce qui sortait de la bouche d'un enfant, mais il y a une sacrée différence entre un petit déclarant qu'il a mis une raclée à quelqu'un et toutes les terribles choses que Justin avait révélées. Pas besoin d'être un génie pour se rendre compte qu'un enfant de cinq ans ne peut pas connaître l'existence de tels actes. À moins qu'il en ait été témoin.

J'étais anéantie. Son avenir aurait pu être tout autre, si on l'avait écouté quand il était encore assez jeune pour être cru. Au lieu de ça, cette histoire n'avait même pas été couchée sur papier. De toute évidence, on l'avait déjà laissé tomber.

— Mais je suis toujours sur cette affaire, me promit John alors que l'eau arrivait à ébullition. Je vous tiendrai au courant de mon avancée.

Ce n'étaient pas des paroles en l'air, car j'en appris bientôt plus. Au moment du déjeuner, à peine une heure après son départ, John m'envoya un e-mail :

Casey,

Je voulais juste vous signaler que j'avais retrouvé d'anciens dossiers sur Justin. Ils avaient été stockés dans les archives l'une des fois où il est retourné vivre chez sa mère. Quand il est reparti de chez elle, ces dossiers, pour une raison obscure, n'ont pas été ajoutés aux nouveaux documents le concernant !!! Honnêtement, cela mériterait que quelques têtes tombent, mais ça n'arrivera sûrement jamais. Bref, à ses sept ans, Justin a été placé chez une assistante familiale d'une trentaine d'années qui vivait seule. Coral Summers. Elle avait deux enfants, une fille de cinq ans et un garçon de six ans. Cela faisait deux mois que Justin était chez eux quand elle a demandé à ce qu'il parte sans délai. Apparemment, il avait trouvé un briquet et s'était fait aider du petit de six ans, qui maintenait sa sœur au sol tandis que Justin commençait à la brûler. Alarmée par les cris de sa fille, Coral les a retrouvés tous les trois dans la chambre de Justin. Mon but n'est pas de vous inquiéter, mais, à force de creuser, je commence à me demander si cette histoire de briquet n'est pas un dénominateur commun à son passé, ce qui pourrait expliquer pourquoi tout cela est resté dissimulé. Je vous tiens au courant si je découvre quelque chose d'autre.

Cordialement,

JF

Étonnamment, cette information ne me troubla pas. Au contraire, elle ne faisait que renforcer ma détermination à mettre fin à cette situation accablante, où toutes les horreurs que Justin avait vécues petit semblaient tomber dans l'oreille d'un sourd. Même si ça n'avait pas dû aller de soi de gérer un tel enfant – ces vingt échecs de placement ne cessaient de me hanter –, je n'arrivais pas à comprendre pourquoi il n'y avait aucun suivi continu sur toutes ces années.

Peut-être n'était-ce pas si difficile à comprendre, après tout. Il avait été ballotté entre maisons d'enfants et familles d'accueil, était retourné chez sa mère pour y repartir. À aucun moment quelqu'un n'avait pris l'initiative de se pencher sur la source de ses problèmes. À aucun moment quelqu'un n'avait entendu la sonnette d'alarme que Justin ne cessait de tirer.

Justin était meurtri par les choses qui lui étaient arrivées alors qu'il était trop jeune pour les appréhender. Plus tard, il avait été meurtri par la suspicion – et cela pour je ne sais quelle raison, si encore il y en avait une – que le problème, depuis, c'était *lui*.

Eh bien, cela allait changer. Dorénavant, tout ça était terminé.

Cet après-midi-là, quand Justin rentra de l'école, j'avais déjà préparé le goûter pour nous deux : *crumpets*[1] et chocolat chaud, son goûter préféré. Tout en faisant chauffer le lait et griller les *crumpets*, je lui fis part des choses que l'agence avait décidé de mettre en place. Il aurait désormais deux nouveaux amis avec qui il pourrait sortir et faire des activités durant les week-ends. Également, étant donné qu'il se débrouillait très bien à l'école (que ce soit en termes de comportement ou de travail scolaire, exception faite de l'incident), on lui avait fixé de nouveaux

1. Sorte de pancakes.

buts et, plus important encore, vu qu'il s'en sortait admirablement avec ses points – une fois de plus, exception faite de sa dernière crise –, Mike et moi avions nous aussi décidé de lui fixer de nouveaux objectifs.

Désormais, il obtiendrait des points en faisant des choses plus complexes, car les tâches de la vie de tous les jours qui nous paraissaient être un défi à son arrivée (bien se tenir à table ou encore faire son lit) étaient aujourd'hui naturelles. À partir de maintenant, il allait devoir faire davantage d'efforts pour gagner des points.

— Comment ? voulut-il savoir.

Je m'assis près de lui, avec une assiette de *crumpets* beurrés, et lui montrai la nouvelle liste que j'avais rédigée dans l'après-midi.

— De toute évidence, il est hors de question que tu te fasses de nouveau exclure de l'école, annonçai-je.

Il sourit d'un air contrit.

— Et pas de télé tant que tes devoirs ne sont pas faits, entendu ? Trois tâches ménagères par semaine – mais *sans* qu'on ait à te le demander, c'est là que réside toute la difficulté – et être toujours poli avec tout le monde, que ce soit à la maison ou à l'extérieur.

Je lus le reste de la liste tandis qu'il finissait son premier *crumpet*.

— Qu'est-ce que tu en penses ? Tu crois que tu peux y arriver ?

— Pas de problème, dit-il en prenant son mug avec un grand sourire. Pas de problème, Casey. Les doigts dans le nez. Est-ce que ça veut dire que mon argent de poche augmente aussi ?

Je lui rendis son sourire.

— On va d'abord attendre que tu obtiennes quelques points, et on en discutera peut-être, Mike et moi.

Je glissai une deuxième tournée de *crumpets* dans le grille-pain. Il semblait tout à fait enchanté des nouveaux objectifs et des nouvelles clauses de notre contrat. Ça n'avait rien d'étonnant : il y avait des gens qui désiraient sincèrement l'aider à avoir une vie meilleure. Pas besoin de chercher midi à quatorze heures, il en était forcément ravi.

En tout cas, il semblait ne plus être fâché contre moi. Je priai intérieurement pour que les choses restent ainsi.

10

À la fin de la semaine, je reçus un nouvel e-mail de John Fulshaw :

Bonjour, Casey,

J'ai eu un coup de fil de mon responsable, ce matin. Il a écrit aux derniers assistants sociaux de Justin en leur demandant de lui faire suivre d'urgence tout ce qui pouvait nous être utile. Il n'a pas encore de réponse, mais, en attendant, il a réussi à retrouver un couple ayant accueilli Justin il y a deux ans. Ils sont toujours famille d'accueil pour nous, et je les rencontre mardi prochain. Je vous dirai comment ça s'est passé lorsque je viendrai vous voir en fin de semaine.

Cordialement,

JF

J'étais ravie de l'implication de John afin de découvrir tous les détails du passé de Justin. Cela me semblait capital, si nous voulions obtenir un réel progrès. Ça peut paraître un cliché, mais j'avais l'impression que comprendre son histoire était la clé pour l'aider à se composer un avenir meilleur.

Et ce passé allait s'avérer bien compliqué. À la fin de la semaine suivante, lorsque John vint, comme prévu – nous avions convenu de nous revoir seul à seul afin de pouvoir revenir rapidement sur la réunion de l'agence –, je compris à son expression qu'il avait de nouvelles informations.

— J'ai du nouveau, dit-il sans préambule alors que je le faisais entrer. Accrochez-vous, car j'ai bien peur que ce ne soit pas très édifiant.

— Je vous écoute, lui dis-je en allant dans la cuisine. Je suis prête à tout entendre, pour être honnête. J'imagine que ce n'est pas le genre d'information que vous auriez été ravi de nous rapporter avant que nous acceptions de le prendre chez nous ?

— C'est exact, répondit John. Vous avez mis le doigt dessus, Casey.

Et en effet, il avait raison : si nous avions su cela, les choses auraient sûrement été différentes.

John avait rencontré le fameux couple, plus tôt dans la journée. Deux ans auparavant, ils avaient eu la garde de Justin pendant six mois. Lorsque Justin était parti de chez eux, il avait neuf ans. Les premières semaines, tout s'était bien passé, ils s'entendaient bien, et Justin semblait s'être fait à son nouveau foyer.

Il sortait d'une période où il était retourné vivre chez sa mère, jusqu'à ce que celle-ci décide de le replacer afin de se « focaliser sur son nouveau petit ami ». Je sentis les poils de ma nuque se hérisser. Comment une mère pouvait-elle agir ainsi ? C'était une chose d'être aux abois et de ne pas pouvoir gérer ses enfants, mais c'en était une autre de se débarrasser de la chair de sa chair juste parce que vous ne vouliez plus l'avoir dans vos pattes. Mais elle l'avait déjà fait une fois, alors pourquoi pas deux ? Et lorsqu'on a déjà commis quelque chose, même révoltant, on s'y habitue. La deuxième fois paraît déjà moins révoltante, et, peu à peu, en tout cas c'est ce qui semblait être le cas ici, elle avait fini, l'esprit brouillé par la drogue, par considérer les services sociaux et la prise en charge volontaire comme une simple sorte de garderie.

Mais pour Justin, c'était une trahison brutale. Blessé et rejeté, il avait refusé tout contact avec sa mère suite à cela, peut-être (c'est ce que je m'imaginais) pour la punir de s'être débarrassée de lui, peut-être avec l'espoir qu'elle changerait d'avis. Mais, au bout de trois mois, il revint sur sa décision et demanda à sa famille d'accueil s'il pouvait la contacter, et elle accepta qu'ils se voient deux heures toutes les deux semaines. Deux heures… Quelle femme généreuse ! m'indignai-je.

C'est à partir de là que son comportement empira. Il devint maussade, provocateur et renfermé, disant au couple que sa mère l'aimait et voulait qu'il revienne, mais que les services sociaux l'en empêchaient.

Une fois encore, je sentis la colère enfler en moi lorsque John me rapporta ce que le couple lui avait révélé : quand ils avaient cherché à en savoir plus, Janice avait avoué que c'était ce qu'elle avait dit à Justin, parce qu'elle ne voulait pas qu'il « sache qu'elle ne voulait pas de lui ».

Tu m'étonnes, pensai-je, scandalisée. *Autant rejeter la faute sur quelqu'un d'autre, n'est-ce pas ? Pourquoi pas les services sociaux. Ils seront ravis de porter le chapeau !*

— Qu'est-ce qui s'est passé, ensuite ? demandai-je à John tout en versant du lait dans nos cafés. Est-ce qu'on a fini par lui dire la vérité ?

— Oui, acquiesça-t-il. Plusieurs fois, depuis, si je ne m'abuse. Mais évidemment, Justin refuse d'y croire. Les deux fois où il a tenté d'en parler à sa mère se sont terminées de la même façon : à celui qui hurlerait le plus fort, Janice prétendant que tous les travailleurs sociaux étaient des menteurs dont le seul but était de diviser les familles. Ensuite, elle venait s'excuser en rampant auprès des services sociaux, mais en maintenant qu'elle l'avait fait parce qu'elle ne voulait pas le blesser en lui disant la vérité. Il y a de quoi en être malade.

Il prit une gorgée de café.

— Suite à cela, le comportement de Justin a empiré – ce qui est pour le moins compréhensible. Il a fini par se faire exclure de son école primaire. Un matin, il a d'un seul coup piqué une crise et détruit deux ordinateurs. Il a fallu trois adultes pour le maîtriser. Puis Janice a décidé qu'elle en avait assez de lui et a coupé tout contact pendant deux mois.

— Pauvre petit... Et c'était censé lui donner une leçon ?

— Tout à fait. Comme vous pouvez l'imaginer, lorsque son assistante familiale le lui a annoncé, il l'a plutôt mal pris. Elle s'était attendue à une réaction, évidemment, mais sûrement pas à ça. Complètement hors de lui, il l'a attaquée avec un tournevis. Il l'a frappée et l'a menacée de la poignarder.

— Oh ! mon Dieu...

— Je sais, c'est terrible... Après ça, ils n'ont

jamais réussi à rétablir une relation normale avec Justin, et, deux mois plus tard, ils avaient le sentiment de ne plus rien pouvoir faire pour lui. Il a donc été transféré dans une maison d'enfants.

Il marqua une pause pour grignoter un biscuit.

— Mon Dieu, dis-je tout en secouant la tête tandis que j'intégrais ces nouvelles informations. C'est d'une tristesse… On dirait que la situation ne cesse de se détériorer. C'est vraiment à se demander si ça n'aurait pas été préférable qu'elle le rejette catégoriquement et le laisse faire sa vie. Ça aurait forcément été mieux, sur le long terme, que cette boucle infernale d'espoir et de rejet.

John m'écoutait tout en acquiesçant.

— Mais ce pauvre enfant a aussi ses petits frères, repris-je. C'est malheureux de voir à quel point il les aime, mais on l'a séparé d'eux de force plus de la moitié de sa vie.

— Vous avez mille fois raison, Casey. Le mot « perturbé » n'y rend pas grande justice, n'est-ce pas ? Et il y a autre chose.

— Encore ?

Il hocha la tête.

— J'ai retrouvé une autre assistante sociale, cette semaine : Mona. Elle travaillait dans une maison d'enfants où Justin a passé quelque temps. Elle y travaille toujours, d'ailleurs. Il y est resté environ un an, vers ses sept ans.

— Juste avant d'être placé en famille d'accueil.

John me fit un sourire contrit.

— Je vous avoue que c'est un peu flou. Il y a peut-être eu un autre placement entre-temps. Il est peut-être même retourné chez sa mère un moment. Mais

Mona et lui semblent avoir été assez proches un certain temps. Enfin, c'était ce qu'elle pensait. D'après elle, il refusait obstinément de se lier à qui que ce soit, mais elle aimait se dire qu'elle avait réussi à gagner un peu de terrain. En tout cas, les choses ont mal tourné. Il y a eu un incident : un enfant de l'institution un peu plus jeune que Justin s'est plaint qu'il l'avait brûlé avec un briquet. Étant donné les brûlures évidentes sur son corps, Mona l'a cru. Elle a dû interroger Justin. Ce qui l'a vraiment marquée, c'est sa réaction face à cet interrogatoire. Elle était terrorisée. Ce n'était qu'un jeune enfant, mais il y avait quelque chose dans son expression… Bref, vous voyez de quoi je veux parler, Casey. Vous l'avez vu de vos propres yeux. En tout cas, elle était vraiment mal à l'aise face à lui. Il l'a traitée de « grosse pétasse » et l'a défiée de prouver qu'il était responsable, ce qu'elle ne pouvait évidemment pas faire. L'affaire fut close. Après ça, il ne lui a plus adressé la parole. Pas une seule fois. Mais il lui souriait toujours lorsqu'il la croisait. Elle m'a confié qu'elle ne l'oublierait jamais – et je crois qu'elle a de la peine pour vous. Vous voulez savoir ce qu'elle m'a dit, en guise de conclusion ?

— Allez-y, John, surprenez-moi.

— Qu'un jour ou l'autre, il fera la une des journaux.

Les paroles de John – ou plutôt celles de Mona – ne me quittèrent pas de la journée. Je n'en dormis pas de la nuit, et, le lendemain matin, elles bourdonnaient encore dans mes oreilles. Cette discussion avec John m'avait laissé un goût amer. J'avais toujours cette impression que Justin était comme un plat qui mijote, prêt à bouillonner à tout moment. Cette sensation ne m'avait pas quittée depuis le premier jour où nous l'avions rencontré, avant même qu'il vienne vivre chez nous. Désormais, riche de ces nouveaux éléments, non seulement mon intuition était confirmée, mais je savais également que, quand il exploserait, ce serait dans des proportions volcaniques.

Toutefois, il ne s'agissait pas juste de gérer les soudains accès de colère de Justin. Il était profondément meurtri, et ce mal-être se manifestait de façon complexe, comme je le découvris à peine deux jours plus tard.

La semaine qui avait suivi sa reprise des cours, nous avions assisté, ravis, aux efforts visibles de Justin pour s'intégrer parmi ses camarades : il nous avait rapidement parlé d'un garçon avec qui il s'était lié d'amitié, qui s'appelait Gregory et semblait avoir ses propres problèmes à régler, lui aussi. Il avait des difficultés d'apprentissage, c'est en tout cas ce que nous apprit Justin, et vivait chez sa tante, car sa mère « ne pouvait pas s'occuper de lui ».

Nous avions déjà rencontré Gregory deux ou trois fois, car Justin et lui avaient pris l'habitude de rentrer de l'école ensemble, accompagnés de sa tante, et il leur proposait parfois de s'arrêter à la maison pour boire ou manger quelque chose. Je m'entendais bien avec la tante Jennie, et nous avions déjà partagé quelques cafés en accordant aux garçons une demi-heure de PlayStation. Elle n'abusait jamais de notre hospitalité, et j'étais enchantée que Justin se soit forgé une amitié qui dépassait les deux semaines maximums habituelles.

Je ne fus donc pas surprise lorsqu'un jour, dès son retour de l'école, Justin se précipita dans la maison pour me demander si Gregory pouvait dormir chez nous.

— S'il te plaît, me supplia-t-il. Est-ce que Greg peut dormir chez nous samedi soir ? Il a demandé à sa tante. Elle est d'accord, si tu veux bien. S'il te plaît, Casey. Dis oui !

Même si je m'attendais à ce qu'il finisse par amener ce sujet, je ne savais pas trop quoi répondre. Ce n'était pas quelque chose à prendre à la légère, pour nous, et nous pouvions également envisager cela comme une « récompense » pour laquelle il lui faudrait gagner des points.

Par ailleurs, il ne connaissait pas Gregory depuis très longtemps.

— Je ne sais pas, trésor, répondis-je, histoire de me laisser le temps d'en discuter avec Mike, peut-être même avec John. Vous ne vous connaissez pas encore très bien, et ta chambre n'est pas si grande que ça, et…

— *S'il te plaît,* Casey, me coupa-t-il, me suppliant de ses grands yeux. Je t'en *prie.* On peut faire un lit par terre.

Il semblait si sincère et si enthousiaste que ma résolution se mit à fléchir aussitôt.

— Très bien, cédai-je. Je ne te promets rien, mais voilà ce que je vais faire. Si tu demandes à Greg que sa tante m'appelle demain afin que nous puissions en discuter, alors on pourra peut-être essayer – je dis bien *peut-être.*

Le samedi arriva, ainsi que cette fameuse soirée que nous avions fini par autoriser, après diverses discussions et une longue réflexion. J'avais parlé à Jennie, qui m'en avait appris un peu plus sur Greg. Il était atteint du trouble de déficit de l'attention avec hyperactivité (TDAH) et suivait un traitement, mais je pouvais tout à fait gérer cela. J'avais également discuté avec Mike et échangé quelques mots avec John, et nous avions tous convenu que ce serait une bonne occasion pour Justin d'améliorer sa façon de se comporter en société. Ce sur quoi il semblait sincèrement vouloir nous impressionner, étant donné son attitude irréprochable depuis que je lui avais annoncé que j'y réfléchirais. En effet, il avait rangé sa chambre et me promettait sans cesse que je n'aurais pas à lever le petit doigt ou à m'occuper de quoi que ce soit : il se chargerait d'absolument tout.

Et il tint sa promesse : non seulement prépara-t-il lui-même un lit par terre, mais une fois Greg à la maison, il lui expliqua le fonctionnement d'un de ses jeux de PlayStation *et* le laissa jouer avec ses précieux petits soldats en plastique. Tout en leur servant un fish and chips, qui, je savais, leur ferait plaisir, je ne pus m'empêcher de sourire : il n'y avait aucun souci à se faire. J'étais fière de lui.

Peut-être aurais-je dû me fier davantage à mon instinct et rester sur mes gardes. Il devait être onze heures du soir quand je perçus soudain comme un cri provenant de la chambre de Justin.

— Tu as entendu ? demandai-je à Mike en m'emparant aussitôt de la télécommande afin de vérifier que mes oreilles ne m'avaient pas trompée.

Nous approchions de la fin de notre film, et tout était calme depuis environ une heure quand, après la demi-heure supplémentaire dont je les avais gratifiés, j'étais montée leur demander d'éteindre les lumières et la télé.

— Oui, j'ai entendu quelque chose, me confirma Mike en se levant. Je vais voir. Ils doivent sûrement chahuter.

Il s'éloigna d'un air clairement serein, ce qui était rassurant.

— Tu me diras ce que j'ai raté.

Toutefois, deux minutes plus tard, lorsque j'entendis Mike crier, là-haut, je n'étais plus vraiment rassurée. Je me levai, décidée à passer un sacré savon aux garçons. J'aurais dû me douter qu'ils finiraient par se chahuter.

Mais nous n'aurions pas pu qualifier la scène qui m'attendait de « chahut » ordinaire. Justin, debout près de son lit, arborait une expression pour le moins inquiétante. Il me fallut quelques instants pour comprendre ce qui se passait. Mike, agenouillé au sol, le fusillait du regard. C'est là que je vis que Gregory était recroquevillé sous une couette, par terre, entre eux deux. Je l'entendis sangloter et gémir, visiblement peu disposé à en sortir, tandis que Mike tentait de l'en extirper.

— Qu'est-ce qui se passe ici ? lançai-je en braquant les yeux sur Mike, puis sur Justin.

Justin se contenta de me fixer, les traits encore plus durs.

— Mike ? insistai-je.

— Je ne sais pas vraiment, répondit-il en se tournant vers moi. Mais apparemment, il a fait du mal à

Greg, ajouta-t-il en pointant Justin du doigt. Je n'en sais pas plus, car ils refusent tous les deux de parler. Tout ce que j'ai réussi à obtenir de Greg, c'est que Justin lui a vraiment fait mal et qu'il veut retourner chez sa tante. Allez, p'tit gars, dit-il en tirant doucement sur la couette. Sors de là et montre-nous où tu as mal.

Je m'agenouillai et serrai Greg dans mes bras, à travers la couette.

— Tout va bien, trésor, dis-je tandis que Mike se reculait pour me laisser la place.

Peut-être une voix féminine l'apaiserait-elle plus facilement.

— Laisse-nous voir ce que tu as, d'accord ? Ensuite, on appellera tante Jennie.

Greg sortit lentement de sa couette tout en sanglotant.

— J... J... Justin m'a b... b... brûlé, Casey. Il est méchant, il mérite une bonne claque ! Je veux que tante Jennie vienne me chercher.

Il se mit à sangloter encore plus fort.

— Je veux qu'elle vienne me consoler !

Il était visiblement traumatisé, et j'étais catastrophée. J'avais été si pleine d'espoir et, maintenant, la déception était immense. Qu'est-ce que Justin avait bien pu infliger à ce pauvre garçon ?

— Justin ! crachai-je. Dis-moi ce que tu as fait à Greg, tu m'entends ?

Je ne sais pas ce qui, dans mon ton, le surprit, mais il finit par parler.

— Je voulais juste voir ce qui arriverait, lâcha-t-il d'un air plaintif. Je te jure que c'est tout, Casey. Je pensais juste que ça serait intéressant !

— Qu'est-ce qui serait intéressant ? continuai-je sur le même ton.

— De voir ce que ferait la cire.

La crainte me saisit soudain.

— *La cire ?* Quelle cire ?

— Celle de la bougie chauffe-plats !

Nous apprîmes alors, à travers un discours haché et confus, que Justin aurait trouvé « intéressant » de voir ce qui se passerait s'il faisait fondre une bougie – il admit avoir pris des allumettes et une bougie chauffe-plats dans la cuisine – et versait la cire chaude sur la peau de Gregory.

— Je ne pensais pas que ça lui ferait mal, protesta-t-il. Je voulais seulement l'enlever une fois figée.

J'étais à la fois décontenancée et furieuse. Mike, quant à lui, était livide. Il put à peine jeter un regard à Justin, et encore moins lui parler, tandis qu'il prenait Gregory dans ses bras pour le descendre.

— Au lit, jeune homme, lui dis-je en suivant Mike. Et que je ne t'entende pas ! Nous nous occuperons de ton cas demain matin.

J'eus ensuite la lourde tâche d'appeler Jennie et de lui expliquer ce qui s'était passé. Il était presque minuit, et j'étais tellement gênée de la faire se déplacer à cette heure-là... Elle refusa que nous raccompagnions nous-mêmes Gregory, étant donné que nous ne connaissions pas le chemin, et dut donc venir chercher son neveu terrorisé et traumatisé. Elle avait sûrement dû s'attendre à tout sauf à ça. Et, par-dessus le marché, devant notre embarras, elle nous fit comprendre que nous ne devions en rien nous sentir responsables de ce qui était arrivé. Elle savait que Gregory était un enfant vulnérable, et elle n'aurait jamais dû accepter en premier lieu qu'il vienne dormir chez nous.

Le lendemain, Justin eut droit aux sanctions d'usage : privé de toute récompense, de télé et de PlayStation. J'imaginais que ce ne serait pas si terrible pour la plupart des enfants, mais pour Justin, c'était de la torture.

Quant à la motivation de sa propre forme de « torture », j'hésitais entre deux hypothèses. Il semblait sincèrement ne pas s'être rendu compte de la douleur qu'il avait infligée à son camarade, et je me demandais, comme il était lui-même habitué à la douleur extrême avec ses crises d'automutilation, s'il ne pensait pas réellement ne pas avoir fait si mal à Gregory. Ou alors, il en avait été pleinement conscient, ce qui rendait de toute façon la situation aussi inquiétante.

Que ce soit l'une ou l'autre de ces hypothèses, nous nous devions de réagir au plus vite. Je ne pouvais m'empêcher de penser au terrifiant présage de Mona.

Mais de tels incidents, songeai-je une fois le choc initial passé, étaient *exactement* la raison d'être de notre travail. Certes, c'était alarmant de voir se dérouler chez nous ce qui n'avait été qu'une théorie, à la base, mais c'était aussi ce qui m'avait tant poussée à vouloir faire ça. Cette trame sur laquelle s'accumulaient les drames et leur vaste étendue était notre moteur, à Mike et moi. J'espérais seulement que nous pourrions retirer tous les mauvais fils qui ne faisaient qu'emmêler le reste, et réussir là où tellement d'autres avaient échoué. Mais j'étais plus que jamais consciente que ce serait un réel challenge. Plus le temps passait, et plus Justin me paraissait complexe.

— Indien, italien, chinois : qu'est-ce que vous préférez ?

C'était le samedi suivant, et Mike et Kieron s'apprêtaient à partir au foot, comme d'habitude. La semaine avait été plus ou moins calme, suite à toutes ces révélations et à la nouvelle organisation qui avait suivi, mais j'étais tout de même perturbée et n'avais aucune envie de préparer un gros dîner pour toute la famille. Ce soir-là, j'avais rendez-vous avec un plat à emporter et la télé, et quelqu'un d'autre devrait faire la vaisselle.

— Indien ! crièrent en chœur Mike, Kieron et Justin, bien que la contribution de Justin vînt de derrière la PlayStation, sur laquelle il se débattait fiévreusement comme toujours.

La punition venait tout juste de prendre fin, et il semblait encore plus acharné que d'habitude derrière sa console. Peut-être le pousserait-on un jour à accompagner les garçons au football, mais il ne valait mieux rien tenter aujourd'hui.

Dehors, le vent glacial rendait cette journée encore plus froide que les autres, et je n'étais pas mécontente de la passer à l'intérieur : Riley ne se sentant pas en forme, mon lèche-vitrines habituel avait été annulé un peu plus tôt. Toutefois, ma fille me manquait. Ne sachant pas trop quoi faire, j'allai m'emparer de la serpillière et du seau dans le placard.

Riley m'avait dit qu'elle passerait peut-être plus tard. Dans le cas contraire, j'irais sûrement lui rendre une petite visite moi-même, mais, en attendant, j'allais en profiter pour rattraper mon retard dans le ménage. J'avais oublié – et Justin me l'avait clairement rappelé – qu'une personne de plus impliquait encore plus de poussière. Et il était hors de question de laisser la maison dans cet état.

— C'est dommage. J'aurais bien mangé chinois... dis-je avec un sourire tout en remontant mes manches. Je plaisante. Allez, déguerpissez, maintenant. Et toi, Justin...

Je m'interrompis pour consulter ma montre.

— Il te reste seulement quarante-sept minutes de télé avant que je fasse mainmise sur le canapé et la télécommande !

Ma légère obsession du ménage impliquait une certaine organisation. Ainsi, j'avais prévu de faire le tour des chambres en en profitant pour changer les draps avant de me lancer dans un gigantesque marathon-poussière dans tout l'étage. Comme la chambre de Justin était la première à gauche, sur le palier, il me semblait logique de m'y attaquer en premier.

Sa chambre était un vrai bazar depuis quelque temps, maintenant. Mais ce bazar m'enchantait. Depuis la dernière fois où il l'avait vidée de tout artifice, il avait ressorti la plupart de ses affaires. Une pile de linge sale traînait derrière la porte, le sol était jonché de DVD et de boîtiers, et la moquette était un océan de soldats en plastique, qui avaient dû à l'origine être placés en rangs, mais, étant donné qu'ils étaient pratiquement tous à plat ventre, j'imaginais qu'ils étaient désormais en plein milieu d'une importante bataille durant laquelle la plupart semblaient avoir été massacrés.

Je traversai la pièce, causant sans le vouloir le trépas de deux autres vaillants héros, et remontai mes manches, prête à passer à l'attaque. Mais, tout en m'approchant du lit, quelque chose m'interpella. Justin y avait laissé sa boîte à souvenirs ouverte, ainsi que l'album photo qu'il y gardait.

On nous avait parlé des boîtes à souvenirs durant notre formation. Apparemment, beaucoup d'enfants placés en possédaient. Dans leur monde instable – et la plupart ayant également un avenir instable –, on les encourageait à conserver des souvenirs matériels des moments heureux qu'ils avaient vécus. Une telle boîte pouvait contenir, outre des photos des êtres aimés, des cartes de vœux et des lettres, des tickets de cinéma, des billets de match, des programmes, des souvenirs, des cartes postales – vraiment tout ce qui pouvait leur faire du bien lorsqu'ils se sentaient tristes ou seuls.

J'avais déjà aperçu Justin farfouiller dans la sienne, mais, chaque fois, il la fermait dès que quelqu'un approchait. J'ignorais où il la gardait, car il la cachait, et même lorsque j'avais fouillé sa chambre dans les moindres recoins durant l'épisode des chaussettes, je ne l'avais pas vue. De toute façon, je n'avais pas cherché à la trouver. Je respectais le fait que ces choses-là soient privées, même si j'espérais sincèrement qu'il s'ouvre davantage à moi. Par ailleurs, ce qu'elle contenait aurait pu s'avérer utile pour mieux le comprendre. Je lui avais demandé deux ou trois fois s'il voulait qu'on regarde sa boîte ensemble, mais il avait toujours secoué la tête en lançant une phrase du genre : « Non, il n'y a rien d'intéressant dedans. Juste quelques conneries. » Et, même s'il en sortait parfois quelques photos qu'il nous montrait, la boîte ne bougeait jamais de son emplacement.

Voilà qu'elle se tenait devant moi, sur son lit, grande ouverte, comme s'il l'avait laissée volontairement là pour que je la voie. Même s'il était absorbé par son jeu lorsque j'étais montée, il savait très bien que j'allais nettoyer les chambres.

L'invitation était trop tentante, en particulier depuis ce qui s'était passé avec Gregory. Incitée par l'idée que plus j'en saurais sur lui, mieux je pourrais l'aider, je m'assis sur le lit et la posai sur mes genoux.

C'était une boîte à chaussures qu'il avait customisée en la revêtant de faux cuir noir et en la couvrant d'autocollants Bart Simpson. Au milieu du couvercle, il y avait une petite photo de Justin, qui devait avoir huit ans à l'époque, mais c'était assez difficile à distinguer, la boîte et son couvercle ayant visiblement été renforcés de nombreuses fois, étant donné les couches de scotch qui s'y entrecroisaient.

À l'intérieur, je trouvai le menu d'un restaurant tex-mex, quelques cartes d'anniversaire, un prospectus pour un parc à thème et le programme de matchs de football, ainsi que toute une variété de coquillages. Il y avait également de nombreuses photos, certaines d'enfants – ce devait être ses petits frères, car il y avait un certain air de famille. Je ne savais pas vraiment leur réel lien familial, vu qu'aucun des garçons ne connaissait son père, les « petits amis » de leur mère ne restant jamais assez longtemps dans les parages pour en revendiquer la paternité. Apparemment, il y avait quelques années, Justin avait interrogé sa mère à ce sujet, mais elle lui avait répondu de se mêler de ses affaires.

Il y avait également une série de photos de nombreuses femmes différentes, dont le visage avait été ravagé par un objet tranchant et dont on avait découpé les yeux (et pas seulement les brunes, cette fois, remarquai-je). Cela semblait avoir été fait aux ciseaux. Le plus triste, c'était que la plupart étaient en boule, en particulier celles où figurait sa mère, comme si en plus d'avoir été largement lacérées, elles avaient été plusieurs fois chiffonnées dans un accès de colère.

Mais les yeux me piquèrent soudain lorsque je remarquai qu'elles avaient été défroissées. Du moins, autant que leur état le permettait. C'était la marque des nombreuses fois où, dans sa courte vie, il s'était senti désaimé, puis aimé de nouveau, puis abandonné, puis une fois de plus plein d'espoir. Cette vision était à vous fendre le cœur.

Et il s'avéra que je n'étais pas la seule à regarder.

J'ignorais depuis combien de temps j'étais dans la chambre lorsque je m'en rendis compte, mais, tout en étant assise sur le lit, déterminée à pousser Justin à me parler de ces photos, j'eus soudain la sensation de ne plus être seule. Je levai la tête. En effet, Justin se tenait sur le pas de la porte.

Sans un mot, il vint s'emparer de la boîte, la ferma et la glissa calmement sous son oreiller.

Malgré son silence et sa surprenante impassibilité, l'atmosphère se gonflait peu à peu de sa fureur. Morte de honte d'avoir été prise en flagrant délit, je me mis à bredouiller.

— Justin, trésor... Je... Je... Comment dire... Elle était *là*, devant moi, et...

— Tu étais en train de regarder mes affaires personnelles, dit-il d'une voix calme.

— Je faisais le ménage, c'est tout. Et elle était là, ouverte, sur ton lit.

Il me dévisagea un moment avant de finir par hausser les épaules.

— Je m'en fiche, de toute façon. Ce ne sont rien que des vieux trucs inutiles.

Je me levai et me donnai une contenance en lissant sa couette.

— Je suis vraiment désolée, trésor. C'est personnel, je n'avais pas à...

— Ça ne fait rien, Casey.

Il usait d'un ton indifférent, à la limite du dédain.

— Je vais rester là, si ça ne te dérange pas, pour regarder un DVD.

— Bien sûr, aucun problème ! Je nettoierai ta chambre plus tard.

J'attendis un instant, au cas où il aurait voulu me dire autre chose, mais il me tourna le dos, s'agenouilla et se mit à rassembler ses DVD. Je quittai alors la chambre en fermant doucement la porte derrière moi. Et même si j'étais toujours persuadée qu'il avait *cherché* à ce que je voie sa boîte, je ne pouvais m'empêcher de me sentir très mal. Je m'étais immiscée dans sa vie privée, et c'était quelque chose que je n'aurais jamais imaginé faire.

Lorsque je passai le voir un peu plus tard dans sa chambre, Justin y était toujours, mais il ne regardait plus de DVD. Visiblement sur pilote automatique, il était de nouveau en train de dépouiller l'endroit de toute chose non fonctionnelle. J'ignore s'il m'entendit ou me vit, mais il n'en laissa rien paraître. La même opération, pensai-je, mais cette fois sans la crise.

Je n'étais pas certaine de savoir qui il cherchait à punir : lui ou moi. C'était simplement un spectacle affligeant.

11

Le mois d'avril avait enfin apporté un peu de chaleur, et, tel un autre rayon de soleil, Riley me téléphona.

— Maman, c'est moi.

Je perçus aussitôt qu'elle allait mieux. C'était rassurant, car je commençais à me faire du souci, ces derniers temps. Ça n'allait pas à Riley d'être malade ; elle était plutôt du genre pile électrique. Mais ces deux dernières semaines, elle avait été souvent patraque. J'étais justement sur le point de l'appeler.

— Salut, ma chérie, répondis-je. Tu te sens mieux ? On dirait, en tout cas.

— Ça va super, merci ! lança-t-elle pleine d'enthousiasme. Je voulais juste vérifier que tu étais à la maison.

— Oui, oui, et je n'ai pas prévu de sortir. Tu comptais passer ?

— Oui. À quelle heure papa sera-t-il rentré, d'après toi ?

En voilà, une question bizarre...

— Comme d'habitude. Vers dix-sept heures. Il

ne m'a rien signalé de particulier en partant, ce matin. Pourquoi ?

Mike était responsable d'un entrepôt pour une grande entreprise spécialisée dans le mobilier de bureau. Il travaillait beaucoup, mais, par chance, ne faisait pas d'heures supplémentaires.

— Très bien ! lança-t-elle sans toutefois répondre à ma question. J'attends que David rentre du travail, et on passera à l'heure du thé, ça te va ?

Que de mystères !… Et quelle question idiote, par-dessus le marché !

— *Évidemment*, bébête ! Ça me fait très plaisir de vous voir tous les deux. J'allais faire une pizza pour Justin et Kieron, mais je vais tâcher de préparer quelque chose de plus raffiné pour nous quatre[1]. Mais, dis-moi, on dirait que tu as quelque chose derrière la tête. Tu sais que vous pouvez passer quand vous voulez, mais…

Riley éclata de rire.

— *J'ai* quelque chose derrière la tête, maman. On sera là à dix-sept heures trente, d'accord ? À plus tard !

Mais je n'eus pas le temps de méditer là-dessus, car, à peine avais-je raccroché que la porte d'entrée s'ouvrit brutalement et j'entendis un dynamique « Coucou, Casey ! » dans le couloir, suivi de près par le bruit d'un troupeau de gnous se ruant dans l'escalier. C'était Justin qui revenait de l'école. Et, comme le voulait sa routine, il montait directement se débarrasser de son uniforme.

---

1. En Angleterre, à l'heure du thé, les gens ont tendance à manger aussi bien salé que sucré.

Je poussai un soupir et me rendis compte au même moment que Justin n'était pas le seul à avoir adopté une certaine routine. En ce qui me concernait, j'avais pris l'habitude de retenir mon souffle chaque fois qu'il revenait de l'école – du moins jusqu'à ce que je sois certaine de son humeur ; certaine qu'il ne s'apprêtait pas à ruiner la journée de tout le monde. C'était ridicule, et je me le reprochai intérieurement. C'était un enfant de onze ans, pas un monstre.

Mais un coup d'œil à l'horloge me signala que je n'avais pas non plus le temps de méditer là-dessus : si Riley et David se joignaient à nous, il fallait que je réfléchisse à ce que nous allions manger, ce qui signifiait que j'allais devoir ratisser le frigo et le congélateur.

J'allais devoir également poursuivre ce que je faisais afin de donner quelque chose à goûter à Kieron et Justin. Quels que soient les changements de programme que ma fille et moi déclarions, mon fils voulait manger lorsqu'il rentrait de l'université, et il était tout aussi important que je m'en tienne au tableau de Justin : l'heure et le menu n'étaient pas négociables.

Justin me rejoignit dans la cuisine alors que je sortais la pizza du four. On aurait pu croire qu'il avait une sorte de sixième sens pour savoir exactement quand on s'apprêtait à servir à manger.

— Pile à l'heure ! lançai-je avec un sourire. On dirait que tu as une horloge greffée dans l'estomac !

J'étais d'humeur enjouée, sachant que Riley et David n'allaient pas tarder. Ça semblait également être le cas de Justin. Il était hilare.

— Qu'est-ce qui vous fait rire ? demanda Kieron, sur le pas de la porte. Ah ! de la pizza ! s'exclama-t-il en la voyant. Super, je ne vais pas mourir de faim, finalement.

Ils partirent s'installer dans le salon, où je les entendis rire et discuter. Le reste de la journée s'annonçait plutôt bien. Je pris un café, rangeai ce qui traînait et m'attelai au deuxième round : préparer à manger pour nous quatre. Étant donné la température estivale, j'avais opté pour un poulet rôti froid et une salade. Mike ne serait sûrement pas satisfait – il était plutôt du genre à manger bien lourd –, mais tant pis. Ça ne faisait rien, c'était de la nourriture quand même.

Dix-sept heures trente sonnèrent, et David et Riley apparurent.

— Dieu merci, lâcha Mike en les accueillant avec une impatience feinte. Déjà que je suis obligé de me contenter de salade après une dure journée de labeur, je dois en plus attendre une demi-heure avant d'avoir ce plaisir !

— Non, non, on ne va pas manger tout de suite ! répondit Riley en me voyant sortir de la cuisine avec le saladier. Il faut d'abord réunir tout le monde pour que nous puissions vous annoncer quelque chose. Où est Kieron ? Et Justin ? Tu peux aller les chercher ?

— Ils sont là-haut, l'informai-je. Ils jouent à l'ordinateur dans la chambre de Kieron. Mais…

— Maman, papa ! gronda Riley tandis que David souriait jusqu'aux oreilles. Arrêtez de nous regarder comme des idiots et allez les chercher !

J'allai reposer le saladier sur la table de la cuisine, et Mike cria aux garçons de descendre.

— Dépêchez-vous ! ajouta-t-il – sans aucun doute par pitié pour son estomac.

J'eus soudain une illumination. Je posai les yeux sur Riley, puis David, tous les deux affichant un grand sourire niais. Non, ça ne pouvait pas être ça… Et si ça l'était ?…

Les garçons dégringolèrent les marches, Kieron se lamentant haut et fort.

— Ça a intérêt à être sérieux, Riley. On était en pleine partie super importante !

Mais sa grande sœur ne voulait rien entendre.

— Tais-toi et asseyez-vous, tous les deux, ordonna-t-elle.

Ce n'est qu'une fois les garçons installés et qu'elle eut toute notre attention qu'elle daigna enfin nous faire part de leur « grande nouvelle ».

En effet, elle était plutôt grande. Du moins, voilà qui allait leur changer la vie.

— David et moi voulions que vous soyez les premiers au courant, annonça-t-elle. Je suis enceinte. Nous allons avoir un bébé !

Mon cœur fit un bond dans ma poitrine. Mon intuition ne m'avait donc pas trompée. C'était une surprise totale, mais quelle surprise ! C'était merveilleux. Mike et moi allions devenir grands-parents !

Je lançai un coup d'œil à Mike, stupéfait et les larmes aux yeux. Il bondit soudain du canapé, et la pièce s'emplit d'une profusion de joie et de félicitations, chacun s'embrassant, comme au nouvel an.

Mais, quelques instants plus tard, je remarquai Justin dans un coin.

C'était son visage : il avait revêtu cet air atrocement inhumain. Il semblait à deux doigts d'exploser, je le voyais bouillir de rage.

— Tout va bien, trésor ? lui demandai-je calmement, mais il paraissait dans l'incapacité de me répondre.

En vérité, je voyais bien qu'il s'efforçait de se contenir. Il tremblait, et on aurait dit qu'il avait envie de balancer son poing sur n'importe quoi. Fort heureusement, personne d'autre ne semblait l'avoir remarqué, et j'espérais maintenir cette situation en cachant Justin à leur vue. Je ne souhaitais vraiment pas que cette merveilleuse nouvelle soit gâchée.

Discrètement, je le dirigeai vers le couloir – et, Dieu merci, il n'opposa aucune résistance –, où je lui parlai en le regardant droit dans les yeux :

— Écoute, dis-je d'une voix calme mais ferme. J'ai conscience que cette nouvelle te contrarie pour je ne sais quelle raison, mais tu ne veux pas blesser Riley, n'est-ce pas ? De toute évidence, tu es trop furieux pour m'en parler dans l'immédiat, alors tu peux remonter, si tu veux, d'accord ? Kieron te rejoint dans un instant pour que vous puissiez reprendre votre jeu. Ça te va, trésor ?

L'espace d'un instant, je crus qu'il allait se mettre à parler, mais il sembla se raviser et serra les lèvres. Puis il se retourna et remonta d'un pas lourd dans sa chambre. Tout en le suivant des yeux, je poussai un soupir. J'avais une fois de plus retenu mon souffle.

On ne revit pas Justin en bas jusqu'au départ de Riley et David, et, lorsqu'il descendit, Kieron le suivait de près. Et il y avait une raison à cela : Justin visiblement calmé, j'entrepris de lui parler de ce qui s'était passé, pensant qu'il aimerait en discuter, mais Kieron, dans son dos, me fit aussitôt signe que non.

Je m'interrompis alors immédiatement et me contentai de glisser ma main dans les cheveux de Justin.

— Je sais que ça fait beaucoup d'agitation, d'un coup, dis-je d'un ton léger. Mais ne t'inquiète pas, trésor, les choses vont reprendre leur cours tranquillement.

Ce n'est qu'une fois Justin au lit que Kieron me raconta ce qui s'était passé. Il avait tout de suite remarqué que Justin était contrarié. À vrai dire, il l'avait vu se transformer en cet autre Justin effrayant et, sans que je m'en sois rendu compte, il était monté le voir.

Il lui avait alors demandé si ça allait et, n'obtenant aucune réaction, il avait lancé :

— Les femmes, je te jure ! Elles deviennent folles dès qu'il s'agit de bébés ! Bon, on reprend notre jeu ? Prépare-toi à perdre, petit frère !

Justin avait soudain éclaté de rire et clos la discussion en lâchant un fougueux : « Ha ! Elle rigolera moins quand elle sera aussi grosse que ma mère ! »

J'aurais pu embrasser Kieron, je le jure. Il avait eu le bon sens de dire *exactement* ce que Justin avait besoin d'entendre. Ce jour-là, je fus très fière de lui.

— Ce n'est pas surprenant qu'il ait eu du mal à digérer cette nouvelle, dit Mike une fois au lit, lui avec son livre et ses lunettes, et moi avec mon magazine et mon café.

Nous n'arrivions pas encore à croire que nous allions être grands-parents.

— C'est sûrement difficile pour lui de ne pas faire le lien avec ce qui s'est passé avec sa mère. Le fait qu'une autre femme attende un bébé, toute l'agitation et l'attention qui en découlent, ça doit lui rappeler à quel point sa vie de famille est affligeante.

Mike avait encadré le mot « famille » de guillemets imaginaires, à juste titre : à quel genre de vie de famille Justin était-il condamné ? Sa mère était aussi peu fiable que le soleil en été, chez nous. Quelles étaient les chances qu'elle ait envie de se réconcilier avec Justin lorsque sa « princesse », sa précieuse petite fille, serait née ? À mon avis, elle ne voudrait même pas qu'il s'approche d'elle.

Mais nous ne pouvions rien de plus pour Justin que ce que nous faisions déjà : essayer de lui apporter une certaine stabilité, des limites, de l'affection et l'aider autant que possible à supporter ses cicatrices déjà profondes. Et puis, j'avais du mal à me concentrer sur la question, ce soir-là, car j'étais trop excitée.

— Grands-parents.

Le simple fait de le prononcer tout haut me faisait glousser. Je me pensais bien trop jeune pour être une « mamie », et je me mis à rire lorsque je me rendis compte que je répétais dans ma tête la façon dont j'allais l'annoncer à mes parents. C'était dingue !

Toutefois, un aspect de cette incroyable nouvelle situation était à prendre au sérieux : l'effet que cela aurait sur notre rôle de famille d'accueil. Bien des années plus tard, même si nous n'en avions pas encore la moindre idée, nos missions se révéleraient à tel point efficaces qu'elles finiraient par orienter Riley sur le même choix de carrière, mais, pour l'instant, comme le fit remarquer Mike, nous devions nous montrer prudents. À l'avenir, il faudrait nous assurer d'avoir un historique bien plus complet concernant nos prochains placements, en particulier pour les plus grands, afin d'être certains qu'ils n'aient pas dans le passé déjà blessé des bébés.

En attendant, il fallait que nous fassions attention – je ne pus m'empêcher de repenser à la réaction de Justin, un peu plus tôt. S'il était toujours avec nous à la naissance du bébé, prévue pour novembre, nous allions devoir nous préparer au chamboulement qu'elle allait provoquer chez lui.

Les jours passèrent, et je ne réussis pas à faire dire à Justin ce qui le gênait dans la grossesse de Riley. Même s'il était aisé de comprendre sa contrariété, cela lui aurait fait beaucoup de bien de pouvoir exprimer ses sentiments. Mais j'avais beau lui tendre toutes les perches, il n'y avait rien à faire. Kieron me signala la seule autre remarque que Justin lui ait faite à ce sujet : d'après lui, toutes les filles étaient des « traînées », et il savait très bien « tout ce qu'elles faisaient pour tomber enceintes ». Il conseilla également à Kieron de ne jamais avoir de petite amie, car elles ne créaient que des ennuis.

Malgré le fait qu'il ne s'en ouvre pas à moi, son mépris était palpable, voire évident, même s'il ne l'exprimait pas de manière agressive. Chaque fois que Riley entrait dans une pièce, il se levait et disparaissait. Riley, quant à elle, épanouie et radieuse, prenait les choses avec philosophie.

— Il s'en remettra, maman, j'en suis sûre. Je ne vais pas me vexer pour ça. Ne t'inquiète pas.

C'était un ange. Et, évidemment, elle avait raison. Si nous ne faisions pas attention à lui, il se fatiguerait d'autant plus vite. Entre-temps, il fallait faire avec.

Son comportement vis-à-vis de la grossesse de Riley mis de côté, j'avais l'impression que Justin et moi évoluions de nouveau. Notre relation était de plus en plus agréable ; je sentais tout doucement revenir l'intimité que nous avions entrepris d'établir entre nous avant la crise qui avait suivi ses révélations. Et, le dernier jour du trimestre, tout en préparant des *crumpets* et du chocolat chaud, je me rendis compte que j'attendais désormais avec impatience nos entretiens « points » hebdomadaires.

Toutefois, j'en ressortais toujours un peu déçue. Étant donné qu'il se débrouillait très bien au niveau deux, maintenant, il avait pas mal de points, et une grosse partie de notre « entretien » consistait à chercher ce pour quoi il pourrait s'en servir.

Il variait très peu, en principe. Il utilisait un tiers de ses points pour les choses « de base » : se coucher à vingt heures, avoir la télé et le lecteur DVD dans sa chambre, profiter plus longtemps de l'ordinateur. Pour le reste, la liste fixée par le responsable du programme lui laissait un vaste choix, comme passer plus de temps avec ses amis ou inviter un copain pour le goûter. Cette liste proposait également des nuits les uns chez les autres, ce qui malheureusement était hors de question pour le moment, suite à l'incident avec Gregory. De toute façon, c'était triste à dire mais prévisible, il ne faisait jamais rien de tout cela. Chaque fois, sans émettre le moindre commentaire sur une quelconque de ces activités, il passait immédiatement à la page suivante. Puis il se jetait sur ce qu'il pouvait faire, comme commander un plat à emporter, louer un film ou un jeu, ou faire une sortie avec l'un de nous ou de ses aides. Le fait qu'il n'ait pas d'amis de son âge devait forcément le préoccuper, mais il allait toujours droit vers la dernière section, comme si les choses qu'il choisissait étaient les plus captivantes au monde. Ainsi, il n'avait pas besoin de se faire d'amis.

Certes, c'était affligeant, mais il en découlait tout de même un point positif : il se confiait de nouveau à moi. Et c'est ce qu'il fit, ce jour-là.

Je n'arrive pas à mettre le doigt sur ce qui a pu déclencher ce sujet, mais alors que nous finalisions ses récompenses, il lâcha soudain :

— Tu sais, quand j'avais huit ans, je suis allé à l'hôpital.

Je posai mon stylo.

— Ah bon ? Pourquoi ?

— Le copain de ma mère m'avait frappé, fit-il presque l'air de rien. Il était saoul, il m'a battu, et je me suis mis à saigner. J'étais dans un sale état, alors maman a fini par dire qu'il fallait m'envoyer à l'hôpital. Mais ils m'ont demandé de mentir sur ce qui m'était arrivé. J'ai dû raconter aux médecins et aux infirmières que je faisais du vélo, que j'avais foncé dans un mur, que j'avais volé par-dessus le guidon, et que c'était pour ça que j'avais tous ces bleus. J'ai dû leur dire que j'avais atterri dans un fossé, et que le fossé était plein de cailloux. Non, de pierres. Oui, c'est ça, ils m'ont dit de parler de pierres.

Je me sentis blêmir à cette révélation glaçante, face à tous ces petits détails qu'on lui avait bien demandé de répéter. Était-ce encore une « fabulation » ? *Mais bien sûr...* Je n'y songeai pas un seul instant. Et là encore, cet incident ayant forcément dû apparaître dans son dossier, j'étais d'autant plus révoltée qu'il ait pu de façon périodique retourner vivre chez sa mère. Il y avait tout de même une limite à ne pas dépasser ! À l'évidence, repartir « chez lui » ne faisait qu'empirer les choses ! Je lâchai une remarque sur toutes ces allées et venues, et Justin sembla sincèrement surpris que je n'en sache rien.

— Je suis retourné plein de fois chez moi, dit-il. Quand elle était d'accord, quoi. Quand elle avait un copain. Mais ça ne marchait jamais. Elle ne m'a jamais gardé longtemps. Une fois, je me suis enfui...

— Ah bon ?

— Oui. Quand elle était avec ce mec qui m'avait frappé. Je me suis enfui, mais comme je ne savais pas du tout où aller, j'ai passé deux nuits dans une benne à ordures.

— Une benne à ordures ?

Il confirma d'un hochement de tête.

— Oui. Et c'était horrible. J'ai eu la trouille de ma vie. Je n'arrêtais pas de me dire que quelqu'un devait bien être en train de me chercher. La police. Les services sociaux. *N'importe qui.* Mais personne n'est venu, et j'ai fini par retourner chez moi.

Il se gratta la tête. Je notai mentalement qu'un bon coup de ciseaux ne lui ferait pas de mal.

— Et tu sais ce qu'elle a fait quand je suis rentré ?

— Non.

— Rien. Rien du tout. Elle a juste levé les yeux de la télé et a dit : « Tiens, te voilà, toi. » C'est tout. Puis elle m'a lancé : « Va surveiller tes frères », comme si je n'étais jamais parti.

Je fis en sorte de garder un air et un ton détachés, tout comme Justin – il semblait tellement blasé... – tandis qu'il poursuivait son récit en me racontant qu'il allait faire les poubelles pour chercher de la nourriture pour ses frères, et qu'un matin, il dut se lever très tôt pour aller dans les bois avec un des copains de sa mère afin de l'aider à ramasser des champignons magiques pour les grands.

À l'évocation de tous ces sinistres souvenirs qui lui restaient de ses jeunes années, impossible de ne pas se demander comment un enfant peut espérer un jour accepter tout cela. Mais lorsqu'il m'annonça presque fièrement qu'il avait appris à fabriquer une pipe spéciale pour pouvoir fumer de la drogue, en m'expliquant qu'il fallait pour cela utiliser une bouteille de lait en verre et un morceau de tuyau, c'en fut vraiment trop, et je fis un réel effort pour ne pas me laisser submerger par la colère.

Mais j'y parvins. Nous terminâmes les *crumpets*, et il semblait enchanté de notre discussion. Ce soir-là, je notai toutes ces informations dans mon journal personnel, qui était devenu en quelque sorte un ami. D'abord un océan de pages engageantes, immaculées et vides, il se remplissait désormais à vue d'œil. C'était l'agence qui nous l'avait fourni, et il s'avérait bien utile.

Relié en cuir, avec nos initiales et notre nom de famille dorés en relief en bas de la couverture, il était bien trop chic pour mes gribouillis. Mais je gribouillais quand même. Et encore plus ce soir-là. À vrai dire, plus le temps passait avec Justin à la maison, plus mes notes étaient longues et détaillées.

Et il y en aurait d'autres bien assez vite.

12

Le soleil est là, me réjouis-je en ouvrant les rideaux de ma chambre. J'adorais le soleil. Je l'adorais presque autant que la neige. Vous pouviez garder toutes les journées maussades et bruineuses qui les séparaient, mais si vous me donniez du soleil ou de la neige, j'étais survoltée. Et j'avais sérieusement besoin d'une telle énergie ce jour-là.

— Mike ! Il fait beau ! lançai-je. Génial !

— Merci pour le bulletin météo, Case, grogna-t-il en plissant les yeux. Mais je l'avais remarqué.

Oui, il me fallait du soleil ce jour-là, plus que n'importe quel autre, à tel point que j'avais même envisagé de me lancer dans ce qui serait l'opposé de la danse de la pluie, car, dans notre région, vous ne pouviez jamais vraiment compter sur le soleil, même début mai. Et le soleil était indispensable ce jour en particulier, car c'était la fête d'anniversaire de Justin. Il allait avoir douze ans, et nous nous étions tous employés à ce qu'il n'oublie jamais cette journée.

— Allez, lève-toi, Mike, suppliai-je. Sors de sous cette couette, vieux grincheux. C'est la fête aujourd'hui !

Mike céda avec un grognement et repoussa la couette.

— D'accord, dit-il en bâillant. J'abandonne. Tu ne me lâcheras pas tant que je ne serai pas levé, j'imagine ?

— Exactement ! répondis-je avec un claquement de langue tout en disparaissant de la chambre.

Les hommes ne voyaient vraiment pas les choses de la même façon que nous…

En ce qui me concernait, cette journée ne m'affolait absolument pas. À l'instar de Noël, mon affection pour les fêtes avait toujours fait partie de ma vie, et celles de mes enfants avaient été ponctuées chaque année de festivités grandioses que j'adorais organiser. Mon chef-d'œuvre : la soirée *Grease* en l'honneur de Riley, pour laquelle j'avais construit un Shake Shack[1] dans le jardin, demandé à tout le monde de s'habiller dans le style des années 1950, et dégoté un sosie de Frankie Valli pour inaugurer la soirée en chantant *Beauty School Dropout* à l'arrivée de Riley.

Kieron avait aussi eu droit à quelques fêtes spectaculaires qui impliquaient dans son cas presque tout le temps – étant donné son adoration pour les super-héros – un Superman ou un Spider-Man gonflable géant escaladant les murs de la maison. C'était désormais au tour de Justin de subir mon obsession. J'avais hâte de m'y mettre !

Cela faisait deux semaines que nous préparions en secret la fête d'anniversaire de Justin, et j'avais

1. Attraction de fête foraine sur laquelle Sandy et Danny chantent à la fin du film.

porté une extrême attention à ce qu'il ne se doute de rien. Nous lui avions dit que nous ferions un petit goûter en famille, et que ma nièce et mon neveu viendraient jouer avec lui. Ça me faisait presque mal au cœur de voir à quel point il était surexcité rien qu'à cette idée : il n'avait clairement jamais fêté son anniversaire, jusqu'ici. Par conséquent, j'avais vraiment hâte de voir sa tête lorsqu'il découvrirait la grande fête que j'avais imaginée pour lui. J'avais invité quelques amis proches ainsi que plusieurs membres de la famille, avec entre autres ma nièce et mon neveu, évidemment, comme ils avaient plus ou moins son âge. J'étais également de mèche avec Cathy, la nouvelle assistante scolaire de Justin. Étant donné que c'était une surprise, je ne pouvais pas demander à Justin d'inviter ses camarades. Cathy avait donc accepté de m'aider en sélectionnant une demi-douzaine d'enfants avec qui Justin semblait bien s'entendre. Elle m'avait fait remarquer que ce serait assez difficile d'en trouver plus, Justin ayant toujours beaucoup de mal à se faire et à garder des amis. Mais je ne m'inquiétais pas : avec les membres de la famille Watson (nous étions une bonne bande de fêtards, je dois l'admettre) qui venaient s'ajouter aux festivités, il y aurait de l'animation.

J'avais déjà mille idées à la minute. Je n'étais pas la seule, d'ailleurs. Comme *La Petite Sirène* était l'un des films préférés de Justin, nous avions décidé d'en faire le thème de sa fête. Notre projet consistait à métamorphoser le jardin en espèce de « royaume océanique », avec en plus une plage, une piscine et tout un tas de décorations. Kieron et Riley m'avaient été d'une grande aide : nous avions passé des heures à préparer tout ce dont nous avions besoin. J'étais tellement fière d'eux… Ils s'étaient lancés avec un réel enthousiasme et semblaient aussi déterminés que moi à rendre cette journée la plus spéciale possible.

Riley avait fabriqué diverses créatures marines en papier mâché (des étoiles de mer, des crabes et plein de poissons différents), et Kieron avait été tout aussi occupé à peindre, couper et coller des plantes aquatiques gigantesques que nous allions fixer le long de notre barrière. Il était également allé chercher avec moi quelques énormes sacs de sable afin de créer une plage digne de ce nom. Mais ce n'était pas tout. J'avais conscience que c'était une folie, mais la pièce maîtresse de la fête serait une petite piscine rigide que j'avais louée pour la journée. Elle faisait deux mètres cinquante de diamètre et un impressionnant mètre de profondeur. L'entreprise viendrait la monter et la remplir plus tard dans la matinée.

Après avoir ouvert les rideaux et gratifié Mike de deux ou trois mesures de *Who Can Buy This Wonderful Morning* afin de le pousser à se lever, il finit par se résigner à quitter la chambre (même si, pour lui, c'était plus un moyen de me fuir) et partit faire bouillir l'eau pendant que je me douchais, comme je le lui avais gentiment demandé. J'avais encore plein de choses à préparer, et Mike avait également un programme à suivre : ce matin, il devait emmener Justin à la piscine, afin qu'il puisse entre autres profiter des toboggans. Nous lui avions fait croire que ce serait la principale surprise de sa journée.

Une fois sous la douche, je me mis à fredonner. J'avais hâte de voir sa tête lorsqu'il reviendrait et verrait sa *vraie* surprise.

La journée avait bien commencé, et j'en étais ravie. Mike et moi avions offert à Justin une nouvelle paire de baskets, ainsi qu'un jeu de PlayStation qu'il avait demandé et quelques DVD. Il avait déjà reçu une carte de l'« équipe » des services sociaux, avec un chèque-cadeau à l'intérieur ; une autre avec un bon de dix livres de la part de son référent, Harrison. Et, à l'arrivée du courrier – que j'avais attendu avec une certaine angoisse –, il avait eu droit à une troisième carte, qu'il reconnut aussitôt.

— C'est maman ! s'écria-t-il, soudain radieux. J'en suis sûr ! Je reconnais l'écriture !

J'entrepris de reproduire son enthousiasme lorsqu'il la décacheta à la hâte. N'aurait-elle pas pu composer un petit colis ? Lui faire une surprise ? Qu'il ait au moins un paquet à ouvrir ! Mais non, c'était une simple carte avec un billet de dix livres à l'intérieur.

— Regarde, Casey ! s'exclama tout de même Justin d'un ton enjoué. Dix livres ! Elle n'a pratiquement rien, mais elle m'a quand même envoyé ça ! Et regarde : mes petits frères ont signé tout seuls !

Son bonheur était presque palpable. Qu'il était heureux !

J'essayai d'être heureuse pour lui, moi aussi. *J'étais* heureuse pour lui. L'amour d'un enfant pour ses parents est totalement inconditionnel, et ce maigre effort qu'elle avait fait comptait beaucoup pour lui.

Mais ce petit geste me restait tout de même en travers de la gorge. C'était sa mère ! Elle devrait *tout* donner pour lui.

Ce n'était pas vraiment le fait qu'elle lui ait seulement envoyé de l'argent, car je me doutais qu'elle pouvait difficilement se défaire de dix livres. Mais elle aurait quand même pu prendre le temps et le plaisir de dépenser cet argent dans un petit cadeau, quelque chose que Justin pourrait garder et chérir, même mettre dans sa boîte à souvenirs ? C'était affligeant de voir qu'elle n'était pas capable de faire un réel effort un minimum cohérent pour son fils. Venait-il d'elle, d'ailleurs ? Mon côté cynique ne put s'empêcher d'en douter. Les services sociaux avaient-ils joué un rôle dans cette histoire ?

Arrête, m'intimai-je. *Contente-toi du fait qu'il soit heureux.* Et bientôt – quelques heures plus tard –, il le serait encore plus. Je dus me mordre la langue pour ne pas cracher le morceau.

Une heure plus tard, Mike et Justin étant enfin partis, je décidai d'aller mettre un peu d'ordre dans la chambre de Justin. S'il proposait à des camarades de rester dormir – ce qui serait une première –, il fallait qu'il fasse bonne impression. J'avais donc dans l'idée de ranger un peu, faire le lit, dépoussiérer rapidement, juste de quoi rendre la pièce plus accueillante et libérer de la place.

Rien ne pouvait m'enlever de la tête la fête à venir – pourquoi en serait-il autrement ? –, tandis que je rassemblais ses DVD et ses jouets qui traînaient par terre. Il gardait tous ses soldats dans une caisse en plastique. Je décidai de la glisser sous le lit, ainsi que deux autres caisses, afin de faire un peu de place. C'est là que je tombai sur la valise.

Enfin, ce n'était pas vraiment une découverte, car elle était là depuis le premier jour. C'était la valise avec laquelle il était arrivé, qui avait contenu ses maigres possessions, et il l'avait rangée sous son lit dès le départ. Je pensais qu'elle était vide – en tout cas, elle l'était quand j'avais trouvé les ciseaux et les lames –, mais, lorsque je la poussai pour faire passer la caisse, il était clair qu'elle ne l'était plus.

À vrai dire, elle était tellement lourde que je ne réussis pas à la pousser d'une main. J'agrippai alors la poignée et la tirai légèrement vers moi. Intriguée par ce qui pouvait causer un tel poids, et prise soudain d'une certaine angoisse quant à ce que je pourrais y découvrir, je la sortis de sous le lit et ouvris la fermeture à glissière.

Le spectacle qui m'accueillit fut pour le moins saisissant. J'ignore ce à quoi je m'étais attendue, mais je n'aurais jamais imaginé une chose pareille. La valise était pleine de nourriture. Elle contenait littéralement des centaines de produits, tous soigneusement empilés et rangés par forme et par taille. Il y avait des paquets de bonbons, plusieurs sortes de barres chocolatées, des chips et des sachets de préparation rapide pour puddings, des paquets de soupe déshydratée, toute sorte de nourriture non périssable. Rien n'avait été ouvert, et, au-dessus, il y avait un papier sur lequel Justin avait minutieusement noté chaque article de sa grosse écriture maladroite. Il avait même pris soin, remarquai-je, perplexe, de ne pas faire de fautes d'orthographe et d'écrire sur les lignes.

Il me semble que c'est la seule pensée cohérente que je fus capable d'émettre. Je n'en croyais pas mes yeux. Mais une chose était claire : tout cela ne sortait pas de mes placards. C'étaient des articles pour petit budget, d'une marque de supermarché, et ils ne venaient d'ailleurs même pas de celui que je fréquentais. D'où venaient-ils, alors ? Les avait-il volés ? Et à quoi lui servaient-ils ? Ce n'était clairement pas une simple réserve pour une soirée improvisée. Toute cette collecte parfaitement ordonnée était pour le moins étrange et déroutante. C'était ce à quoi on aurait pu s'attendre dans une œuvre de fiction futuriste – en anticipation d'une catastrophe nucléaire, par exemple –, ou ce que le gouvernement aurait conseillé de faire durant la guerre froide, en plus de stocker l'eau et de se cacher sous la table de la cuisine. Je reposai les yeux sur la liste minutieuse qui l'accompagnait. Mais qu'avait-il bien pu avoir en tête lorsqu'il s'était installé pour la rédiger ? Je n'en avais pas la moindre idée.

Et je n'allais pas le savoir tout de suite. Je refermai la valise et la replaçai exactement là où je l'avais trouvée, puis je descendis m'atteler à la préparation de ce qu'il y aurait à manger à la fête. Ce n'était clairement pas la bonne journée pour parler à Justin de ma découverte.

J'avais demandé à tout le monde d'arriver vers treize heures trente si possible, Mike et Justin devant être de retour pour quatorze heures. Juste à temps, la piscine était désormais montée et remplie, et le soleil étincelait de ses éclats dorés sur sa surface. La plage avait été ratissée avec soin, et Riley, Kieron et moi avions mis la touche finale à la décoration du jardin qui, aucun doute là-dessus, était impressionnant. Ma sœur, mon frère, leur famille et nos amis étaient arrivés, et chacun mettait la main à la pâte pour les derniers préparatifs tout en gardant un œil sur ma nièce et mon neveu afin de s'assurer qu'ils ne filent pas discrètement escalader la piscine.

Toutefois, à ma grande déception, une seule camarade de Justin était arrivée pour l'instant. Avec ce que j'avais découvert plus tôt dans la matinée sous son lit, cela venait s'ajouter à ma contrariété et à mon angoisse. Tarika, la jeune fille sourde dont Cathy, l'assistante scolaire, s'occupait également, m'annonça que Justin et elle s'entendaient bien et déjeunaient ensemble pratiquement tous les jours.

Les parents de cette jolie blonde aux énormes yeux bleus l'avaient déposée à treize heures trente comme convenu. Tarika paraissait timide ; par conséquent, elle ne me quittait pas d'une semelle. Je passai les vingt dernières minutes à l'affût du bruit de la sonnette, dans l'espoir que d'autres viennent, mais en vain. Je m'efforçai de me dire que ça ne faisait rien – une amie valait mieux que pas d'ami du tout, après tout –, et, comme Justin ne s'attendait pas à qui que ce soit, il ne serait sûrement pas déçu.

Au final, comme on s'y était – plus ou moins – attendus, il fut plutôt enchanté.

— Ouah ! s'exclama-t-il en écarquillant les yeux devant le royaume de son anniversaire. Ouah, Casey ! C'est magnifique !

Il sautillait d'excitation et battait des mains, ne sachant plus où donner de la tête.

— Ouah ! Un barbecue ! Oh ! mon Dieu, une piscine ! C'est génial ! Je n'arrive pas à croire que tu ne m'aies rien dit, Mike !

Mike sourit devant l'enthousiasme débordant de Justin et lui pressa doucement les épaules.

— Désolé, p'tit gars, mais j'avais des ordres stricts, avoua-t-il.

J'ébouriffai ses boucles encore humides. Il était fier comme un coq.

— Profites-en, lui dis-je. C'est ta journée, alors, amuse-toi. C'est un ordre !

Et il en profita. À mon grand soulagement, il ne sembla même pas vraiment remarquer qu'une seule de ses camarades était venue – qui avait d'ailleurs désormais transféré son allégeance à Justin et le suivait comme un petit chien partout où il allait. Il était trop obnubilé par tout ce que nous lui avions préparé, clairement ravi d'être le centre de toutes ces attentions.

Paradoxalement, Mike et moi étions pour le moins stressés.

— Je crois que je pousserai un cri de joie quand tout ça sera fini ! lança Mike en venant prendre une bière dans la cuisine un peu plus tard dans l'après-midi.

— Je ne te le fais pas dire, confirma mon frère.

Je les comprenais. Les festivités n'avaient débuté que depuis une demi-heure quand il nous parut évident que Justin n'avait aucune idée de la façon de se comporter dans une telle situation. Il ne fallait clairement pas compter sur sa capacité d'intégration, poussée à sa limite dans ce genre d'événement. Il semblait incapable de profiter de la fête sans la gâcher pour les autres enfants. Il leur arrachait leurs jouets, leur jetait du sable, éclaboussait les plus jeunes à ne plus savoir s'arrêter. Ça n'aurait pas encore été trop grave s'il ne s'était pas rendu compte de ce que la surexcitation lui faisait faire, mais tout le monde voyait qu'il était conscient d'embêter les petits, ce qui ne semblait qu'accentuer son agitation. Il devait être seize heures, et nous commencions tous à fatiguer – les autres enfants prenaient vraiment sur eux pour ne pas se fâcher avec Justin, mais il était clair qu'ils arrivaient à la limite de leur patience. Et, une fois de plus, je retrouvai ma petite nièce en pleurs.

— Tu penses que je devrais retourner lui faire la leçon ? demandai-je à Mike.

Je l'avais légèrement sermonné plusieurs fois dans l'après-midi, mais je n'avais pas voulu monter trop le ton ou le punir, car les circonstances étaient particulières, et c'était un enfant particulier. Il y avait une raison à ce comportement – qui était digne d'un petit de maternelle dominateur.

Mais j'étais également embarrassée, car je sentais le poids de la désapprobation de la part des autres adultes, attendant tous que je mette un terme à cette attitude et contrariés que je n'aie pas suffisamment tapé du pied.

Mais Mike secoua la tête.

— Tu devrais laisser tomber, dit-il après un instant de réflexion. Pourquoi ne pas amener le gâteau, histoire de faire retomber la tension ? De toute façon, les parents de Tarika viennent la chercher dans vingt minutes. On pourra décompresser un peu lorsqu'elle sera partie. En attendant…

Il se tourna vers mon frère avec un grand sourire.

— … rien ne vaut une bonne bière.

Je ne parlai à Justin de sa valise que le lendemain de la fête. Le lendemain soir, plus exactement, où j'étais sûre que nous aurions une demi-heure sans être dérangés par qui que ce soit.

Je fumais une cigarette sur la véranda, et Justin jouait au ballon dans le jardin. Il était tout rouge et commençait à transpirer, je lui suggérai alors de venir s'asseoir deux minutes avec moi.

— Tu as perdu un peu de poids, ces derniers temps, lui fis-je remarquer lorsqu'il s'affala à mes côtés. Jouer au foot semble te faire du bien. Tu sais quoi ? ajoutai-je en me tournant vers lui après avoir écrasé mon mégot. Je suis sûre que tu ne vas pas tarder à accompagner Kieron aux matchs.

— Je ne sais pas, dit-il en souriant. Mais je maigris, hein ?

— Oui, trésor.

Je marquai une courte pause.

— Mais tu sais, il va aussi falloir réduire les bonbons et toutes ces cochonneries. Si tu veux retrouver la forme, tu n'as pas le choix.

— Je sais, marmonna-t-il. Mais c'est trop dur ! Tu as trop de choses bonnes dans tes placards ! Il va falloir me laisser mourir de faim…

Il éclata de rire.

— Je rigole, Case !

Ça me paraissait être le bon moment. Il semblait détendu et d'humeur enjouée. *Et* nous parlions de nourriture. C'était parfait.

— Écoute, trésor. Je peux te demander quelque

chose ? Je ne suis pas fâchée... dis-je aussitôt en posant une main sur son bras pour le rassurer. Je ne sais juste pas quoi penser. Pendant que je rangeais ta chambre, hier, je suis tombée sur ta valise, et elle était si lourde que je ne pouvais pas la déplacer... Et..., enfin, j'ai vu toute ta nourriture...

— Je n'ai rien volé ! lança-t-il aussitôt, sur la défensive.

— Ce n'est pas ce que j'ai voulu dire, le tranquillisai-je. Je me demandais seulement d'où...

— J'ai *tout* acheté. Ça vient du supermarché à côté de l'école, et j'ai payé avec mon argent de poche. C'est mon argent, pas vrai ? J'en fais ce que je veux.

— Bien sûr, dis-je calmement en le regardant droit dans les yeux.

Je voyais bien qu'il se sentait piégé, mais il ne me faisait pas de crise et n'en ferait pas. Lorsqu'il était ainsi, il n'y avait rien à craindre de lui. Il était juste lui-même. Un jeune enfant contrarié et embarrassé. Même lui ne semblait pas vraiment savoir ce qui l'avait poussé à amasser toute cette nourriture.

— Et en quoi ça te regarde, de toute façon ? insista-t-il sans la moindre once d'agression.

— En rien, j'imagine, répondis-je dans un haussement d'épaules. Comme tu le dis si bien, c'est ton argent. Mais je me demandais... Qu'est-ce que tu comptes en faire ?

Ma question parut le déconcerter. Et, tout en y réfléchissant – il cherchait de toute évidence une réponse –, il semblait de plus en plus contrarié. Il haussa les épaules, baissa la tête et fit quelque chose de totalement inattendu : il éclata en sanglots. Je le pris aussitôt dans mes bras.

— Chhh... soufflai-je doucement en lui caressant les cheveux, encore humides de sueur. Ça va aller, ne t'inquiète pas. Je pense seulement que, si tu arrivais à m'expliquer pourquoi tu as... Si nous pouvions en parler, peut-être que...

— Je ne sais *pas* pourquoi j'ai fait ça, lâcha-t-il entre deux sanglots. C'est juste que... parfois, j'ai besoin de manger. J'ai besoin de manger tout de suite, donc c'était juste...

— Au cas où.

Je le sentis acquiescer.

— C'est comme si..., comme si j'avais un énorme trou dans l'estomac. Et ça me rend malade, ça me fait mal, et c'est tout le temps là ; alors, je mange pour essayer de le faire disparaître.

— Et ça fonctionne ?

Il remua la tête cette fois.

— Il ne disparaît *jamais*. J'ai beau manger, manger, manger, il est toujours là. Ça ne marche pas. Je n'arrive jamais à le combler.

— Comme si tu étais tout le temps vide.

— Oui, c'est ça : vide. C'est comme un trou.

Il bougea le bras pour me montrer.

— Juste ici. Je veux seulement qu'il disparaisse, mais je n'y arrive pas.

— Tu peux y arriver, dis-je doucement. Mais pas en mangeant. Tu le sais. Parce que ça ne vient pas de ton estomac – pas vraiment, en tout cas.

Je reposai délicatement ma main sur sa tête tout en m'efforçant de trouver une analogie pertinente.

— Ça vient de *là*, Justin, dis-je en lui tapotant le

crâne. C'est à cause de tous les malheurs qui te sont arrivés, et tous ceux dont tu te souviens. Mais c'est tellement difficile pour ton cerveau, lorsque ces souvenirs te reviennent, que tu en as mal au ventre – ce trou dans l'estomac dont tu parles. Il faut donc trouver une façon de se changer les idées. Tu sais ce que je fais, moi ?

Il se tourna pour me faire face.

— Parce que tu ressens ça, toi aussi ?

— Bien sûr, trésor. Tout le monde ressent cela de temps à autre. Quand ça m'arrive, j'essaie de visualiser mon esprit comme une grande armoire, et toutes mes pensées confuses sont comme une pile de linge en désordre. Un peu comme le *vrai* linge dans ta chambre, que tu laisses traîner un peu partout. Ce qu'il faut faire avec ce linge, c'est le ranger. Il faut donc faire la même chose avec tes pensées. Tu les prends une par une – une horrible pensée après l'autre – et tu les secoues bien. Tu les défroisses, tu les regardes à la lumière du jour pour vérifier qu'il ne reste pas de plis, et là, tu peux les plier et les ranger. Enfouis-les bien au fond de ton armoire, mais proprement.

Justin hocha la tête.

— C'est rigolo, dit-il en reniflant.

— C'est rigolo et c'est bien. Ça marche tout le temps, pour moi. Je sais que c'est difficile de se concentrer sur des choses que tu n'aimes pas – tout comme je n'aime pas ramasser tes chaussettes sales –, et parfois, ton esprit cherche à toutes les effacer, mais tu finis avec cette terrible sensation. Ça vaut le coup d'essayer, tu ne penses pas ?

— Peut-être... D'accord, j'essaierai.

Nous parvînmes donc à un accord, côte à côte sur la véranda. Justin gardait sa réserve de nourriture sous son lit, pour l'instant, mais, de temps à autre, il descendrait deux ou trois cochonneries que nous partagerions, tous les deux, devant des feuilletons.

Cela me paraissait être un réel progrès. C'était certes bouleversant, mais sans aucun doute un progrès. J'espérais vraiment que les choses continuent sur cette lancée.

13

— Mamannnnn ! S'il te plaît !!!!!

C'était encore un après-midi ensoleillé et étouffant, ce mercredi de début juin, et si vous aviez entendu mon fils, vous l'auriez sans aucun doute pris pour un petit garçon plutôt que pour un jeune homme de dix-neuf ans. C'était vraiment l'impression qu'il donnait à force de jérémiades.

— Regarde-le, maman, m'implorait-il. Mais regarde-le. Comment ne *pas* le garder ? Il semblait si triste et si seul que je n'ai pas pu m'empêcher de le prendre. Allez, maman. Dis oui. Laisse-moi le garder. *S'il te plaît !!!!*

Certes, étant moi-même partie en quête d'êtres abandonnés et errants afin de leur venir en aide, je n'avais pas vraiment de raison de m'opposer à cette requête, mais Kieron semblait avoir pris le terme « errant » un peu trop au pied de la lettre à mon goût. Car j'avais sous les yeux, tremblant de peur dans les bras de mon fils, le chiot le plus miteux que j'aie vu depuis bien longtemps.

Je n'étais pas plus surprise que ça par cet invité inattendu. Mes deux enfants étaient fous d'animaux et, par conséquent, j'étais devenue une vraie

Docteur Dolittle. Notre maison avait toujours été la résidence de plusieurs animaux à la fois, et ce, à toute période de notre vie. Celui qui avait le plus marqué la famille était une lapine « domestique » à une oreille, Flopsy[1], ainsi nommée, car elle refusait obstinément de sortir, sans parler de son aversion des litières et de son insistance pour tout le temps dormir avec Riley. Toutefois, il fut nécessaire de mettre rapidement un terme à cette relation. Au bout de quelques mois, mon aspirateur se rebella, n'en pouvant plus d'être constamment bouché par des crottes de lapin.

Évidemment, pour « soulager la douleur » d'avoir dû laisser partir Flopsy, on me força plus ou moins à faire l'acquisition de deux tamias, Alvin et Theodore, ainsi que d'une cage de deux mètres carrés – installée dans le jardin – qui abritait ce qui s'apparentait à un parcours du combattant taille tamias. On hébergea également au fil des années pas mal de hamsters qui, en leur qualité de hamsters, moururent tous dans les deux ans, ce qui déclenchait chaque fois son lot de larmes et de plaintes, et même exceptionnellement, lorsque les enfants étaient ados, un enterrement de hamster. Ajoutez à cela deux chats, trop de poissons rouges pour les énumérer et une perruche – *voilà* à quel point nous étions tous fous d'animaux.

Mais deux ans auparavant, un événement avait tout changé. Nous avions une adorable chienne,

1. Référence à l'histoire de Beatrix Potter, *La Famille Flopsaut.*

Candy. C'était une splendide lhassa apso, et quelqu'un nous l'avait volée, dans notre jardin.

Les lhassa apso sont des chiens magnifiques, très rares et très convoités. Leur prix pouvant monter jusqu'à huit cents livres pour un chien avec un bon pedigree, il n'était pas étonnant qu'ils soient prisés des voleurs.

Mais nous nous fichions de son pedigree, et nous n'en avions d'ailleurs pas connaissance lorsque nous l'avions choisie. Elle faisait simplement partie de la famille, et nous l'adorions.

Visiblement, nous avions eu de la chance de tomber sur Candy. Comme Kieron voulait un chien à tout prix (je vous l'accorde, il n'y a pas de grande différence avec l'instant présent), nous avions convenu d'aller jeter un œil au refuge de notre village. Nous nous y étions rendus presque tous les jours pendant trois semaines, à tel point que l'équipe avait rapidement sympathisé avec nous, et chacun se faisait aider de Kieron pour promener ou nourrir les chiens. Évidemment, mon fils tombait fol amoureux de chacun d'entre eux et était persuadé que n'importe lequel de ces chiens serait le compagnon « idéal ». Toutefois, Stuart, un jeune homme qui travaillait là-bas, avait dit à Kieron qu'il saurait exactement quand il aurait trouvé le bon, car, en fin de compte, c'était *le chien* qui le choisirait.

Un matin, le refuge nous avait appelés pour nous annoncer qu'ils allaient accueillir une nouvelle chienne. Sa propriétaire était malade et allait devoir partir un long moment en maison de repos, et ils voulaient savoir si Kieron pouvait venir la voir. Ces deux-là avaient été immédiatement attirés l'un par l'autre.

Lorsque cette adorable petite chienne blond roux avait bondi pour lui lécher le bout du nez, les paroles de Stuart avaient pris tout leur sens pour Kieron : elle l'avait choisi. Deux jours plus tard, elle était arrivée chez nous, et nous avions été aussitôt tous séduits. Sa disparition nous brisa vraiment le cœur. J'avais juré depuis de ne plus jamais avoir un seul animal à la maison. Le simple fait d'y penser était trop difficile.

Mais peut-être cela était-il sur le point de changer, car il semblait que mon fils, toujours fou d'animaux, avait pris l'initiative de faire le tour des chenils du coin pour finir par dégoter ce petit bâtard à l'air aussi gaga que lui.

— Franchement ! lançai-je. Tu n'es pas croyable ! J'imagine qu'on n'a pas d'autre choix que de le garder, n'est-ce pas ? Ça ne serait vraiment pas sympa de le renvoyer là-bas, maintenant que tu l'as emmené à la maison…

Kieron venait de le poser par terre – j'étais certaine que cela faisait partie de sa stratégie – et le chien tenta aussitôt de se cacher entre mes pieds. Je m'accroupis et caressai doucement sa crinière toute raide.

— Mais tu aurais dû m'en parler, fis-je remarquer, *avant* de te lancer dans ta mission de secours.

— Je sais, mais…

— Et je te préviens tout de suite : je ne ramasse pas les crottes de chien. Et… je ne le promènerai pas non plus, d'ailleurs. C'est toi qui t'en occupes, d'accord ?

— C'est promis, maman. Tu n'auras rien à faire. Il s'appelle Bob, au fait.

— Bob ? Mais ce n'est pas un nom de chien, ça ! Et je ne plaisante pas, quand je te demande de t'en occuper. J'étais censée « ne rien avoir à faire » avec tes animaux précédents. On sait ce que ça a donné, n'est-ce pas ?

— Je te le jure, maman. Je suis plus âgé, maintenant. Je te promets que je m'occuperai de tout. Et Lauren aussi, pas vrai ? Elle m'a dit qu'elle irait le promener quand je serai à la fac.

Lauren, qui était arrivée avec Kieron, mais qui n'avait pipé mot jusqu'ici – sûrement par bon sens (il valait mieux laisser les professionnels du baratin faire leur travail) – était elle aussi un nouveau membre du clan : c'était la nouvelle petite amie de Kieron. Il nous l'avait présentée deux semaines auparavant, mais cela faisait déjà un mois qu'ils étaient ensemble, après s'être rencontrés lors d'un spectacle organisé par l'université. Kieron s'était porté volontaire pour s'occuper de la musique et des effets sonores pour la représentation de fin d'année, et Lauren, qui était danseuse, avait passé beaucoup de temps avec lui.

Elle semblait avoir perçu que Kieron était d'une certaine façon différent, et, tous les jours, elle lui avait appris le nom et le rôle de chacun dans l'équipe. C'était génial pour lui, car, Kieron étant ce qu'il est, si elle n'avait pas agi ainsi, il se serait contenté de faire son travail, dans la plus parfaite ignorance de son environnement, et il n'aurait sûrement discuté avec personne. Ce n'est pas rare, pour les personnes atteintes d'Asperger : les connexions du cerveau font que des garçons comme Kieron sont souvent plongés dans leur petit monde, selon toute apparence inconscients de ce qui les entoure. Cette fois, cependant, grâce à l'intelligence et à l'intérêt émotionnels de Lauren, les choses étaient différentes : il s'était fait de nouveaux amis et – cerise sur le gâteau – s'était également trouvé une adorable petite copine.

Mike et moi étions aux anges, car c'était la première fille qu'il ramenait à la maison. Je lui avais demandé pourquoi il avait mis tant de temps à nous la présenter. Kieron m'avait dévisagée comme si j'avais posé la question la plus stupide au monde.

— Bah, ça paraît évident, maman, m'expliqua-t-il d'un ton patient avec un sourire. Je voulais d'abord m'assurer qu'elle soit folle de moi pour ne pas qu'elle prenne ses jambes à son cou en rencontrant le reste de l'équipe.

C'était d'une logique implacable.

Bob fit aussi rapidement partie du « reste de l'équipe » et, fidèle à sa parole, Kieron faisait tout ce que je lui avais demandé. Lauren et lui ne cessaient de le gâter, comme si c'était leur bébé. Il dormait par terre, dans la chambre de Kieron, sur une couverture en laine polaire que Lauren avait achetée spécialement pour lui, et ils lui offraient des gâteries et des jouets pratiquement tous les jours. S'il leur restait un peu d'argent, ils le dépensaient pour Bob. Je n'avais donc rien à reprocher à Kieron. En plus de cela, Justin s'était pris d'une grande affection pour le chien. Il était tout le temps en train de le caresser. Très vite, il fut établi que où que soit Bob, vous trouviez Justin, surtout quand Kieron était à l'université.

C'était un chien attachant et facile, et étant donné qu'il avait déjà trois ans, nous n'avions pas à craindre de retrouver toutes nos affaires détériorées. Il était également très complaisant – ce qui était indispensable, vu que Justin ne le laissait jamais plus de cinq minutes tranquille. S'il ne forçait pas Bob à s'asseoir sur ses genoux afin de pouvoir le caresser, il ne cessait de lui donner des gâteries ou d'essayer de lui apprendre des tours.

Cependant, cette situation présentait un gros point négatif, qui se fit de plus en plus évident. Si Justin était très attaché à Bob, il ne supportait pas que qui que ce soit d'autre le soit aussi. Il nous fit clairement comprendre qu'il ne tolérait pas que Bob témoigne de l'affection à un autre que lui. Si cela arrivait, Justin devenait à tous les coups agressif et irritable, et se mettait à dire toutes sortes de choses désagréables au sujet du chien : il se plaignait la plupart du temps d'avoir été griffé ou mordu. Certaines pages sombres de son histoire avec le chien de sa mère ne cessaient visiblement de le hanter. Il ne semblait tout simplement pas pouvoir gérer la situation si Bob s'intéressait à quelqu'un d'autre que lui.

Cela contrariait fortement Kieron. Il n'arrivait pas à comprendre comment Justin pouvait dire des choses aussi méchantes au sujet d'un petit animal innocent et si adorable. Je tentais de le rassurer sans pour autant mentionner le passé de Justin. Je savais que Kieron ne pourrait jamais saisir ce que Justin avait fait lorsqu'il avait cinq ans, même en lui expliquant les circonstances extrêmes qui avaient entouré l'incident. C'était simple, avec Kieron : s'il avait eu connaissance de ce genre de choses, au sujet du passé de Justin, il n'aurait jamais pu se lier d'amitié avec lui. Je tentais donc de justifier son comportement en expliquant à Kieron que sa mère avait eu un chien aussi, et que Justin pensait que cet animal comptait plus à ses yeux que ses enfants. Kieron semblait comprendre la logique de la situation. Je lui suggérai alors de la gérer de manière pragmatique : essayer de séparer un peu plus souvent Bob et Justin, passer du temps seul avec son chien, ou l'emmener au parc avec Lauren – juste tous les deux – afin que Justin commence à saisir qu'il ne pouvait pas et ne devait pas tenter de monopoliser Bob tout le temps.

Donc, oui, j'étais consciente qu'il y avait un problème, et j'en comprenais les raisons, mais je n'étais tout de même pas préparée à ce qui se passa par la suite.

C'était un samedi, et Bob jouait dans le jardin tandis que Justin le surveillait de la véranda. Kieron et moi étions en train de discuter dans la cuisine, avec la porte ouverte. De là où nous étions, nous voyions à la fois le jardin et la partie de la véranda où se tenait Justin. Il essayait d'attirer Bob en faisant rebondir une balle, mais le chien était trop occupé à courir après les oiseaux.

Et lorsque Bob le rejoignit enfin – nous avions tous les deux levé la tête en entendant trottiner sur le carrelage –, nous assistâmes à quelque chose de totalement inattendu et surtout choquant : Justin était en train de lui donner des coups de poing sur la tête.

— Mais qu'est-ce que tu fous ? hurla Kieron. Espèce d'ordure ! Qu'est-ce qu'il t'a fait ?

Il se lança alors vers Justin, le dominant de toute sa hauteur.

— Ça te dirait que je te fasse la même chose ? aboya-t-il. Parce que c'est tout ce que tu mérites !

De peur que la situation tourne mal, je me précipitai pour les séparer. Kieron était à deux doigts de mettre sa menace à exécution, et Justin – qui n'avait absolument pas remarqué notre présence jusqu'ici – semblait terrorisé.

— Je m'en occupe, trésor, dis-je à Kieron. Prends Bob avec toi, d'accord ? Justin, commençai-je en me retournant pour le réprimander, c'est une très vilaine chose que tu viens de faire, tu sais ? Ce pauvre Bob a de quoi être traumatisé maintenant. J'aimerais que tu montes dans ta chambre et que tu réfléchisses à tout ça. J'espère que tu as conscience que ça va te coûter des points, et…

Mais je n'eus pas la possibilité de continuer, car Justin se rua vers l'escalier en me poussant et en hurlant :

— Saleté de bâtard ! Il m'a mordu ! Il m'a mordu, bordel ! Mais personne ne m'écoute jamais, ici ! Oh ! ça non…

Ce n'était pas vrai. Nous le savions tous les deux, car nous avions vu ce qui s'était passé, et Kieron, qui n'avait pas bougé, Bob toujours dans ses bras, semblait exaspéré par ma façon de faire avec Justin.

— Ça va te coûter des points ! m'imita-t-il, agacé. Ça ne suffit *pas*, maman ! Je n'arrive pas à croire que tu te sois contentée de cela ! Tu peux m'expliquer comment quelques points en moins peuvent réparer ce qu'il a fait ?

Intérieurement, je pensais : *Tu as entièrement raison ! La punition n'est décidément pas à la hauteur du crime !* Mais que pouvais-je bien faire d'autre ? Qu'est-ce que Kieron attendait de moi ? Que je le frappe en retour ? Non, bien sûr que non. C'était inenvisageable.

— Je sais, trésor, dis-je. Et je suis vraiment, vraiment désolée. Crois-moi, je ne vais pas lui rendre la vie facile. Il doit apprendre, et je vais m'en assurer. Je sais que ça ne changera rien à ce que tu penses, et je le comprends. Mais...

— Exactement ! s'emporta-t-il.

Son expression marquait clairement le dégoût.

— Je le déteste, maman. Je le pense vraiment. Pourquoi ne peut-on simplement pas le renvoyer ?

J'étais choquée. Jamais je n'avais entendu Kieron parler ainsi. Il avait eu quelques soucis avec Justin, et j'avais conscience de ces tensions. Je prenais acte de sa patience et de son indulgence avec fierté. Mais que Kieron dise détester Justin était quelque chose de plutôt surprenant. *Mon* Kieron ? Mon garçon qui n'avait pas une once de méchanceté en lui ? Je ne l'avais jamais entendu dire détester qui que ce soit. Je me sentais terriblement mal vis-à-vis de lui.

Était-ce ce qui s'était passé, songeai-je, avec tous les précédents assistants familiaux de Justin ? Les avait-il poussés à bout ? Ces gens avaient-ils eux aussi des enfants, et ces enfants avaient-ils émis le souhait d'être libérés de la pression constante de devoir s'accommoder, *chez eux*, d'un comportement que quiconque qualifierait de totalement inacceptable ? Ces précédents assistants familiaux avaient-ils fini par céder, par décider qu'il fallait rendre à leurs enfants leurs vies, tout simplement ?

Cette limite fut de nouveau testée à peine une semaine plus tard, lorsque Kieron et moi entrâmes dans le salon pour découvrir avec horreur Justin, de dos, tenant Bob en l'air par les pattes avant. Il les écartait le plus possible, le chien ne pouvant rien faire d'autre que de japper de douleur. C'était le spectacle le plus choquant auquel j'ai assisté depuis longtemps, et je me précipitai vers Justin pour y mettre fin. Mais lorsque j'arrivai sur lui, il se retourna et, comprenant que nous l'avions surpris, il jeta le pauvre Bob de toutes ses forces à travers la pièce.

Cette fois, c'en fut trop pour Kieron. Les yeux pleins de larmes, il ramassa son chien et disparut de la véranda comme une furie, incapable de simplement regarder Justin, et encore moins de le sermonner. C'était terrible, car son silence en disait bien plus long. Il savait très bien que j'avais conscience de ce qu'il ressentait.

J'étais écœurée et dévastée, d'autant plus lorsque Kieron annonça plus tard dans l'après-midi que Bob allait vivre chez Lauren quelque temps. Elle allait s'occuper de lui chez elle jusqu'à ce que mon fils considère que Bob puisse revenir en toute sûreté. Je ne savais pas quoi lui dire, encore moins quoi faire.

J'étais incapable de comprendre la cruauté désarmante de Justin – que ce soit vis-à-vis du chien ou de

Kieron, qui depuis le départ ne faisait preuve que d'amour et d'indulgence à son égard. Kieron avait déjà remis en question notre décision d'accueillir un tel enfant ; voilà que je l'imitais.

14

— Madame Watson ? C'est Richard Firth. Le responsable des sixièmes du collège. Je vous appelle au sujet de Justin. J'ai bien peur qu'il y ait eu un incident…

Décrocher le téléphone un jour de semaine devenait une activité dangereuse, pensai-je d'un air piteux. Je ne pus réprimer le soupir qui s'échappa de mes lèvres avant de répondre.

— Oui, c'est moi. Que s'est-il passé ?

— Un incident, comme je vous l'ai signalé, entre Justin et une autre élève. C'est plutôt sérieux, cette fois, je le crains.

— Oh ! non. Mais que s'est-il passé ? insistai-je.

J'avais l'estomac noué, comme s'il s'était préparé à recevoir la mauvaise nouvelle.

— C'est arrivé durant le cours de chimie, un peu plus tôt, m'expliqua-t-il. Dans le laboratoire de sciences.

Voilà déjà de quoi s'inquiéter…

— Une élève a involontairement renversé un tube à essai plein d'eau, continua-t-il. Il y en a un peu qui a atterri sur le banc de Justin. Le professeur de chimie a qualifié sa réaction de totalement exagérée. Il a attrapé la fille par la gorge, lui a plaqué la tête contre la table et lui a hurlé de s'excuser tout en tenant un tube à essai au-dessus de son visage…

— Oh ! non.

— … et en la menaçant de l'asperger de la solution acide qu'il contenait. Le professeur est certain qu'il s'apprêtait à le faire. C'est triste à dire, madame Watson, mais, d'après lui, s'il n'était pas intervenu, Justin serait passé à l'acte. La pauvre fille était hystérique, comme vous pouvez l'imaginer. Je suis donc dans le regret de vous annoncer que nous n'avons pas d'autre choix que de l'exclure.

Je pris une profonde inspiration.

— Je comprends. Que dois-je faire ? Vous voulez que je vienne le chercher ?

— Si cela ne vous dérange pas, répondit M. Firth. Il vous attend dans la salle d'isolement. Si vous vous présentez à l'accueil, quelqu'un vous y accompagnera. Il est plutôt contrarié, comme vous pouvez l'imaginer, mais il semble s'être légèrement calmé. Je me dois de vous prévenir qu'il a fallu deux adultes pour l'évacuer de la salle de classe. C'est un garçon plutôt costaud et, apparemment, il était incontrôlable. En tout cas, il est plutôt contrarié, comme je vous l'ai dit. Nous vous serions reconnaissants de venir le chercher le plus vite possible.

— Combien de temps va-t-il être exclu ? demandai-je en craignant déjà le pire.

— Nous pensons que le mieux est que vous le gardiez chez vous jusqu'à la rentrée de septembre, m'annonça M. Firth. Il est déjà au courant. Peut-être pourrez-vous l'accompagner, à ce moment-là, afin que nous puissions établir des stratégies pouvant lui être bénéfiques.

Les choses se passaient bien, en ce moment – exception faite de l'incident avec Bob –, et j'avais vraiment le sentiment que nous progressions. D'ailleurs, Justin avait fait preuve de tant de remords suite à son comportement que Kieron avait même accepté que Bob revienne chez nous, ce qui avait été plutôt encourageant. Pourtant, voilà que nous nous retrouvions à la case départ. C'était peut-être exagéré, mais j'avais exactement cette impression-là. Un pas en avant, deux pas en arrière. Était-ce normal ?

J'étais aussi pour le moins agacée. Peut-être était-ce un manque de professionnalisme de ma part, étant donné ce pour quoi j'avais signé, mais le deal était que les jours de la semaine, durant la période scolaire, Justin *serait* à l'école – comme tout enfant en âge d'être scolarisé –, ce qui m'accorderait le temps nécessaire pour gérer les autres aspects de ma vie, comme n'importe quelle mère de famille.

J'étais également très déçue par lui. Il semblait avoir fait de gros progrès scolaires et, s'il avait tenu jusqu'à la fin du trimestre, ça aurait été une énorme étape de franchie. Jusqu'ici, il n'avait pas été capable de rester plus de deux semaines complètes à l'école. S'il avait dépassé ce cap, cela aurait grandement boosté sa confiance en lui.

Mais ça ne serait pas le cas. Tous mes projets – nettoyer la maison de fond en comble et passer quelques jours à faire les magasins pour préparer l'arrivée du bébé de Riley, dont le ventre s'était bien arrondi – allaient devoir être laissés en suspens. Justin allait avoir droit à une semaine supplémentaire à la maison. Je n'étais donc pas de très bonne composition lorsque je vins le chercher à l'école, et il fallait que je le mette face à la gravité de ses actes.

J'avais pratiquement tout déballé sur le trajet du retour, lui faisant remarquer à quel point j'étais déçue qu'il ait été incapable de se contrôler et ce qui se serait passé si le professeur n'était pas aussitôt intervenu. Quelle tournure auraient prise les choses ? Sentant que c'était le moment, je m'étais également emportée face à ce qui devenait une litanie d'excuses typiques d'un gamin de douze ans : « Mais elle a dit... Mais il a dit... Mais, mais, mais, mais... »

— Et évidemment, tu vas perdre des points, déclarai-je une fois à la maison, alors que nous continuions notre conversation dans la cuisine.

Je tapotai le tableau fixé contre la partie congélateur du frigo.

— J'ai donc le regret de t'annoncer que tu ne pourras pas t'offrir quoi que ce soit, cette fois...

Je me rendis alors compte que son expression changeait. Et pas en bien.

— Justin, lançai-je d'un ton exaspéré. Tu sais *très bien* comment ça fonctionne ! On te l'a dit je ne sais combien de fois ! Tu dois prendre conscience que tout acte a des conséquences. Et tu dois réfléchir à ces conséquences *avant* d'agir, pas après. Ça ne te fera pas de mal de songer à la peur que tu as faite à cette pauvre fille. Ça te plairait, à toi, d'être immobilisé et menacé par quelqu'un de bien plus grand et bien plus fort que... ?

Mais je ne pus terminer ma petite tirade, car Justin enfonça soudain la main dans sa veste et tira avec frénésie afin de sortir ce qui s'était coincé dans le bord de sa poche. D'après la façon dont il se démenait, j'en déduisis que ce devait être quelque chose de gros et de lourd. C'est seulement lorsqu'il le souleva et le plaça contre sa tempe que je compris ce que c'était : une agrafeuse. Le genre qu'on utilise dans les écoles pour placarder des affiches aux murs : une grosse agrafeuse bien lourde à gâchette.

— D'où ça sort, Justin ? lançai-je sèchement, terrifiée.

— Je l'ai volée ! répliqua-t-il d'une voix perçante. Je l'ai volée à l'école et tu ne peux rien y faire !

— Pose ça, Justin, dis-je en m'efforçant de garder un ton ferme et calme.

J'avançai d'un pas vers lui.

— Allez, donne-la-moi. C'est ridicule. Tu t'es fait disputer parce que tu t'es mal comporté, et la première chose que tu fais, c'est...

— La ferme ! hurla-t-il. Tu la fermes, d'accord ? Encore un mot et j'appuie sur la gâchette, je le jure !

— Justin, insistai-je. Cesse de faire l'idiot. Si tu appuies sur cette gâchette, je te promets que tu vas avoir très, très mal. Allez...

J'étais tout de même consciente que Justin ne craignait pas la douleur. Comment pouvais-je penser l'en dissuader si facilement ? Toutefois, je me devais de le prévenir. Il fallait que je dise *quelque chose*.

— Allez, répétai-je. Donne-la-moi, s'il te plaît.

J'avançai d'un nouveau pas vers lui et, pétrifiée, je

le vis appuyer sur la gâchette et se planter une agrafe dans la tempe dans un bruit sordide.

— Oh ! mon Dieu, Justin ! criai-je, alors que deux taches écarlates apparaissaient sur sa tempe. Mais qu'est-ce qui t'a pris ? Laisse-moi regarder ça, pauvre i...

— Casse-toi ! siffla-t-il. Tu ne me touches pas, tu as compris ? Tu vois ce que fait ta grande bouche ? Tu ne peux pas t'empêcher de la fermer, hein ?

Puis, consternée, je le regardai retirer calmement l'agrafe de son crâne, deux épaisses traces de sang coulant le long de son visage.

— Justin, s'il te plaît...

Il s'empara de nouveau de l'agrafeuse, mais il la tendit vers moi.

— Laisse-moi, grogna-t-il. Ou je te jure que c'est ton tour. Et tu peux aller le raconter à Mike et Kieron, rien à foutre !

J'inspirai profondément. Il allait falloir le désarmer. Je n'avais pas le choix. J'avais besoin qu'il comprenne clairement qui décidait, dans cette maison. Voilà ce dont *lui* avait besoin, par-dessus tout. Tel un tout-petit incontrôlable, tout ce dont cet enfant avait besoin était que quelqu'un parvienne à capter son attention afin de le neutraliser.

Aucun enfant ne voulait en arriver là. Aucun enfant ne voulait exercer un pouvoir aussi terrifiant. Il était moins dangereux qu'un animal acculé et blessé. Je savais qu'il fallait que je garde constamment cela en tête. Et il fallait surtout que je le *lui* fasse comprendre.

— Écoute, Justin, dis-je d'un ton ferme. J'ignore ce que tu comptes faire, mais tu *vas* poser cette agrafeuse ; je suis sérieuse. Je me fiche que tu t'imagines grand et fort. Crois-moi, si je n'ai pas le choix, je te l'arracherai des mains. Et je me fiche également que tu ailles le raconter ensuite, tu as compris ?

Je ne le quittai pas du regard. Visiblement, ce que je venais de lui dire l'avait atteint. De toute évidence, il n'avait tout simplement pas l'habitude qu'on lui parle sur ce ton. Voilà ce qui arrivait lorsque vous transformiez un enfant en monstre, pensai-je d'un air grave. Il se comportait de façon si monstrueuse que personne n'osait s'opposer à lui, ce qui ne faisait qu'empirer son attitude – son manque total de sang-froid – et perpétuer le problème.

Il cligna deux fois des yeux, mais ne prononça pas un mot. C'est à cet instant que je compris que j'avais pris le dessus. Une seconde plus tard, l'agrafeuse atterrit lourdement sur le plan de travail de la cuisine, et Justin disparut dans sa chambre.

Je m'emparai de l'agrafeuse – elle était si lourde ; heureusement qu'il ne s'était pas mis en tête de me la lancer ! – et pris une longue inspiration, lente et profonde, avant de la relâcher.

Une fois de plus, je me retrouvais debout dans la cuisine, tremblante.

Je décidai de laisser Justin réfléchir quelques heures à ce qu'il avait fait. J'avais le sentiment que nous avions atteint un tournant dans sa façon d'accepter une punition. Peut-être cet incident aurait-il une conséquence positive. Peut-être avait-il compris que c'était à lui de craindre une confrontation, désormais, et non moi. J'avais l'impression qu'il avait pris l'habitude, chaque fois qu'il faisait quelque chose d'inacceptable, de monter dans sa chambre quelques heures, car il savait que je finirais par m'inquiéter et aller l'excuser.

Je tentai de joindre John Fulshaw, mais son téléphone portable était éteint. Alors, plutôt que d'appeler Harrison Green, à qui je n'avais absolument pas envie de parler, j'écrivis un e-mail à John en lui expliquant ce qui s'était passé et en lui demandant s'il avait des suggestions.

Mais quand, à l'heure du goûter, Justin n'apparut toujours pas, ma résolution commença à faiblir et je compris qu'une fois de plus, j'allais devoir endosser le rôle de la pacificatrice. Mike était rentré du travail et, après l'avoir mis au courant des événements de la journée, il pensa lui aussi que je devrais monter quelque chose à manger à Justin.

— Mais n'en fais pas trop, me conseilla-t-il. Donne-lui ce que tu veux et viens-en directement au fait. Il faut qu'il comprenne que ce n'est pas comme d'habitude.

Il était plus de dix-neuf heures lorsque je finis par monter le voir. J'avais préparé une tasse de chocolat chaud et quelques biscuits, espérant qu'il soit assez calmé pour qu'on puisse discuter de ce qui s'était passé.

Pas de l'épisode de l'agrafeuse – il n'y avait pas grand-chose à dire –, mais de ce qui était arrivé à l'école pour qu'il devienne si incontrôlable, et de ce que nous pouvions faire pour l'aider à gérer sa colère. De toute évidence, il portait en lui une telle souffrance que la pression continue que cela créait menaçait à tout moment de se muer en violence.

Tandis que je frappais doucement à sa porte, je me sentis plus calme, moi aussi. La solution consistait à parler, parler et encore parler. Il avait besoin d'être écouté. Il avait besoin qu'on entende sa voix.

Il ne me répondit pas. Pensant qu'il s'était déjà peut-être endormi, j'ouvris la porte et entrai. Toutefois, le spectacle qui m'attendait était d'une certaine façon plus alarmant que la terrible scène de la cuisine.

Justin était assis sur son lit, en pyjama, les genoux remontés pratiquement jusqu'au menton, et les pieds nus. Il tenait un éclat de CD qu'il avait sans doute brisé, et je découvris avec horreur que ses pieds étaient couverts de sang.

Il leva les yeux vers moi, plutôt calmement, puis suivit mon regard, posé sur l'étendue de ce qu'il s'était infligé. Tout autour des ongles, sa peau était déchirée, violacée et ensanglantée, et il avait même réussi à s'arracher les ongles de ses deux gros orteils.

Je ne pus m'en empêcher. Les larmes envahirent mes yeux, et, tout en tendant la main pour récupérer le morceau de plastique dentelé, je me mis à pleurer. Il me le donna d'un air passif, sans un mot.

Puis il commença à se glisser sous les couvertures.

— Non, Justin ! lançai-je. Attends. Il faut que je nettoie ces…

Il attendit. Je posai le chocolat chaud et les biscuits sur sa table de chevet et courus chercher dans la salle de bains du coton, de l'antiseptique, de l'eau chaude et des pansements, tout cela les yeux voilés de larmes.

Il resta assis en silence tandis que je m'occupais de ses pieds. Étant moi-même trop troublée pour dire quoi que ce soit, cela me convenait tout à fait. Il fallait que nous discutions, mais ce n'était pas le bon moment.

— Au lit, maintenant, finis-je par dire lorsque j'eus terminé.

Je me levai.

— Je suis sûre que ça ira mieux demain matin.

Cette idée semblait totalement ridicule, d'autant plus exprimée à voix haute, mais que pouvais-je dire d'autre qu'une banalité ? Évidemment, il n'irait pas mieux le lendemain matin, car il se sentait *déjà* mieux. Il se sentait mieux parce qu'il s'était infligé une atroce douleur physique pour calmer celle que provoquait tout ce qui se bousculait dans son esprit. Il se sentait mieux parce qu'il s'était tailladé les pieds et retiré deux ongles. Nous avions encore une infranchissable montagne à gravir.

— Bois ton chocolat, ajoutai-je. Avant qu'il refroidisse.

Je me penchai pour poser un baiser sur son front et quittai la pièce.

J'étais dévastée, réalisai-je tout en descendant lentement l'escalier. Complètement perdue et dévastée.

15

Après son exclusion et sa crise d'automutilation, si vous m'aviez demandé la dernière chose dont Justin avait besoin à ce moment-là, le fait de voir sa mère aurait assurément été en haut de la liste.

Et pourtant, c'était ce qui allait se passer.

Cela faisait longtemps que je n'avais pas eu de nouvelles d'Harrison Green, même si j'étais au courant que John Fulshaw lui avait parlé suite à mon appel concernant l'exclusion de Justin. Et John m'avait confié qu'il ne s'était pas montré très utile. Lorsqu'il avait suggéré de mettre en place une éventuelle aide supplémentaire, la réaction d'Harrison avait frisé la désinvolture. Un peu dans l'esprit « Ah ! faites des gosses… » Même si cela avait été dit sur le ton de la plaisanterie, cette attitude me paraissait trahir un certain manque de professionnalisme, étant donné les circonstances. Et John était d'accord avec moi.

C'est donc sans surprise que je ne sautai pas au plafond lorsque j'eus des nouvelles d'Harrison. Et ce n'était pas seulement en raison de ce que je pensais de lui : ce qu'il m'annonça ce jour-là me coupa littéralement le souffle.

— Eh oui, bonne nouvelle ! déclara-t-il d'un air jovial après avoir demandé machinalement comment allait Justin tout en ne paraissant pas le moins du monde intéressé par mes réponses. Janice m'a fait savoir qu'elle désirait le voir.

Désirait ? Comment osait-elle *désirer* le voir, comme ça, d'un claquement de doigts ? !

— *Oh !* vraiment ? lançai-je sans même prendre la peine de masquer mon sarcasme.

Il ne parut pas l'entendre – ou du moins, il n'entra pas dans mon jeu.

— Oui, elle se sent prête à ravoir un contact avec lui. Elle désire lui donner une nouvelle chance.

Mon sang ne fit qu'un tour. Le mot « chance », maintenant. J'étais livide. Comme si elle rendait service à Justin – à nous tous, d'ailleurs. Comme si elle n'était absolument pas responsable de lui. C'était elle, et non lui, qui était censée être à court de chances.

— Oh ! vraiment ? répondis-je de nouveau sèchement. Comme c'est aimable à elle. Quand donc ce « contact » doit-il avoir lieu ?

— Ce vendredi ! lança-t-il jovialement. Si cela ne vous pose pas de problème, à l'un et à l'autre.

Pauvre idiot, pensai-je. Évidemment que ça poserait problème. Avait-il oublié que Mike travaillait à temps complet et que Janice vivait à plusieurs heures de chez nous ? Pensait-il vraiment qu'il était si facile que ça pour Mike de prendre une journée de congé ? Trois jours à l'avance seulement ?

Mon Dieu que je détestais ce ton. Il semblait déterminé à rendre cette femme adorable, peu lui importait à quel point Justin revenait perturbé de chez elle. Je n'étais pas bête. J'avais conscience que, dans la plupart des cas, faire en sorte de garder le contact avec la famille naturelle de l'enfant est primordial pour son sens de l'identité. Je savais également, et je le comprenais, qu'en général, un enfant ne voit pas le mal chez ses parents et sollicite leur amour et leur affection, même s'ils en reçoivent très peu en retour. Mais étais-je la seule à avoir percé à jour le jeu de Janice ? Étais-je la seule à me rendre compte de son côté manipulatrice ? De sa façon de faire plier tout le monde à ses exigences ? Justin et Harrison Green y compris.

— Aucun problème, dis-je d'un ton calme.

Je ne voulais surtout pas lui donner une raison de penser que je cherchais à m'opposer à ses plans.

Il avait décidé de vendredi, eh bien, il l'aurait.

— Qu'est-ce que c'est, cette fois ? ajoutai-je d'un ton encore plus mielleux, sans même le vouloir. Une nouvelle conquête à impressionner ? Ou juste une autre mauvaise nouvelle qu'elle a hâte d'annoncer à Justin ?

J'avais conscience d'être puérile, ce n'était pas à Harrison Green qu'il fallait que je m'en prenne. Mais je me demandais, et cela depuis quelques mois déjà, s'il savait tout ce que *je* savais au sujet de Justin. Avait-il pris le temps de consulter tous les nouveaux éléments que John Fulshaw avait dénichés à ma demande ? J'en doutais fortement.

— Je n'en ai aucune idée, Casey, répondit-il d'une voix légèrement irritée. Elle m'a juste appelé pour me demander si elle pouvait le voir cette semaine. Elle doit se sentir mal par rapport à ce qui s'est passé la dernière fois. Elle veut sûrement rétablir les choses, leur donner une nouvelle chance.

Un haut-le-cœur faillit m'étouffer. Est-ce qu'il était *sérieux* ? Si oui, il était encore plus naïf que ce que je pensais.

— C'est d'accord, dis-je. Si Mike peut prendre un jour de congé, nous l'emmènerons chez elle pour quelques heures, vendredi. Mais cette fois, nous resterons dans les parages.

Justin était tout fou lorsque je lui annonçai la nouvelle. Et fier comme un coq. On aurait dit qu'il avait réellement oublié ce qui s'était passé la dernière fois, et pas du tout qu'il se contentait de faire bonne contenance. Au contraire, c'était comme s'il n'y avait jamais rien eu.

Nous étions début août, et cela faisait sept mois que Justin n'avait pas vu sa mère. Durant tout ce temps, leur seul contact avait été les coups de téléphone sans cesse tendus (et plutôt épisodiques, désormais) qu'il avait le droit de lui passer, leur étrangeté et leur banalité étant toujours aussi affligeantes.

Ce qui était désolant, c'était également de ne *rien* entendre. Justin pouvait appeler sa mère toutes les semaines – et on encourageait Janice à contacter régulièrement son fils, même si cela était très rare (et seulement lorsque je savais qu'elle venait de recevoir la visite des services sociaux) –, mais chaque fois que je lui rappelais qu'il était l'heure de téléphoner, il trouvait souvent des excuses pour ne pas le faire. « Oh ! elle doit être en train de donner le bain aux petits, à cette heure, disait-il. Je l'appellerai un autre jour, c'est promis. »

Devant sa réticence – comment pouvais-je lui en vouloir, étant donné l'embarras manifeste que causaient leurs « conversations » ? –, je ne le forçais jamais, mais je le laissais toujours lui téléphoner quand il le désirait.

Ce qui était rare. En y repensant bien, je ne me souvenais même pas de la dernière fois où ils s'étaient parlé au téléphone. Je pris également conscience que la grossesse de Janice serait peut-être à terme. J'espérais que ses hormones ne viendraient pas empirer ce qui serait déjà une rencontre stressante, en la rendant encore plus lunatique que d'habitude.

C'était une journée lourde typique d'août, ce qui n'était pas la condition idéale pour un long trajet. Tandis que nous progressions sur l'autoroute, l'atmosphère oppressante collait à mon cœur lourd. J'avais un mauvais pressentiment depuis qu'on m'avait parlé de cette visite ; impossible de le faire disparaître.

Nous arrivâmes chez Janice vers onze heures du matin.

— C'est un temps idéal ! lança joyeusement Mike pendant que Justin rassemblait ses affaires.

Il avait emporté sa Nintendo portable pour la route et son sweat préféré, qu'il renfilait. Dessous, il portait un t-shirt arborant une image de catch. C'est sa mère qui le lui avait acheté – il y avait quelques années de cela, vu son état –, et il était beaucoup trop petit pour lui. J'avais essayé de le dissuader de le mettre en lançant sur le ton de la plaisanterie que sa mère penserait qu'on ne lui achetait pas de vêtements, mais il s'était montré inflexible. J'avais donc cédé.

Par la fenêtre de la voiture, j'observai ces logements décrépits, ces jardins envahis par la végétation avec des bouts de barrière en moins, ces meubles détruits et ces jouets abandonnés et déformés qui traînaient un peu partout. J'étais tout sauf joviale, mais, par égard pour Justin, j'affectai un air tout en gaieté et en sourires. Je sentais bien qu'il était nerveux à l'idée de la voir – de voir cette femme qui lui avait causé tant d'années de chagrin.

Ils devaient surveiller notre arrivée, car la porte d'entrée s'ouvrit dès que Mike arrêta la voiture, mais ma première vision de Janice fut très floue. Elle se tenait sur le seuil, se protégeant les yeux du soleil avec une main tout en les plissant pour me regarder.

Lorsque je sortis pour ouvrir la portière à Justin, je fis un sourire dans sa direction et levai poliment la main pour la saluer. Elle me rendit mon sourire, mais retourna immédiatement à l'intérieur, laissant la porte d'entrée ouverte, sans personne pour accueillir Justin.

Quel accueil ! pensai-je alors que Justin descendait de la voiture. Je m'étais au moins attendue à ce qu'elle vienne nous saluer, même brièvement. Cela dit, songeai-je en prenant en compte tout ce qui s'était passé depuis que nous avions Justin chez nous, peut-être nous considérait-elle comme l'« ennemi ». Il n'y avait aucune logique à cela, mais c'est tout de même ce que je ressentais. Percevait-elle les vibrations de mon blâme tourbillonner, telle une brume toxique, sur le pas de sa porte ?

— J'ai mon portable, murmurai-je à Justin en l'embrassant. Nous serons en ville, donc… Enfin, tu vois… Dès que tu es prêt à repartir, tu nous appelles…

Il hocha la tête, les yeux brillants, et trotta docilement vers la maison. Il me paraissait soudain si jeune…

Nous rentrions dans la voiture quand la porte d'entrée se referma derrière lui.

— Ding, ding, deuxième round ! lança Mike en nuançant son commentaire d'un sourire. Bon, qu'est-ce qu'on fait pendant ce temps-là, ma chérie ?

Je lui rendis son sourire, mais nous avions beau nous efforcer de prendre la chose à la légère, nous étions tous les deux prêts à faire face à la prochaine crise.

Du shopping. C'était ce qu'il y avait de mieux à faire. Voilà qui me changerait les idées.

— Chauffeur ! lançai-je de mon meilleur ton bourgeois. Emmenez-moi dans un magasin pour bébés, je vous prie. Et que ça saute !

Justin m'appela environ une heure et demie plus tard. Nous traînions dans les magasins, la tête pas vraiment aux petites chaussures, aux poussettes et aux accessoires pour bébés, mais plutôt à lui, et j'entendis mon téléphone tout de suite, car je l'avais glissé dans la poche de mon blouson. Je ne l'entendais jamais, dans mon sac – mon répondeur prenait toujours l'avantage –, et, s'il y avait un appel que je ne voulais pas rater, c'était bien celui-ci.

Mais c'était également un appel qu'aucune personne un minimum humaine aurait aimé prendre. Justin pleurait tout son soûl. Il hurlait même littéralement dans le combiné.

— Viens me chercher, Casey, s'il te plaît, sanglota-t-il.

Ses pleurs couvraient toutes sortes de bruits, derrière ; on aurait dit une rixe. Et j'entendais sa mère lui crier dessus aussi nettement que je l'entendais, lui. Eh bien, pensai-je, elle doit donner de la voix ! Et c'était effectivement le cas.

— Ouais, c'est ça, petite balance, fais ce que tu sais faire de mieux ! T'es vraiment un petit fumier de balance ! Comme si je n'avais pas assez de choses à gérer comme ça ! Allez, vas-y...

Il y eut d'autres bruits, mais impossible de les identifier.

— Allez, frappe-moi si tu penses être assez fort !

Sa voix coupait court à tous les autres sons, comme des ongles qui crissent sur un tableau. J'imaginai un instant ce que les deux petits devaient penser de tout cela. Quel épouvantable spectacle !...

Je me mis à crier aussi afin d'être entendue.

— Justin ! *Justin !* C'est bon, trésor. Garde ton calme. Nous sommes en ville, nous serons là dans cinq à dix minutes, pas plus. Essaie juste de rester calme. On arrive.

— D'accord, l'entendis-je répondre. Mais dépêchez-vous, s'il vous plaît ! Elle est folle ! Elle me frappe...

La voix de Janice domina une fois de plus les sanglots de Justin, alors que j'essayais toujours de le rassurer. Mike et moi nous dirigions désormais vers la sortie du centre commercial en courant.

— C'est toi le cinglé ! hurla-t-elle. Qu'est-ce que

t'as été raconter aux services sociaux, hein ? Crache-moi encore une fois de plus dessus et je te jure que je te vire à coups de pied dans le cul, enfoiré ! Personne ne veut de toi, t'entends ? Alors, ils feraient mieux de se bouger pour venir te chercher...

Je raccrochai seulement en atteignant le parking souterrain. J'avais la main toute tremblante. Cinq à dix minutes. Pouvions-nous vraiment y être en si peu de temps ? Et puis, que se passerait-il en attendant ? Je fis savoir à Mike ce que j'avais entendu Janice dire, m'efforçant de garder mon calme tandis qu'il se lançait dans les prémices du trafic de l'heure de pointe. Le visage blême de colère, il roulait bien trop vite.

— Calme-toi, ne cessais-je de répéter. Ralentis. Ralentis, Mike !

— Pourquoi ? cracha-t-il.

Mais je savais qu'il ne parlait pas de sa vitesse.

— Pourquoi avons-nous à faire ça, hein, Case ? Pourquoi est-ce qu'on nous oblige à faire subir tout ça à cet enfant ? *Hein ?* Putain, il n'est pas assez traumatisé comme ça ?

Justin surveillait notre arrivée derrière une fenêtre. Il disparut aussitôt et réapparut dans la foulée à la porte de la maison, qu'il quitta en courant. Il se lança vers la voiture sans se retourner et se mit à tirer sur la portière passager avant même que j'aie le temps de la déverrouiller. Je sortis et remarquai immédiatement son visage crasseux barbouillé de larmes. Il était visiblement pressé de partir ; alors, je rabattis mon siège et l'aidai à se glisser à l'arrière, consciente de la présence de Janice sur le seuil, de nouveau. La différence, c'est qu'elle ne souriait pas. Elle hurlait très, très fort.

— Allez vous faire foutre ! cracha-t-elle en balançant la main d'un geste menaçant. Allez tous vous faire foutre, snobs de mes deux ! Je vais vous apprendre à venir foutre le nez dans mes affaires ! Bande d'enfoirés ! Tout ça, c'est votre faute, bande d'enculés !

Elle pointait le doigt vers moi, et je me sentis hésiter. Entre grimper dans la voiture et aller lui balancer ses quatre vérités à la figure. Elle croyait peut-être nous effrayer, mais elle ne me faisait pas peur.

Mike dut remarquer mon langage corporel.

— Casey ! lança-t-il sèchement. Monte dans la voiture ! Maintenant !

Bouillonnante de colère, je m'exécutai et serrai les lèvres. Il avait raison. Le fait de m'en prendre à elle ne changerait rien. Au contraire, ça ne ferait qu'empirer la situation. Et c'était sûrement la dernière chose que Justin avait besoin de voir. Il avait suffisamment souffert à cause d'adultes qui préféraient se comporter comme des enfants, et il était hors de question d'intégrer leurs tristes rangs. Mais c'était difficile. C'était dur de la laisser hurler ainsi sans pouvoir rien dire. C'était si injuste. Il fallut beaucoup de kilomètres pour me calmer.

Justin ne prononça pas un mot du trajet. Et on ne lui demanda rien. Il parlerait lorsqu'il s'en sentirait capable. Pour le moment, il valait mieux ne pas tenter de nous occuper de ce qui s'était passé. Il fallait qu'il dorme. Ce qu'il fit.

La route du retour parut interminable. Personne ne parlait. Justin parce qu'il s'était visiblement renfermé sur lui-même, et moi parce que je n'osais pas ouvrir la bouche – j'avais trop peur de ce qui en sortirait. Mike se contentait de conduire, les yeux résolument fixés sur la route. Le temps du débriefing n'était pas pour tout de suite.

Une fois à la maison, Justin monta directement dans sa chambre, refusant de boire ou de manger quoi que ce soit.

— Pas de souci, trésor, le rassurai-je.

Je posai mon sac et m'étirai. Je me sentais toute courbaturée et épuisée, à l'extérieur comme à l'intérieur.

— Je comprends que tu n'aies pas faim, ajoutai-je en lui pressant l'épaule. Tu pourras prendre quelque chose plus tard. J'ai des *crumpets* dans…

Mais ça ne l'intéressait pas. Il était trop enfermé dans son propre malheur pour faire même attention à moi. Il était déjà dans l'escalier, m'écoutant à peine.

— Laisse-le, chérie, me conseilla Mike. Allez, viens, on va se boire quelque chose, d'accord ?

Il secoua la tête.

— Sacrée journée, pas vrai ? Sacrée journée…

Et il s'avéra qu'elle n'était pas terminée.

À peine une minute plus tard – je lançais la bouilloire –, nous entendîmes tout un vacarme au-dessus de nos têtes. Nous échangeâmes un regard et fondîmes comme un seul homme dans l'escalier, Mike, devant moi, montant les marches trois par trois.

— Il a barricadé la porte, dit-il en essayant, en vain, d'entrer dans la chambre de Justin.

D'ici, les bruits étaient bien plus nets et bien plus forts. Il fracassait quelque chose. Nous ne savions pas quoi exactement, mais nous entendions des objets tomber, se briser, se faire piétiner. Et nous ne pouvions pas entrer pour le calmer.

— C'est pas vrai, lançai-je. Justin ! *Justin !*

Mike posa une main sur mon bras.

— Laissons-lui un instant, murmura-t-il avec sa sérénité habituelle. Laissons-le s'exprimer. Ce ne sont que des choses matérielles, après tout. Des affaires. Elles sont toutes remplaçables. Accordons-lui un instant pour se vider.

Je songeai d'un air triste que nous devrions envisager de lui offrir un sac de sable. Mais, en effet, au bout d'une minute à peine, le bruit cessa totalement. Cependant, ce fut le plus court des répits, car, moins de trente secondes plus tard, il fut remplacé par un autre bruit encore plus insupportable.

Cette fois, il n'y avait aucun doute quant à sa source.

— Il se frappe la tête contre le mur, Mike, murmurai-je.

Mike acquiesça et grimaça.

— Ce coup-ci, il va falloir entrer ! lança-t-il. Recule un peu, chérie.

Là-dessus, il se rua sur la porte à grands coups d'épaule.

Mike est un homme plutôt costaud, et la porte n'offrit pas beaucoup de résistance, la pile d'affaires avec laquelle Justin l'avait coincée s'écroulant sous les coups.

Justin ne semblait pas conscient de notre présence. Il était tapi dans un coin de sa chambre et, comme nous l'avions deviné, il frappait le mur de toutes ses forces avec sa tête. Mike s'élança et s'assit à ses côtés, mais Justin se tourna aussitôt vers lui, le visage strié de larmes crasseuses, et se mit à le marteler de ses poings.

Mike accueillit quelques coups tout en essayant de le calmer et en murmurant :

— Ça va aller, p'tit gars, ça va aller. Chhh... Calme-toi... Ça va aller...

Mais il dut finir par faire usage de sa taille et de sa force, et tira Justin vers lui en lui bloquant les bras jusqu'à ce que sa colère s'atténue peu à peu.

J'avais du mal à supporter le spectacle, ma propre colère était trop intense. Je devais descendre et laisser Mike gérer la situation. Il fallait d'abord que je retrouve *mon* calme avant d'être d'une quelconque utilité.

Comment une mère, même inepte, pouvait-elle à ce point blesser son enfant ?

16

Le lendemain matin, je me réveillai avec une migraine insupportable – non pas parce que j'avais noyé mon chagrin dans l'alcool, mais parce que j'avais à peine pu fermer les yeux. C'était curieux, pensai-je d'un air contrit en me blottissant contre le corps massif et confortable de Mike – qu'est-ce que j'étais heureuse qu'on soit samedi ! –, mais je n'avais jamais envisagé l'insomnie comme une conséquence de notre nouvelle vie. C'était logiquement le lot des familles d'accueil qui géraient des bébés, et non des petits gaillards de douze ans.

Je fermai les yeux afin de m'efforcer de dormir encore un peu. Je n'avais rien de prévu de la journée, hormis éventuellement passer un peu de temps avec Riley. Même si je la voyais très souvent, j'avais l'impression que Justin demandait constamment mon attention – en tout cas, il m'occupait toujours l'esprit – alors que je désirais plus que tout assez d'espace et d'énergie pour profiter des derniers mois de la première grossesse de ma fille. Je voulais être là pour elle, la soutenir, et non pas être perpétuellement préoccupée et soucieuse.

Ce qui, au final, me rappela les événements de la

veille. Comment une mère pouvait-elle traiter son enfant avec une cruauté aussi affligeante ? Peu importait les excuses qu'on pouvait lui trouver, le comportement de Janice allait à l'encontre de tout instinct maternel.

Je n'étais pas naïve : cela ne servait à rien d'imaginer un quelconque changement chez elle. En vérité, cette femme était incapable, pour je ne sais quelle raison, de donner à son enfant une once d'amour. Et désormais, elle le voyait également comme un ennemi. Les paroles qu'elle avait hurlées la veille tandis que nous partions montraient clairement qu'elle avait demandé à le voir pour deux raisons. La première : faire croire aux services sociaux qu'elle n'était pas une mère indigne. La seconde – totalement liée à la première : faire comprendre à Justin qu'il allait lui causer encore plus de souci en poussant les services sociaux à enquêter davantage sur elle et ses autres enfants.

Mais mon angoisse allait au-delà de ma colère vis-à-vis de Janice. Je ne pouvais m'empêcher de me demander ce que nous apportions à Justin. Si, dans les huit derniers mois stressants de sa vie, nous l'avions aidé en quoi que ce soit. Évidemment, nous lui avions offert un toit, la sécurité, des limites et une bonne dose d'amour. Mais je doutais tout de même : l'aidions-nous vraiment ? Ce que nous faisions allait-il lui permettre de devenir quelqu'un capable de trouver la paix en lui-même et dans le monde ?

Ou alors (et l'épuisement me faisait pencher pour cela), nous contentions-nous en réalité de le garder ? De ne lui fournir guère plus qu'un toit ?

En tout cas, c'est exactement ce que je ressentais. J'avais l'impression que nous avions déniché une boîte de Pandore pleine de problèmes que nous n'avions pas la force de résoudre.

— Absolument pas, vous vous trompez ! lança John Fulshaw lorsque je l'appelai quelques heures plus tard.

Sa réaction me fit sourire ; c'était exactement la même que Mike avait eue un peu plus tôt, lorsque je lui avais monté, pâle et maussade, une tasse de thé. J'en avais profité pour jeter un œil dans la chambre de Justin, qui dormait comme un bébé. Étant donné son état de fatigue, il ne se lèverait sûrement pas avant midi. Le simple fait de poser les yeux sur cette petite boule endormie me mettait les nerfs à vif. Malgré ce qui s'était passé, je savais qu'il pardonnerait *tout* à sa mère. Il suffisait qu'elle fasse un geste lui faisant croire qu'au fond, elle l'aimait et voulait de lui.

— Je vous remercie sincèrement pour votre confiance, dis-je à John après lui avoir signalé les désastreux événements de la veille. Mais ce n'est pas vraiment comme ça que je vois les choses. Le plus gros problème, à mes yeux, reste Janice. Je suis persuadée que le fait de la voir n'aide Justin en rien. Quoi qu'elle dise à Harrison Green, j'ai été témoin de sa façon de se comporter. Honnêtement, s'il l'avait vue lui aussi, il cesserait de croire que garder contact est nécessaire. S'il avait vu Justin se cogner la tête contre le mur hier soir, il changerait d'avis. La seule raison pour laquelle elle voulait voir Justin, c'était pour le mettre en garde et le punir, malgré tout ce qu'elle a pu raconter aux services sociaux pour les amadouer. Sincèrement, John, vous comprendriez, si vous aviez été là. On aurait dit une enfant de douze ans, et non une mère. Une gamine pubère et hystérique qui crachait son venin. Ces visites n'ont qu'un seul effet sur Justin : celui de renforcer son impression d'être quelqu'un de mauvais que personne ne pourra jamais aimer, point. Est-ce que vous pouvez imaginer ce que ça fait lorsque votre propre mère vous rabaisse constamment et vous dit que personne ne veut de vous ? J'aurais pensé que le message avait suffisamment été passé. Vingt fois de trop, à vrai dire.

John soupira.

— Je suis désolé, Casey. Ce n'est pas bon de vous faire subir cela également, à Mike et vous. Nous allons revoir cette histoire de contact. On ne peut clairement pas laisser cette fichue femme continuer à agir ainsi.

Le soin qu'il avait pris à rester courtois vis-à-vis de Janice m'arracha un nouveau sourire ironique. Plein de qualificatifs me passaient par la tête et, même s'il n'était pas politiquement correct, le mot « fichue » n'en faisait pas partie.

— Voilà ce que je vais faire, continua-t-il. Je vais tout de suite téléphoner à Harrison Green et suggérer – non, insister pour faire appel à la thérapeute de l'équipe, qui gère les relations entre l'enfant et sa famille naturelle.

— Et suspendre tout contact pour le moment ?

— Oui, je pense que c'est ce qu'il y a de mieux pour tous, même si cette option est décourageante. Mais je crois que c'est la bonne décision à prendre. Linda – notre thérapeute – pourra rendre quelques visites à Janice afin d'évaluer la situation et même pourquoi pas lui suggérer de suivre des cours parentaux…

— Vous pensez qu'elle le ferait ?

— Elle n'est pas vraiment en position de choisir. Laissons Linda se faire une idée de la situation et nous rapporter ce qu'elle envisage de mieux pour tout le monde. Ça vous va ?

— Oui. Je pense que c'est la meilleure décision à prendre. Même si Justin va finir par vouloir revoir sa mère – pas dans l'immédiat, peut-être ; il lui en veut trop… Quelle stratégie adopter lorsqu'il en refera la demande ?

— Autant être honnête avec lui. Elle lui a assez menti comme ça, nous n'avons pas à l'imiter. Nous devrons lui faire comprendre qu'elle a des problèmes émotifs qu'il vaut mieux résoudre avant qu'ils ne se revoient. Mais nous nous occuperons de ça en temps voulu.

— Entendu. Et si ça pose un problème, nous pourrons toujours revoir notre décision. Mais…

— Oui ?

— En attendant, j'aimerais que nous ayons davantage de soutien. Je sais que vous êtes débordé, mais j'y ai beaucoup réfléchi ces derniers temps, et j'ai le sentiment que les limites ne sont plus clairement définies. Mike et moi sommes censés agir à titre de parents, mais j'ai de plus en plus l'impression de jouer le rôle de conseillère avec Justin, ce qui ne va pas de soi pour proposer un foyer stable et calme. C'est une chose, de discuter avec lui derrière un chocolat chaud – ce qui est de toute évidence bon, normal et rassurant à ses yeux –, mais, dès que j'essaie de le « conseiller », je sens que nous sommes à deux doigts d'être contre-productifs. Ce n'est pas idéal pour lui de rentrer à la maison en ayant l'impression de se rendre à une « séance thérapeutique obligatoire », qu'il en ait envie ou non. En toute logique, il devrait voir notre foyer comme un endroit où il n'y a pas ce genre de pression.

Durant notre formation, nous avions appris les différents rôles que divers professionnels devaient jouer dans la vie d'un enfant placé. Cela nous avait semblé très complexe – un vrai charabia, à vrai dire –, et Mike et moi arrivions à peine à déchiffrer tout ce jargon que contenaient les nombreux papiers que nous devions rapporter chez nous.

Mais subitement, en situation réelle, tout prenait un sens. Le fait de gérer de vrais enfants rendait les choses plus claires. Mike et moi évoluions donc au fur et à mesure. Accueillir des enfants est tout sauf monotone. C'est une évolution constante, il y a toujours quelque chose de nouveau à apprendre.

— Vous avez absolument raison, Casey, répondit John. Je l'avais d'ailleurs envisagé en vue de sa rentrée scolaire, le mois prochain. Notre programme bénéficie d'un excellent conseiller de gestion de la colère, Simon Cole, et je me disais que si nous – enfin, si *vous* arriviez à persuader Justin, nous pourrions lui prévoir quelques séances. Ça vous convient ?

Je ne pouvais m'empêcher de songer à ce film avec Jack Nicholson et Adam Sandler[1], mais si John

---

1. Référence au film *Self Control,* dont le titre américain est *Angor Management* (littéralement : « gestion de la colère »).

pensait que ça pouvait marcher, je n'allais sûrement pas me mettre en travers de son chemin.

— Et rassurez-vous, ajouta-t-il. Je sais que je l'ai déjà dit, mais ça ne coûte rien de le répéter : Mike et vous vous débrouillez comme des chefs. J'ai conscience qu'il vous est difficile de prendre du recul, parce que vous êtes constamment avec lui, mais nous avons tous constaté d'énormes changements chez Justin. Je suis sérieux, Casey. Vous devriez être très fiers de la façon dont vous avez géré la situation jusqu'ici. Vous êtes nés pour faire ça, tous les deux, et nous avons beaucoup de chance de vous avoir chez nous.

— C'est bon, c'est bon, ça suffit ! me sentis-je obligée d'intervenir, les joues rouges. Et merci. Ce n'est vraiment pas ce que je pense en ce moment, mais ça me touche beaucoup.

— C'est normal, répondit John. Et je continuerai à le dire...

Je dus toutefois mettre fin à toutes ces louanges, bien que réconfortantes. J'avais entendu Justin sortir de sa chambre. Il était temps de raccrocher et d'aller créer un peu de cette « normalité » cruciale. Si je ne pouvais rien faire d'autre, je pouvais au moins faire ça.

— Sandwich œuf-bacon, trésor ? appelai-je du bas de l'escalier d'un ton enjoué.

Il souffrait énormément, et Mike et moi craignions de nouvelles tentatives d'automutilation de sa part ; nous avions passé la nuit à aller nous assurer qu'il dormait.

Garde le moral, Casey, m'intimai-je. Le week-end promettait d'être long.

Plus je pensais à cette idée de gestion de la colère, plus elle me plaisait. J'avais conscience qu'elle s'adressait davantage aux symptômes qu'à la racine du problème, mais c'était un outil positif de plus dans notre arsenal. De toute évidence, Justin aurait du mal à accepter les sinistres événements qui avaient détruit son amour-propre et son estime – peut-être au bout de plusieurs années de soutien et de thérapie régulière –, mais si personne ne pouvait faire grand-chose au sujet du rejet de sa mère, qu'il apprenne à maîtriser ses émotions était pour le moins positif. Sa façon de se voir évoluerait grandement s'il pouvait apprendre à mieux se contrôler et ainsi cesser de se couvrir d'opprobre, comme cela avait été le cas lors de sa dernière semaine d'école, avant les grandes vacances.

Malgré cet élan d'enthousiasme, ce fut un long et dur week-end, exactement comme je l'avais prévu. Nous avions l'impression de tout juste empêcher Justin de sombrer dans le désespoir total. On aurait dit un petit animal blessé qui ne souhaitait rien d'autre que de fuir le monde à jamais, de s'endormir pour ne jamais se réveiller.

Riley passa à la maison plus tard dans la journée, désireuse de savoir – ma tendre fille faisait preuve d'un altruisme certain – comment s'était déroulée la rencontre entre Justin et sa mère. Elle m'écouta, horrifiée, lui apprendre la tournure qu'avait prise la situation.

— Mon Dieu, mais comment peut-elle faire ça ? s'indigna-t-elle, sa main traçant de grands cercles doux sur son ventre enflé.

Je n'étais même pas sûre qu'elle fût consciente de

son geste, mais il voulait tout dire, à mes yeux, car il reflétait exactement ce que je ressentais. Nous étions toutes les deux mères, désormais, et ce sentiment était universel. Le fait de voir une autre mère faire fi du plus fondamental des instincts la scandalisait autant que moi.

— J'aimerais la tuer ! lança-t-elle. Enfin, non, pas la *tuer,* évidemment, maman. Mais si seulement je pouvais aller lui dire ce que je pense de ce qu'elle fait subir à son enfant… Le pauvre petit. C'est à se demander comment il tient. Pauvre Justin…

Mais il fallut attendre encore deux jours avant que Justin ne se décide à parler de ce qui s'était passé avec sa mère.

C'était un après-midi de milieu de semaine, et nous étions installés sur le canapé, en train de regarder une bêtise à la télé. J'avais tout plein de choses à faire, mais je préférais repousser. La poussière et le bazar pouvaient attendre, pour une fois, même pour une maniaque comme moi. Il ne voudrait peut-être pas parler, mais il fallait qu'il sache que j'étais près de lui.

Justin adorait ce genre de comédies et, d'habitude, il ne cessait de rire de façon hystérique plus ou moins du début à la fin. Mais ce jour-là, il était calme.

— Ça va, trésor ? demandai-je.

— Oui. Je pensais juste à ce gars, Simon. Qu'est-ce qui va se passer ?

Deux jours plus tôt, nous avions programmé sa première séance de gestion de la colère. Simon devait venir le chercher chez nous le matin, et, même si Justin s'était montré plutôt réceptif lorsque je lui en avais parlé, cela l'avait visiblement travaillé. Ça ne devait pas être facile, à douze ans, de devoir sans cesse répondre à des questions personnelles que vous posaient des inconnus. Je repensai à Kieron, lorsqu'il était plus jeune. Il devenait cramoisi dès que quelqu'un lui adressait la parole, même pour un simple bonjour.

— Oh ! je ne pense pas que tu aies à craindre quoi que ce soit, rassurai-je Justin. Tu n'auras sûrement rien de compliqué à faire. Il va probablement vouloir en savoir plus sur toi.

— Oui, mais *pourquoi* ?

Il y avait de toute évidence réfléchi.

— Je ne vois pas comment il pourrait m'aider. Qu'est-ce qu'il peut faire ?

Je haussai les épaules.

— Je ne sais pas vraiment, avouai-je. À vrai dire, je ne sais pas grand-chose sur la gestion de la colère. Mais cela pourrait s'avérer très utile que tu lui parles un peu. Ça vaut au moins la peine d'essayer, tu n'es pas d'accord ? J'imagine qu'il s'agit de mettre le doigt sur ce qui fait naître ta colère et de trouver des moyens de la gérer lorsqu'elle explose. C'est comme les gens qui s'énervent et préfèrent compter jusqu'à dix plutôt que de crier. Tu en as entendu parler ?

— Oui, acquiesça-t-il.

— C'est un peu pareil, sauf qu'on entre plus dans le détail. C'est mieux que de hurler et lancer des insultes…

— J'imagine…

— Et *bien mieux* que de te blesser. C'est ce que font les gens, aussi. Comme toi, vendredi dernier.

Tu t'énerves et tu finis par te faire du mal. Ce qui n'est clairement pas bien, tu es d'accord ?

Justin remua la tête.

— Oui.

Puis il se tourna vers moi, ignorant totalement le film.

— Elle a trouvé un nom pour son nouveau bébé, tu sais ? Elle va s'appeler Princesse ! lança-t-il d'un ton dégoûté. C'est pas stupide, franchement ? Quelle débile pourrait appeler son enfant Princesse ?

— Mon Dieu… soufflai-je en faisant la grimace par solidarité. Cela dit, regarde les stars. Certaines donnent des noms *vraiment* bêtes à leurs enfants.

Il adopta un air indigné.

— Et tu sais pourquoi elle va l'appeler comme ça ? Parce qu'elle m'a dit qu'elle allait la traiter comme une princesse. Et qu'elle aurait tout ce qu'elle voudrait. Elle a été vraiment méchante avec mes frères, aussi. Elle m'a dit qu'ils devenaient comme moi et qu'elle aurait préféré qu'ils ne viennent jamais au monde.

— C'est horrible, trésor. Elle n'a pas le droit de dire des choses pareilles. Je comprends que tu te sois mis en colère…

— Mais je le lui ai dit, reprit-il, la voix soudain animée. Je le lui ai dit et je lui ai craché dessus, parce qu'elle est méchante. C'est une pétasse, Casey, et je ne lui parlerai plus jamais. Qu'elle continue sa vie avec sa petite princesse pourrie, gâtée, je m'en fous. C'est fini, tout ça.

Ayant visiblement exprimé tout ce qu'il avait à dire sur le sujet, il s'affala dans le canapé et reporta son attention sur le film.

De mon côté, la colère enflait de nouveau en moi, et je m'efforçai de garder une voix calme en tentant de le consoler avec ce qui convenait. Je devais rester professionnelle, même si ce que je ressentais était tout le contraire.

— Laisse passer un peu de temps, trésor, fis-je. C'est ta mère, après tout. Elle s'en est sûrement prise à toi parce qu'elle est enceinte. Pendant la grossesse, les hormones font un peu ce qu'elles veulent. Tu sais ce que c'est, les hormones ?

Il hocha la tête.

— Et tu as déjà fait attention aux sautes d'humeur de Riley ? Ce sont des choses qui arrivent. Alors, sois patient. Ta mère ne devait pas le penser. Pas vraiment.

Je fus à deux doigts de pleurer lorsque je vis la lueur d'espoir dans ses yeux innocents.

J'avais honte de moi, j'avais l'impression de le trahir.

17

Nous étions fin août et, étant donné les énormes progrès de Justin avec son nouveau conseiller, nous avions finalement envisagé comme possible un petit voyage en famille. Et Dieu sait comme nous en ressentions tous le besoin.

En effet, malgré mes angoisses fluctuantes concernant l'évolution de Justin, les séances de gestion de la colère semblaient porter leurs fruits. Simon Cole en était le premier convaincu. D'après lui, Justin comprenait de plus en plus d'où venait sa colère – dans son passé, mais aussi ce qui la déclenchait – et commençait à prendre conscience que la rage qu'il ressentait vis-à-vis de sa mère était quelque chose qu'il avait transformé au fil des années de sa courte et difficile vie en rage généralisée vis-à-vis de *toutes* les femmes.

Justin gardait également un journal personnel, désormais, qu'il complétait régulièrement en y notant ce que chaque séance lui apportait. Il me le faisait lire et me parlait de ses entretiens avec Simon, ce qui n'était que du positif. Nous progressions enfin.

Nous nous étions décidés pour Magaluf, sur l'île de Majorque, car nous ne connaissions pas cet endroit, et nous avions dégoté un bon prix de dernière minute. Ça s'annonçait comme une sacrée aventure pour Justin, les vacances étant un luxe dont il n'avait pas souvent bénéficié. Il avait été une seule fois à l'étranger, avec l'une de ses familles d'accueil. Le couple l'avait emmené dans sa villa, en Grèce. C'était agréable, m'avait-il confié, mais il avait fini par s'y ennuyer. La villa était au milieu de nulle part, en haut d'une montagne, apparemment, et il n'y avait pas un voisin. Alors, la plupart du temps laissé à lui-même tandis qu'ils lisaient (des œuvres édifiantes, j'imagine), il devait s'efforcer de trouver quelque chose à faire.

Je roulai les yeux tout en me demandant s'il était vraiment sage d'emmener un enfant comme Justin au milieu de nulle part, sans télé et sans rien pour le distraire. Il y avait toutes sortes d'assistants familiaux, et je ne me permettais pas de les juger. Par ailleurs, je ne doutais pas que pour un autre enfant, cela aurait été parfait, tout comme un petit coin trépidant d'Espagne ensoleillée serait parfait pour Justin. En y songeant bien, et cela me fit sourire, j'imaginais que, pour un autre enfant, le fait de se joindre à notre grande famille et à notre maison de fous pourrait être un vrai défi.

— Eh bien, prépare-toi à totalement autre chose, dis-je avec un sourire en lui montrant des photos et des commentaires sur Internet. Nous allons loger dans un grand complexe touristique, sur la plage, dans une énorme station balnéaire, avec tout plein de piscines, de toboggans, d'activités, de magasins, de restaurants… Alors, s'il y a bien une chose que je *peux* te promettre, c'est que tu ne t'ennuieras pas !

Justin ayant du mal à se faire des amis, j'avais aussi demandé à ma sœur si nous pouvions emmener ma nièce et mon neveu, Chloe et Daniel, qui avaient treize et douze ans. Ils connaissaient bien Justin, désormais, et ils arrivaient dans l'ensemble à s'accommoder de son attitude ; je pensais donc leur présence plutôt judicieuse.

Naturellement, tout le monde était gagnant : ma nièce et mon neveu avaient droit à des vacances supplémentaires, ma sœur et mon beau-frère bénéficiaient d'une semaine de calme inopinée, et Riley, enceinte de vingt-neuf semaines et à la limite de pouvoir voyager, savait qu'elle ne serait sollicitée que pour des tâches allouées à tata Riley et allait pouvoir profiter, principalement nichée dans une chaise longue douillette, de l'une de ses dernières semaines de paix, de calme et de silence sous la douce chaleur des Baléares.

Malheureusement, David ne pouvait pas se joindre à nous, car il venait d'obtenir un gros contrat. De toute façon, il faisait en sorte d'accumuler les heures supplémentaires afin d'avoir suffisamment de temps et d'argent pour pouvoir profiter des premières semaines du bébé, si précieuses et cruciales. La seule autre personne qui ne viendrait pas était Kieron. Il n'aimait pas partir en vacances. Cela pourrait vous paraître sans surprise, étant donné son tempérament, mais nous l'avions découvert tout récemment, ce qui était bien la preuve qu'être parent s'apprend au jour le jour.

Lorsqu'il était petit, il nous avait toujours accompagnés en vacances, et nous avions mis son calme, une fois sur place, sur le fait que c'était un enfant discret et peu agité dans une famille très bruyante. Mais, il y avait un ou deux ans, il nous avait déclaré que les vacances en général étaient un peu trop difficiles à gérer pour lui, car il fallait prendre en compte le changement d'environnement mais aussi de routine. Il était donc plus que ravi de rester pour veiller sur Bob, avec la compagnie de ses grands-parents, qui viendraient l'aider à garder la maison pendant notre séjour.

Un séjour qui sembla arriver bien plus vite que ce à quoi nous nous attendions.

— C'est génial ! s'exclama Justin face au complexe, tandis que nous sortions de l'autocar.

Il était surexcité depuis que nous avions quitté la maison et avait passé tout le vol le visage collé contre le hublot, admirant à voix haute tout ce qu'il apercevait. On aurait dit le bouchon d'une bouteille de champagne trop secouée, à deux doigts de sauter. Après ce long voyage fatigant, Mike et moi étions ravis que les enfants aient encore le temps d'aller s'amuser dans la piscine. Il faisait très chaud, et ils avaient tous besoin de se rafraîchir. Pendant ce temps-là, nous allions pouvoir nous mettre à l'aise et prendre un verre.

Mais le fait de se rafraîchir n'eut pas l'effet désiré, en tout cas pour Justin.

Nous avions décidé de manger chinois pour notre première soirée là-bas. Nous avions vu en arrivant un grand restaurant qui n'était qu'à quelques minutes à pied du complexe et qu'une affiche, à la réception de l'hôtel, recommandait. Il valait également le coup financièrement, car il proposait un buffet à volonté : l'endroit idéal pour trois enfants affamés.

Cependant, Mike et moi avons immédiatement remarqué que Justin ne semblait pas à son aise. En y repensant, j'imagine que nous aurions dû nous y attendre, mais cela faisait quelque temps qu'il n'y avait plus eu de problème relié à la nourriture, Justin s'étant adapté à notre routine. À la vérité, c'était nous qui nous étions adaptés à sa routine, n'ayant pas d'autre choix que de nous plier aux heures de repas établies sur son tableau. Je pense même que j'avais réussi à me convaincre que ces heures fixes et le fait d'avoir un menu choisi à l'avance étaient plutôt une bonne chose, car cela évitait le stress d'avoir à chercher quoi cuisiner au dernier moment. Il nous arrivait de l'emmener au restaurant, mais cela demandait une certaine organisation : nous le prévenions toujours et nous nous pliions à l'heure habituelle des repas. J'avais tout de même pris soin de lui expliquer comment les choses allaient se passer en vacances : nous mangerions beaucoup dehors, et les horaires de repas pourraient varier, mais je l'avais rassuré en lui disant que, quels que soient les changements, il aurait toujours droit à trois repas par jour ainsi qu'à un goûter.

Justin semblait avoir bien intégré ces informations et m'avait assuré que tout irait bien. Toutefois, il nous inquiéta dès le premier soir, et je me demandai aussitôt si nous n'avions pas été trop confiants : c'était une chose d'accepter une situation comme un concept dans le futur, mais c'en était une autre de faire face à la réalité.

Le buffet était déployé sur une longue table, au fond du restaurant. Je donnai une assiette à Justin et lui dis de se servir ; il ne lui en fallut pas davantage pour foncer. Tandis que nous prenions des petites quantités de nourriture – sachant que nous pouvions revenir nous servir ensuite –, Justin remplissait son assiette comme si sa survie en dépendait. J'étais certaine qu'il ne savait pas en général ce qu'il prenait, mais il empilait quand même, formant une tour de plus en plus branlante. Des morceaux de nourriture commençaient à déborder de son assiette.

— Mais qu'est-ce qu'il *fait* ? s'étonna Chloe alors que nous allions nous rasseoir.

Mike était resté au buffet afin d'attendre que Justin ait fini de choisir, mais je compris qu'il préférait ne pas lui parler de son attitude. Il se contentait de lui faire signe d'arrêter et de revenir.

Mon neveu se mit à glousser devant l'assiette gargantuesque que rapportait Justin, débordant de nouilles qui balançaient au rythme de ses pas et égarant ici et là des bouts de nourriture.

— Chut, Daniel ! lança Riley qui, tout comme moi, appréhendait un nouveau scandale, étant donné l'air déterminé et quelque peu étrange de Justin. Contente-toi de ne pas te couvrir de sauce de soja, d'accord ?

Justin s'installa et attaqua son énorme platée qu'il liquida plutôt rapidement, à notre grand étonnement. Et avant même que je puisse ouvrir la bouche pour lui parler, il se leva et se redirigea vers le buffet.

Mike et moi échangeâmes un regard soucieux. Qu'est-ce qui m'avait pris de venir dans un tel endroit ? C'était comme narguer un taureau avec une muleta. Toute cette nourriture, tout ce choix, tous ces problèmes qu'il s'efforçait de confronter. Comment ne pouvait-il pas ressentir ce besoin d'accumuler le plus de choses possible ?

Il revint avec une assiette aussi chargée que la première et se mit aussitôt à la dévorer. Le fait de le regarder manger commençait à me lever le cœur. Il avait déjà vidé la moitié de son assiette lorsqu'il ralentit enfin, visiblement rassasié, mais son air déterminé ne l'avait pas quitté.

— Tu n'en peux plus, p'tit gars ? lança Mike d'un ton léger, même si, désormais, nous étions tous clairement nerveux.

J'avais remarqué quelques murmures et coups de coude autour de nous, lorsque Justin était revenu avec sa seconde assiette, en partie parce qu'une serveuse s'était dépêchée de ramasser tout ce qu'il avait laissé tomber derrière lui.

— Non, répondit-il brusquement, la bouche pleine de nouilles.

— Voyons, trésor, soufflai-je. Ne te rends pas malade. Tu ne peux pas avoir encore faim avec tout ce que tu as mangé.

— Si, lâcha-t-il sur un ton de défi. C'est marqué « à volonté », pas vrai ? Je compte bien en profiter.

Il avait haussé suffisamment la voix pour que les têtes se tournent vers nous.

— Je sais bien, trésor, insistai-je. Mais ça ne veut pas dire que tu dois manger comme quatre. Essaie au moins de garder de la place pour le dessert !

Chloe et Daniel ne savaient plus où se mettre, leurs petits rires face à la montagne de nourriture qui composait l'assiette de Justin étant désormais nerveux tandis que lui, l'air sombre, continuait obstinément à enfourner ce qui restait. Il devait commencer à se sentir mal, étant donné la pâleur de son visage et les gouttes de sueur qui y perlaient, mais il semblait déterminé à avaler jusqu'à la dernière bouchée. Et, visiblement, il avait également l'intention de trouver de la place pour le dessert, car il se releva, alors que nous étions encore en train de manger, et se dirigea tout droit vers le chariot, au bout du buffet, qui proposait tout un tas de desserts spéciaux pour les enfants.

Mais cette fois, il ne prit même pas la peine d'attraper une assiette. À la consternation de tous, les autres clients y compris, il s'empara de fruits, de pots de gelée, de fromage blanc et de yaourts en remplissant ses poches le plus possible, tandis que, de sa main libre, il truffait sa bouche de gâteaux à la crème.

Mike l'avait déjà rejoint alors que le personnel de l'établissement commençait à s'agiter. Tous étaient trop polis pour aller dire quoi que ce soit à Justin, ce qui était typiquement chinois. Mais Mike ne se gêna pas.

— Ça suffit, déclara-t-il. Repose tout ça, s'il te plaît. Tu as pris bien trop de choses pour une seule personne.

La réaction de Justin fut aussi tonnante que choquante.

— Fous-moi la paix et casse-toi !

Mike le saisit alors par le bras et le ramena de

force vers notre table sous un murmure confus d'indignation.

— Je crois qu'il est temps de payer et de rentrer, déclara-t-il.

À mon grand soulagement, Justin semblait avoir été calmé par l'irritation de Mike et, tandis que je m'empressais d'aller payer et de m'excuser auprès de la serveuse, Justin suivit plutôt docilement Mike vers la sortie. Quant à Riley, Chloe et Daniel, ils l'observaient d'un air effaré.

Une fois que nous fûmes de retour à l'hôtel, la colère de Justin semblait s'être apaisée, et, avec un air désolé, il nous écouta, Mike et moi, lui faire la morale.

— Tu commences mal les vacances, fiston, lui dit Mike. Il va falloir que tu fasses attention à ton comportement, sinon cette semaine ne sera une partie de plaisir pour personne, tu comprends ?

Justin hocha la tête, l'air morose et plutôt indisposé.

Le système des points étant levé pendant ces vacances, il ne pouvait pas être sanctionné de cette façon. Mais nous avions prévu de donner aux trois enfants dix euros par jour à dépenser dans ce qu'ils voulaient, à la seule condition de bien se tenir.

— Encore un épisode de ce genre, déclara Mike d'un ton sévère, et tu peux dire au revoir à ton argent de poche. C'est compris ?

— Oui, répondit Justin.

À vrai dire, il semblait tellement mal à l'aise – et mal en point – que nous pensions qu'il faisait déjà les frais de son comportement. Nous avions convenu que cette attitude était due au changement soudain. Elle découlait sûrement de sa surexcitation. Les choses reviendraient à la normale le lendemain matin, tant que nous restions discrets et que nous n'essayions pas de lui faire vivre trop de nouvelles expériences. Une journée calme à la piscine conviendrait parfaitement.

Malheureusement, notre présage confiant ne se confirma pas, car le jour suivant commença comme le précédent avait fini, Justin étant d'une humeur exécrable. Il sembla dès son réveil incapable de bien se tenir et fut agressif et désagréable toute la journée. Selon toute apparence, cela l'amusait grandement de maintenir la tête de Chloe sous l'eau jusqu'à ce qu'elle se débatte pour pouvoir respirer. Malgré nos remontrances, il revenait toujours au même jeu dangereux. Chloe, furieuse, finit par en avoir assez.

Je tentais de la consoler quand un bruit tout près nous fit nous retourner : Justin venait de pousser deux jeunes enfants dans l'eau, et il les regardait, au bord de la piscine, complètement détendu, s'agiter pour ne pas se noyer.

Leur père les sortit de l'eau, et il fallut un certain temps à Mike pour calmer sa fureur, qui était pour le moins compréhensible. Puis, devant de toute évidence faire preuve d'autorité vis-à-vis de « son » enfant incontrôlable, il s'en prit à Justin.

— Bon, ça *suffit*, maintenant ! lança-t-il.

Justin le regarda d'un air hébété pendant quelques secondes, puis il cracha dans la foulée un « Mais lâche-moi, putain ! » sincère et loquace avant de lui tourner le dos et de disparaître au petit galop de la piscine.

— Génial, lâcha Mike en attrapant ses tongs. Il ne manquait plus que ça.

Je quittai ma chaise longue et glissai les pieds dans les miennes tout en saisissant mon paréo et mon sac. Nous avions une fois de plus réussi à attirer l'attention générale – je sentais tous les yeux fixés sur nous, dissimulés derrière leurs lunettes de soleil. Et les spectateurs comprenaient ma nièce et mon neveu, toujours dans la piscine, le regard désormais braqué vers la porte par où Justin avait disparu. Ils ne cherchaient même plus à masquer leur agacement.

Je me tournai vers Riley.

— Garde un œil sur Chloe et Daniel, d'accord, chérie ?

Elle roula les yeux et hocha la tête.

— Bon courage…

Mike et moi nous lançâmes alors à la poursuite de Justin.

Il nous fallut une bonne heure pour le retrouver. Une heure durant laquelle je fus traversée par tous les sentiments possibles : je voulus l'étrangler, me sentis coupable d'avoir si mal évalué l'état de sa progression, pestai contre lui pour l'ampoule qui commençait à se former entre mes orteils, eus le ventre noué de la peur qu'on ressent lorsqu'on égare un enfant en bas âge, et voulus de nouveau l'étrangler. C'était une chaude après-midi, et nous eûmes rapidement mal aux pieds à force de balayer le front de mer, les petites rues et les grandes étendues de plage, nous arrêtant sur chaque tête blonde et bouclée que nous apercevions.

Les trottoirs et le sable étaient brûlants, et il était pieds nus. Peut-être était-il alors rentré au complexe. Peut-être ferais-je mieux d'appeler Riley pour qu'elle aille vérifier dans les appartements. Nous en avions loué deux : elle en partageait un avec Chloe et Daniel, et Mike, Justin et moi occupions le second. Peut-être que, fatigué d'avoir traîné si longtemps sous le soleil, il avait cherché à retrouver leur fraîcheur. Je m'apprêtais à sortir mon téléphone de mon sac lorsque Mike leva brusquement le bras.

— Il est là !

Justin se tenait sur le front de mer – à peine à deux cents mètres de l'hôtel –, devant l'entrée d'un parc d'activités de plein air. De toute évidence, je n'étais pas de la meilleure des humeurs, et je me mis à le disputer aussitôt.

— Je suis très fâchée, Justin ! lançai-je sèchement. Comment oses-tu faire une chose pareille ! Comment oses-tu ?...

Mais je n'eus pas le temps de finir. Il fit volte-face et détala.

— Justin ! cria Mike, aussi furieux que moi. Justin, reviens ici *tout de suite* !

Quelqu'un là-haut dut nous écouter, même si ce n'était pas le cas de Justin, car, pile au moment où nous nous élancions derrière lui – Justin nous avait distancés de quarante bons mètres, et le fossé s'étirait –, il prit le temps de se retourner pour voir si nous le poursuivions toujours. N'ayant pas des yeux derrière la tête, il fonça à pleine allure dans un palmier.

Devant mon air terrorisé, il rebondit, littéralement. Il vola en arrière et s'écroula comme une quille. Il aurait pu se briser le nez, s'ouvrir le crâne, n'importe quoi. Je m'attendais au moins à le découvrir sans ses dents de devant.

Mais, le temps qu'on le rejoigne, il s'était déjà hissé sur ses pieds et il éclata de rire en nous voyant. Mike et moi, sous la pression qui retombait, l'imitâmes aussitôt. Et, bien que notre rire fût plus hystérique qu'autre chose, c'était comme si, en un claquement de doigts, l'ambiance était revenue à la normale, comme si cet épisode cocasse avait changé l'humeur de Justin.

Nous ne nous y attendions pas, nous n'osions d'ailleurs même pas y penser, tout en retournant à l'hôtel, mais, à partir de cet après-midi-là, nous n'eûmes plus à lever le ton du reste des vacances, qui se déroulèrent parfaitement bien.

18

— Des spaghettis bolognaise ! déclara Justin avec ardeur. Je vais vous concocter les meilleures *pasta bolognese del mondo* !

Je l'observai avec un sourire s'emparer du papier et du crayon que je lui avais apportés. En ce mercredi après-midi, assis sur la véranda avec toutes sortes de livres de cuisine étalés par terre, Justin cherchait une recette afin de pouvoir nous préparer un dîner spécial.

Presque aussitôt après notre retour de vacances, il avait été temps pour lui d'entamer le dernier niveau de son programme de points. Il avait rempli toutes les exigences du niveau deux et accumulé suffisamment de points pour passer à l'étape supérieure. Le niveau trois proposait tout un tas d'objectifs plus subtils et difficiles, ainsi que de nouvelles récompenses.

On attendait désormais de lui qu'il prenne en compte ce que les autres pouvaient ressentir, qu'il rende chaque jour service à quelqu'un, sans avoir à le lui demander, et qu'il s'attelle davantage à son progrès scolaire. Par exemple, pour gagner des points, il devait lire une heure par jour – ce qui pouvait être un challenge même pour le plus docile des enfants de douze ans.

Ses récompenses s'avéraient également plus complexes, et j'étais enchantée par la motivation qu'il en dégageait. Évidemment, sa difficulté à se faire des amis était toujours un point noir. Depuis l'incident avec Gregory, il ne semblait pas avoir beaucoup progressé de ce côté-là et avait encore du mal à interagir de façon positive avec ses camarades. Mais le reste des récompenses était principalement orienté vers la famille, et il travaillait très dur pour les obtenir. Il avait par exemple la possibilité d'organiser une soirée DVD, avec du pop-corn, des boissons gazeuses, des pizzas, etc. Sa récompense préférée – je vous le donne en mille – consistait à préparer le dîner pour tout le monde.

— *Bellissimo !* répondis-je. On ferait mieux de s'y mettre tout de suite. Il est presque seize heures et nous devons encore aller faire les courses.

Ces deux derniers jours avaient été plutôt stressants, j'étais contente que nous puissions faire quelque chose d'agréable ensemble. Même si l'école l'avait de nouveau accepté, ça n'avait pas été les bras grands ouverts. Dès le jour de la reprise, un comité composé d'un représentant du conseil d'administration, du directeur et de la responsable de l'aide à l'apprentissage m'avait clairement fait comprendre qu'ils ne donneraient pas d'autre chance à Justin avant d'adopter des mesures d'urgence.

Il devait signer une sorte de contrat de comportement. L'école lui garantirait une aide supplémentaire pour les cours et le ferait accompagner entre chaque changement de classe. Il pourrait également passer les pauses dans la salle de soutien où il aurait accès aux ordinateurs. De son côté, il devait s'engager à bien se tenir. Il était plutôt ravi de cette proposition, étant donné sa passion pour les ordinateurs. C'était au final une assez bonne carotte.

Nous partîmes aussitôt au supermarché, lui armé de la liste de courses qu'il avait rédigée avec soin après avoir consulté celle des ingrédients de la recette choisie. Il adorait Jamie Oliver. À vrai dire, ce célèbre chef était un héros aux yeux de Justin. Il considérait que c'était le plus beau métier du monde et nous assurait qu'un jour, lui aussi passerait à la télé pour concocter des petits plats rapides tout en faisant le clown, comme Jamie. Nous lui avions acheté son livre dès qu'il nous en avait parlé, et il le feuilletait souvent pendant que je préparais le repas, me faisant part de toutes les fabuleuses recettes que lui aussi inventerait un jour.

Exception faite du stress dû à la reprise de l'école, j'étais d'humeur assez enjouée depuis notre retour de vacances, qui semblaient avoir marqué un réel tournant dans le comportement de Justin. On dit que le changement est aussi bénéfique que le repos – certes, Kieron ne partageait pas cet avis –, et même s'il est difficile d'imaginer en quoi une semaine au soleil peut être une panacée pour un garçon à ce point perturbé, Justin semblait moins tendu, ces derniers temps, ce qui rendait l'atmosphère générale de la maison bien plus calme. C'était peut-être une simple coïncidence, mais ça m'était égal. J'étais juste ravie que nous ayons franchi une étape. De retour des courses, Kieron était déjà rentré de l'université, et je savais que Mike – toujours affamé après ses journées éprouvantes physiquement – n'allait pas tarder, ainsi que Riley et David, qui venaient dîner à la maison afin de goûter au premier repas préparé de A à Z par Justin.

Jamie Oliver n'avait pas encore dû écrire *30 Minutes chrono* à cette époque, mais si cela avait été le cas, Justin aurait sans aucun doute été dans les temps. Devant son accent cockney irrésistible, Kieron et moi l'écoutions en pleurant presque de rire décrire chaque étape.

— Ça va être dééélicieux, les mecs ! lança-t-il en coupant les champignons – avec assurance et adresse, d'ailleurs.

Je me rendis compte que ses ambitions culinaires n'étaient pas utopiques. Il était clairement passionné et possédait un don certain.

— Et maintenant, continua-t-il, juuuste un petit peu de poivre, et regardez-moi ça ! C'est pas magnifique ? Ça, c'est de la bonne bouffe !

C'est à ce moment-là que j'entendis la porte, et Riley et David apparurent à nos côtés.

— Ah ! s'écria Justin de manière théâtrale lorsqu'il les vit. Deux spectateurs de plus ! Meeeerveilleux ! Venez devant, madame, je vous prie, ajouta-t-il en faisant signe à Riley de s'approcher. Apportez une chaise à la dame, monsieur, ordonna-t-il à David.

Lorsque Mike arriva, nous riions tous aux larmes, à tel point qu'il se demanda ce qui avait bien pu se passer.

Je me souviens d'avoir pensé que, pour la plupart des gens, cette scène n'aurait pas signifié grand-chose. Ce n'était qu'une famille qui prenait du bon temps. Mais, pour Justin, c'était *énorme.* C'était le genre de choses qu'il n'avait jamais connues. Et cela nous rappelait, à Mike et moi, que c'était cette normalité constante et rassurante qui, en tant que famille d'accueil, était la base de notre mission.

Et puis, c'était merveilleux de voir enfin Justin sortir de sa coquille, de voir qu'il se sentait assez détendu et en sécurité pour être le centre de l'attention, pour les meilleures raisons, et non les pires. De toute évidence, derrière cette façade triste et fragile se cachait l'âme d'un comique vraiment doué. Malgré mon rire, j'étais déchirée à l'intérieur ; c'était tellement injuste que certains enfants n'aient simplement pas la chance de développer leur potentiel selon les conditions que leur accordait la vie. Mais ce hasard tragique était, je l'espérais, réparable, même si révéler l'enfant qui sommeillait en lui allait être une tâche longue et ardue.

En l'espace de deux semaines, cette tâche s'avéra encore plus difficile.

Justin s'était mis en tête, dernièrement, d'essayer de retrouver son père. Sans le vouloir, c'étaient les vacances qui en avaient été la cause. Une fois toutes les photos développées, j'avais eu l'idée de faire quelques doubles pour Justin afin qu'il puisse les mettre dans sa boîte à souvenirs.

Nous étions sur son lit – je venais tout juste de les lui monter –, et il les regardait l'une après l'autre en riant aux bons moments qu'elles lui rappelaient. Puis il tomba sur une photo particulièrement jolie de Mike et lui, posant devant un bassin, juste avant de faire de la plongée. Mike entourait les épaules de

Justin de son bras, et ils arboraient tous les deux un grand sourire. Il la rangea dans la boîte et annonça subitement :

— Si jamais on me pose la question, si je pars d'ici par exemple, je dirai que c'est moi et mon père.

Une boule se forma dans ma gorge jusqu'à me faire mal. Je déglutis (*Ressaisis-toi, voyons,* m'intimai-je) et songeai à la stabilité qui régnait à la maison ces derniers temps. Peut-être était-ce le bon moment d'aborder le sujet de son vrai père. Il n'en avait parlé que vaguement depuis qu'il était chez nous, et ce n'était pas quelque chose qu'il semblait avoir creusé auparavant. Il n'avait fait que mentionner les deux noms que sa mère et sa grand-mère avaient laissé échapper, et j'imaginais qu'il avait suffisamment à gérer avec la famille qu'il connaissait sans avoir à en chercher un autre membre qui le laisserait tomber.

Mais quelque chose me disait que c'était peut-être le moment d'en parler. Après tout, si nous voulions reconstituer son passé de façon profitable, toutes les pièces du puzzle devaient être en place. Et mieux valait faire face à une impasse que de rester avec une question sans réponse.

— Pourquoi pas ? lançai-je d'un ton enjoué afin de le rassurer : cela ne nous poserait pas de problème. C'est une sorte de père pour toi, après tout. Et je pense que ça lui ferait plaisir de l'apprendre.

Justin me fit un grand sourire, visiblement enchanté par ma réaction.

— Mais as-tu déjà songé à ton vrai papa ? poursuivis-je. Tu sais, rien ne nous empêche de mener une enquête, si tu veux. On pourrait demander à Harrison Green de faire quelques recherches.

Il parut aussitôt motivé, et je compris que c'était quelque chose qu'il avait déjà envisagé, même si nous n'en avions jamais parlé.

— Oui, j'aimerais bien le connaître, dit-il. On m'a donné deux noms. Ma mère et ma grand-mère n'ont pas arrêté de me mentir à ce sujet, mais il y avait toujours ces deux noms qui revenaient. D'après ma grand-mère, l'un d'eux ne saurait même pas que j'existe, parce que, si c'est lui, ma mère ne lui a jamais dit qu'elle était enceinte. Ça pourrait être un des deux, tu ne crois pas ?

— C'est possible, dis-je en hochant la tête.

Je me tournai légèrement sur le lit afin de lui faire face.

— Mais il faut que tu comprennes, trésor, que notre enquête ne mènera peut-être à rien. Il faut que tu gardes à l'esprit que, même si nous le retrouvons, il ne voudra pas forcément être « ton papa »...

— Je m'en doute, dit-il gravement. Mais ça ira. J'aimerais juste savoir qui c'est, tu comprends ?

— Bien sûr...

Le lendemain matin, je contactai Harrison Green et John Fulshaw, le premier pour lui demander d'entamer des recherches, et le second simplement pour le tenir informé. Plus tard dans la journée, Harrison rappela et me confirma qu'en effet, deux noms apparaissaient sur le dossier des services sociaux. Il semblait surpris, car Justin ne lui en avait jamais parlé. Je lui mentionnai alors l'épisode des photos et ma suggestion, et lui expliquai pourquoi il était important, à mes yeux, d'essayer d'établir autant de faits possible, pour le bien de Justin. Je me retins d'ajouter qu'il aurait éventuellement pu lui poser la question, à un moment donné, mais j'avais compris, désormais, que cela ne servirait à rien.

Il fit tout de même l'effort de se renseigner, car il rappela deux jours plus tard, cette fois pour m'annoncer qu'il avait quelque chose à nous dire, pourquoi pas autour d'un burger. Impossible pour Justin de refuser un burger. Nous convînmes alors de nous retrouver en ville le lendemain après-midi, juste après l'école, afin qu'Harrison puisse nous confier ce qu'il avait appris.

— Je pense que vous avez raison concernant les deux pères éventuels, confirma-t-il d'un air détaché, une fois la commande passée.

Son espèce d'indifférence me choqua de nouveau. C'était comme s'il ne nous accordait pas son entière attention. J'ai peut-être tort, mais Harrison m'a toujours donné l'impression que nous n'étions qu'un dossier de plus sur son bureau, et que, chaque fois que nous le rencontrions, il n'était pas concentré que sur notre cas. Ce jour-là, il ne dérogeait pas à la règle.

— Mais je n'ai réussi à avoir qu'une seule adresse, ajouta-t-il, ce qui est sûrement une bonne chose.

Il plissa légèrement le front.

— Pour être honnête, il vaudrait mieux que ce ne soit pas l'autre, parce que, d'après ce que j'ai pu obtenir comme information, il serait du genre crapule, Justin. Il pourrait peut-être même bien être en prison.

J'étais sidérée – pour rester cordiale – par son

manque de tact. Pensait-il vraiment que c'était une chose à dire comme ça, de but en blanc, devant Justin ? Que se passerait-il s'il s'avérait que ce présumé détenu était son père ? C'était d'une intelligence sans borne... Mais je me mordis la langue et restai muette. Ça ne servait plus à rien ; le mal était fait.

À vrai dire, Justin semblait bien plus intéressé par l'autre homme, celui qu'Harrison avait retrouvé et qui habitait à une trentaine de kilomètres de là. Justin était d'ailleurs tout excité à l'idée de le rencontrer. Je voyais bien qu'il s'inventait déjà des scénarios entre père et fils tout en mâchouillant son burger. Je souhaitais vraiment que ses espoirs ne se retrouvent pas anéantis, mais les chances étaient maigres. J'imaginais que ce père potentiel n'avait pas la moindre idée de son existence, comme Justin l'avait suggéré, ou il était au courant, mais n'avait aucune envie de le connaître davantage. Et même si la première hypothèse se révélait la bonne et qu'il acceptât sa paternité, quelles étaient les chances, vu le monde dans lequel vivait la mère de Justin, pour qu'il s'écrie « Hourra ! J'ai un fils ! » et l'accueille dans sa vie les bras grands ouverts ? Une sur plusieurs millions, sûrement. S'ils avaient dû se rencontrer, cela se serait produit plusieurs années auparavant. Je ne me faisais donc pas trop d'illusions. Mais il ne s'agissait pas seulement de connaître l'identité de son père, même si cela pouvait être merveilleux pour lui. Il s'agissait surtout de rassembler toutes les pièces de son passé. Le fait que Justin soit capable de savoir d'où il venait ne serait pas un mal : qui n'aurait pas envie de connaître ses origines, quelles qu'en soient les circonstances ? Je gardai donc mon optimisme et les doigts croisés.

Et l'enthousiasme de Justin était immuable. Ce soir-là, il regardait *EastEnders* avec Mike et moi, et les frères Mitchell faisaient une fois de plus parler d'eux.

— Je me demande s'il est grand et fort comme Phil Mitchell ! lança-t-il. J'imagine... Et toi, Mike, qu'est-ce que tu en penses ?

— Sûrement. Après tout, tu es plutôt costaud, hein ?

— Oui, chéri, dis-je à Mike. C'est vrai. Mais n'oublie pas, Justin, qu'il y a une possibilité que cet homme ne soit *pas* ton père.

Je détestais voir cette frustration traverser le visage de Justin et devoir jouer l'avocat du diable. Après tout, c'était moi qui avais abordé le sujet, à la base. Mais, quelque part, je ne voulais pas que tout cela prenne trop d'ampleur. Je lançai un regard d'avertissement à Mike, qui parut comprendre. Justin aussi, car il reprit aussitôt :

— Je le sais, Casey. Je te le jure. Je veux juste dire que, si c'est mon père, il sera probablement costaud.

— C'est possible, trésor. Mais ce n'est pas le plus important, n'est-ce pas ? Car la seule chose dont nous pouvons être certains, c'est que, qui qu'il soit, il sera charmant. Comment ne pourrait-il pas l'être ? Avec un tel beau gosse comme fils...

Je tendis le bras pour le chatouiller.

— ... et toutes ces jolies bouclettes blondes.

Le prochain coup de téléphone arriva seulement vingt-quatre heures plus tard. C'était Harrison. Il avait parlé avec le fameux père potentiel le matin même, qui avait accepté de rencontrer Justin « pour discuter ». Mais c'était moi au bout du fil, et non Justin, ce qui me soulagea, car, visiblement, Harrison ne se faisait pas d'illusions non plus.

— Je ne sais pas vraiment ce qui va en sortir, me confia-t-il. Parce que cet homme semble plus intéressé par l'idée de ne *pas* être son père. D'après lui, il verra tout de suite si Justin est le sien ou pas. Tous ses autres enfants se ressemblent.

Il se croit dans un défilé canin ou quoi ? pensai-je, mais je n'en dis rien. Comme c'était charmant...

Étonnamment, c'est Justin qui me rassura.

— Ne t'inquiète pas, Casey, me souffla-t-il alors que je lui répétais pour la cinquième fois de ne pas se faire trop d'espoir. Ce n'est pas comme si je ressentais quoi que ce soit pour lui. Je ne le connais pas. Donc, si ce n'est pas mon père, ça ne sera pas grave, d'accord ? Ça va aller.

Nous ne pouvions pas accompagner Justin, car c'était au-delà de nos attributions. Harrison Green avait prévu de venir le chercher et de l'emmener au billard du centre-ville, convenu comme point de rendez-vous. J'avais du mal à vraiment savoir ce que je ressentais, tandis que je leur faisais au revoir de la main. J'avais juste conscience de cette boule d'angoisse, dans mon ventre, que je ne pus faire disparaître qu'à leur retour.

Mike rentra à la maison entre-temps, et je me souvins que j'avais ressenti quelque chose de similaire lorsque Kieron avait commencé le lycée. Il était très fier d'être un grand, mais je savais que, quelque part, il était terrifié. Terrifié par l'envergure du bâtiment, par le nombre d'élèves et le côté écrasant généré par tous ces gens et tout ce bruit. Je m'étais sentie mal toute la journée, et, lorsqu'il était revenu à la maison, j'avais rongé mes ongles jusqu'au sang.

J'en parlai à Mike – je lui avais déjà dit ce que Justin m'avait confié au sujet de la photo – et je me rendis compte que je n'étais pas la seule à ressentir ce besoin maladif de le protéger.

— Mais, chérie, me rassura-t-il, nous sommes là pour lui. Et il a raison : il n'a jamais eu de figure paternelle dans sa vie, ne l'oublie pas. Cet homme ne peut pas blesser Justin plus qu'il ne l'est déjà. C'est sûr que, si ça ne se passe pas bien, Justin sera déçu, mais ce n'est pas pareil que d'avoir le cœur brisé. Il a assez à gérer de ce côté-là avec sa satanée mère.

Je fis donc en sorte de me calmer et de ne pas m'inquiéter, mais impossible de me défaire de la pitié qui me tenaillait. Imaginez devoir vous rendre dans un endroit inconnu *pour rencontrer* un inconnu et lui demander : « Êtes-vous mon père ? » Est-ce normal qu'un enfant ait à faire une telle chose ? Non, je ne crois pas.

À peine aperçus-je Justin et Harrison remonter l'allée de la maison que je compris que ça n'avait servi à rien.

— Alors, trésor ! lançai-je tout en faisant griller des *crumpets*.

Par chance, Harrison avait décliné ma proposition de venir prendre un thé. Nous n'étions donc que tous les trois dans la cuisine.

— Comment ça s'est passé ? À quoi ressemble-t-il ?

Justin enveloppa sa tasse de chocolat chaud des deux mains.

— Il est sympa, lâcha-t-il en plissant le front. Mais je te jure que j'étais mort de trouille, Casey. Je suis entré et, d'un coup, je ne savais plus quoi dire. Il est super grand et un peu gros. J'imagine que je tiens de lui.

Il ne nous signifia pas si c'était une bonne ou une mauvaise chose. Je pouvais seulement me fier à son expression, qui ne laissait rien transparaître.

— Bref, reprit Justin, il m'a dit : « Ça va, petit ? Tu veux faire une partie de billard ? » Alors, on a joué, et je l'ai laissé gagner, parce que c'est mon père, et…

Mike et moi échangeâmes un regard.

— Et il m'a payé un coca. Désolé, Casey, il ne savait pas que je n'avais pas le droit d'en boire…

— Mais si, tu as le droit, espèce d'andouille ! Ça ne fait rien, continue. Qu'est-ce qui s'est passé ensuite ?

— On a été s'asseoir un peu…

Son visage afficha un sourire tandis qu'il se remémorait ce moment.

— On aurait dit deux vieillards posés dans un pub. Alors, il me lance : « C'était bien de te rencontrer, bla, bla, bla. » Puis : « Et pour être honnête, petit, je ne sais toujours pas si je suis vraiment ton père. »

— Et ensuite ? demanda Mike d'une voix douce.

— C'est tout. Il m'a dit qu'il fallait que je comprenne qu'il avait sa propre famille, maintenant, et que l'histoire avec ma mère datait d'il y a des années. Il ne se souvient même pas d'elle. Voilà, il ne peut rien me promettre. Il s'est excusé…

Justin s'empara de son *crumpet* et le scruta. Je voyais bien que, plus il revivait la scène, plus c'était difficile pour lui.

— Il m'a dit qu'il était désolé, conclut-il avant de mordre dans son goûter. Mais il a déjà suffisamment de choses à gérer.

Mike et moi restâmes muets une fraction de seconde, mais ce fut tout de même un silence grave.

— Ça va aller, trésor, soufflai-je en tirant une chaise afin de m'asseoir entre eux. Au moins, tu as pu le rencontrer ; tu peux mettre un visage dessus. C'est bien mieux que de ne pas savoir, non ?

— Et il a fait ce qu'il fallait, ajouta Mike en tapotant le bras de Justin. Il a pris le temps de venir te parler.

— Exactement, approuvai-je.

Toutefois, qu'on lui ait fait remarquer si abruptement qu'il était un enfant qu'on avait simplement remplacé m'emplissait d'une profonde tristesse.

— J'imagine… répondit Justin tout en ne laissant toujours pas voir ce qu'il ressentait. Il m'a quand même dit que, si jamais j'avais besoin d'un rein ou autre chose… Mais il plaisantait, hein ?

19

Bien que nous ne sachions pas vraiment qui était son père (au final, nous ne l'avons jamais su), Justin avait pris sa recherche très au sérieux, motivé qu'il était par l'idée de connaître ses origines et ainsi de mieux se connaître lui-même.

C'était une étape cruciale dans le long parcours qui consistait à dénouer les souvenirs et les pensées sombres dans sa jeune tête, ainsi qu'une partie importante du programme que nous avions entamé lorsqu'il était arrivé chez nous. Cela me paraissait également judicieux de mettre à plat son passé, d'en faire une liste chronologique afin qu'il puisse voir avec clarté ce qui lui était arrivé jusqu'ici. Il avait toujours été plus ou moins vague quant aux endroits où il avait été, et leur période, ce qui n'était guère surprenant, vu tous les placements qu'il avait connus. Par ailleurs, il s'emmêlait très souvent dans les dates et les noms.

Nous étions samedi après-midi et avions la maison pour nous deux, Kieron et Mike étant au football. Je proposai alors à Justin de descendre sa boîte à souvenirs afin que nous entreprenions de mettre en place la frise chronologique de sa vie.

— Tu as dû faire ça à l'école primaire, dis-je en guise d'analogie. Tu te rappelles ces longues bandes de papier qui expliquent la création de la Terre ? Où tu commences au début des temps et tu avances, petit à petit, avec l'apparition des montagnes, puis la première forme de vie dans les océans, les dinosaures…

— Et les humains à la toute fin de la frise, genre sur ça, à peu près ? demanda Justin en collant son pouce et son index afin d'indiquer une infime durée. Parce que ça fait vraiment très peu de temps que les hommes existent.

— C'est ça ! J'en déduis que tu étais assidu, alors !

J'étais plutôt chamboulée depuis la rencontre entre Justin et son « père », car je m'étais vraiment rendu compte à quel point sa vie avait été dure. La nuit qui avait suivi, incapable de dormir (rien de nouveau de ce côté-là, comme me le fit remarquer Mike), je n'avais cessé de m'indigner du fait qu'à part ses petits frères, avec qui il finirait sûrement par perdre tout contact, il n'y avait pas une seule personne qui l'aimait. J'étais bouleversée par l'idée qu'il n'ait pas d'autre choix que de vivre dans un monde où personne ne se souciait qu'il soit heureux ou triste, qu'il aille bien ou mal, qu'il se débrouille seul ou qu'il ait besoin de soutien. C'était tellement contraire à ma propre expérience, avec mon immense famille pleine d'amour, que j'avais de la difficulté à le concevoir. Je m'efforçai d'expliquer tout cela à Mike, qui écouta patiemment mes chuchotements avant de se tourner vers moi :

— Mais, Case, il nous a *nous,* au moins, maintenant.

— Je sais, mais... commençai-je.

— Et nous l'aimons, n'est-ce pas ? Toi et moi, murmura-t-il.

Il avait raison. Nous l'aimions, et il nous avait, désormais.

Après avoir expliqué le concept de la frise chronologique à Justin et le fait que nous allions en créer une juste pour lui, nous nous rendîmes dans le garage où, au bout de quelques minutes de fouille, je finis par trouver ce que je cherchais : un gros rouleau de papier peint qui datait de l'époque où nous avions redécoré la chambre de Kieron, il y avait des années de cela.

De retour dans le salon, nous fîmes de la place en poussant la table et les chaises contre un mur afin d'avoir suffisamment d'espace par terre et sur le mur opposé.

— Il y en a, du papier ! remarqua Justin, l'extrémité du rouleau à la main, tandis que je le déroulais en collant au fur et à mesure des petits bouts de pâte à fixer à l'arrière.

— C'est parce que tu en as eu, une sacrée vie, trésor, répondis-je avec un sourire tout en appliquant le papier au mur.

Ce fut une longue opération. Nous commençâmes par sa naissance, qu'il indiqua avec soin au début de sa frise – il avait descendu pour l'occasion sa boîte de feutres ainsi que sa boîte à souvenirs –, et avançâmes peu à peu, année par année.

Je compris dès le début que ça n'allait pas être facile. Justin avait d'énormes trous de mémoire et arrivait difficilement à gérer l'ordre dans lequel nous évoluions. Je m'en rendis d'autant plus compte lorsque, surprise par le bruit de la porte d'entrée, je jetai un coup d'œil à l'horloge. Cela faisait déjà trois heures que nous y étions, et il n'avait que six ans sur la frise.

Mike et Kieron étant rentrés, j'en profitai pour suggérer une pause goûter. La tâche était bien plus importante que ce que j'avais imaginé.

Tout en allant dans la cuisine pour préparer des boissons et quelques sandwiches, j'entendis Justin expliquer en détail à Kieron et Mike ce que nous cherchions à faire.

— Mais c'est dur, parce que je ne me souviens pas de tout. Ça remonte à si loin, mes six ans.

— Imagine pour moi, alors, fit remarquer Mike. Peut-être que Casey s'y est mal prise, ajouta-t-il en adoptant un ton conspirateur. Je vais te dire : si c'était moi qui essayais de me rappeler mon passé, je ne m'embêterais pas avec les dates. Je me contenterais de l'âge. Commence par ce dont tu te souviens clairement, peu importe l'ordre dans lequel ça te vient. Ensuite, tu peux parcourir tout ça [il parlait sans aucun doute de sa boîte à souvenirs] et rassembler ce que tu es capable de replacer temporellement – cette photo, par exemple, ou ce ticket. Tu vois ? Ils sont datés. Et, une fois que tu as réussi à mettre tout ça en ordre, il ne te reste plus qu'à combler les trous.

Lorsque je revins avec un plateau chargé de sandwiches jambon-fromage, ils avaient plus progressé en quinze minutes que nous en une après-midi.

Je gratifiai Mike d'un sourire reconnaissant. Que

ferais-je sans lui ? Après la pause, nous nous y remîmes aussitôt.

Et cela s'avéra très positif, au final, car, plutôt que de nous concentrer sur les aspects néfastes de sa vie, les bons souvenirs de Justin et ce que contenait sa boîte nous poussèrent à nous arrêter davantage sur les moments agréables qu'il avait passés. Ainsi, cela lui rappelait que les périodes d'ombre étaient entrecoupées de lumière et que, finalement, il y avait beaucoup de gens bien sur terre.

— Je me souviens ! s'enthousiasmait-il. C'était quand je vivais chez les Phillips. J'allais à l'école St. Cuthbert, et j'avais un copain qui s'appelait Tom.

Son visage s'illuminait et il enchaînait sur un autre souvenir, me faisant part d'un air jovial d'anecdotes réjouissantes, plutôt que de tristement me raconter son malheur. Je compris soudain à quel point ces boîtes à souvenirs étaient précieuses. Par ailleurs, les services sociaux avaient entièrement raison d'insister pour que chaque famille d'accueil note tout événement pertinent dans la vie d'un enfant. Sans les photos et les autres souvenirs que contenait sa boîte, nous ne serions jamais parvenus à faire une telle chose, dont le pouvoir était à la fois édifiant et thérapeutique. Lors de ma formation, on m'avait signalé que les enfants méprisaient souvent leur boîte à souvenirs, car ils la voyaient comme un désolant rappel de tristes instants. C'était peut-être le cas, mais, dans un tel moment, où un enfant était visiblement prêt à faire face à ce genre de choses, elle s'avérait indispensable.

Tout en continuant notre séance-marathon d'assemblage et d'anecdotes, nous fûmes amenés à parler de membres de la famille de Justin qu'il n'avait jamais mentionnés jusqu'ici : des tantes et des oncles, et même plusieurs cousins. Inconsciemment, Justin était donc en train d'agrandir sa famille et ainsi son sentiment d'appartenance. Celui qui, aux services sociaux, avait eu l'idée des boîtes à souvenirs savait visiblement très bien ce qu'il faisait.

Mais les mauvais souvenirs étaient aussi importants que les bons, car le processus de s'approprier ces souvenirs refoulés était indispensable à son bien-être émotionnel. Lorsqu'il en vint à parler de sa mamie, la mère de sa mère, il fit une remarque sur Janice qui prouvait l'énorme pas en avant qui avait été fait.

— Je sais que ce n'est pas bien de se droguer. Mais, quelque part, je comprends pourquoi elle l'a fait. Parce que personne ne l'en a empêchée. Parce que ma mamie s'est toujours foutue de ce qu'elle pouvait bien faire.

— C'est ta mère qui te l'a dit ? demandai-je.

Il acquiesça.

— Oui. Elle la laissait toute seule la plupart du temps. Alors, elle faisait venir ses amis et ils fumaient de l'herbe.

C'était si simple, songeai-je. Et si affligeant. Ça commence avec ce genre de petites choses et, en fin de compte, des vies entières sont détruites.

Il nous fallut pratiquement tout le week-end pour compléter la frise. Mais son effet cathartique sur Justin était évident. C'était comme si elle avait mis à nu une nouvelle couche de souvenirs, des souvenirs que Justin désirait partager.

Le week-end suivant, nous étions mi-septembre et nous avions invité David et Riley, désormais enceinte jusqu'aux yeux, pour le rôti dominical habituel. Nous venions tout juste de terminer le dessert. Comme très souvent, la conversation portait sur ce qui s'était passé dans *EastEnders* dans la semaine, car nous étions tous fans. Je ne me souviens pas exactement de la situation, mais il s'agissait d'une histoire de drogue, ce qui avait poussé Justin à mentionner que sa mère se droguait et qu'il se rappelait à quel point cela l'effrayait.

— Je devais avoir sept ans, dit-il en plissant le front. Quelque chose comme ça.

J'avais la frise en tête : il s'agissait donc d'une de ces courtes périodes où il était retourné vivre avec sa mère et ses frères.

— J'étais là-haut, continua-t-il. Je crois que c'était le soir, ou la nuit. Comme je ne savais pas où elle était, je suis descendu la chercher. Elle était allongée sur le tapis, dans le salon, et on aurait dit qu'elle était morte. Je n'arrivais pas à la réveiller.

Justin avait capté toute notre attention.

— J'avais beau crier et la secouer, elle ne bougeait pas. Là, j'ai vu cette aiguille qui pendait de son bras. J'ai vraiment eu très peur, alors je suis allé chercher Paul.

— Le voisin ? demandai-je.

Il hocha la tête.

— Oui, Paul. Il m'a suivi et l'a mise dans la baignoire. Il a retiré l'aiguille de son bras, l'a soulevée, l'a montée et l'a posée dans la baignoire tout habillée. Là, il l'a giflée jusqu'à ce qu'elle reprenne conscience. Et alors qu'il essayait de la ressortir de la baignoire, elle a vomi. Il y en avait partout. Partout. Sur ses vêtements, sur le lino. Et lorsqu'elle s'est levée, j'ai vu qu'il y avait aussi de la merde qui coulait le long de ses jambes.

Nous étions tous trop abasourdis pour pouvoir parler, la tête pleine d'images horribles. C'était déjà assez sinistre d'être témoin d'une telle scène, mais un enfant de sept ans, pour le moins impressionnable ? Et, bien sûr, ça n'était pas n'importe qui. C'était sa *mère* que Justin avait vue dans cet état.

— Oh ! trésor, finis-je par dire. Ça a dû être difficile d'assister à une chose pareille. Ça ne m'étonne pas que tu aies eu peur. N'importe qui aurait réagi de la même façon.

Justin haussa les épaules.

— En fait, c'était vraiment bizarre, dit-il d'un air songeur. C'était comme si ça arrivait, mais qu'en même temps, ça n'était pas réel. C'était comme si je regardais la télé.

C'était toujours ce qui se passait, nous confia-t-il. Comme s'il était spectateur de sa propre vie, un personnage dans un film. Ainsi, il avait le sentiment que ce qui arrivait ne lui arrivait pas à lui.

— J'ai l'impression que je viens seulement de réaliser que ça s'est *vraiment* passé. C'est bizarre, conclut-il. Je n'arrive pas à l'expliquer.

Riley était particulièrement bouleversée par cette histoire, et deux filets de larmes coulaient sur ses joues. Ça s'était passé de façon si furtive que je l'avais à peine remarqué, mais je me rendis compte à quel point elle et Justin s'étaient pris d'affection l'un pour l'autre. Comme presque n'importe quelle femme enceinte, elle faisait le lien avec l'enfant qui grandissait en elle et était révulsée à l'idée qu'un autre puisse vivre une chose pareille. Elle se leva, fit le tour de la table et vint prendre Justin dans ses bras sans rien dire. Surtout, il la laissa l'enlacer sans ciller. Il finit même par lui rendre son étreinte.

C'était très touchant de les voir ainsi, et c'était par-dessus tout une énorme étape. Plus tard, lorsque j'allai border Justin, je passai un peu de temps dans sa chambre afin de lui expliquer que l'esprit fonctionnait comme ça, parfois. Il vous protégeait d'événements traumatisants en vous en déconnectant suffisamment pour que vous puissiez les supporter. Je lui annonçai aussi que sa prise de conscience indiquait clairement qu'il commençait à aller mieux et, grâce à cela, il pouvait se mettre à accepter la réalité de ce qui s'était passé.

Le changement chez Justin ne fut pas qu'émotionnel. Il connut une réelle transformation physique. C'était comme si on lui avait retiré un masque façonné d'une épaisse couche de soucis. Il semblait enfin apprendre à s'accepter et à s'approprier son passé douloureux.

Il commençait également à s'appliquer à l'école, preuve éclatante de son évolution.

Mais il y avait encore un sacré chemin à parcourir ; il ne devrait pas manquer de soutien s'il voulait être paré pour l'avenir. Nous étions certains d'y arriver – tant que nous ne changions pas de façon de faire.

Puis nous croisions les doigts. Après tout, ça ne coûtait rien.

20

Nous étions fin septembre et j'étais surexcitée. Riley, enceinte de presque trente-sept semaines, resplendissait, et la naissance – qui avait été si longtemps un événement lointain – approchait à pas de géant. J'étais folle d'impatience. Lorsque je prenais un peu de recul, je ne parvenais pas à croire que nous avions en vue une année si riche en bouleversements : j'avais entamé une nouvelle carrière, Justin était arrivé, et, au milieu de tout ça, ma fille adorée et son amour de compagnon avaient lancé en toute discrétion leur propre petite révolution, faisant de Mike et moi de nouveaux grands-parents.

Nous n'aurions pas pu être plus fébriles. J'avais accompagné Riley à la plupart de ses examens prénatals. Sachant que je ne pouvais être présente que lorsque Justin était à l'école, son adorable sage-femme s'était adaptée à mon emploi du temps.

Nous avions fièrement collé au frigo la première échographie, et, là-haut, dans notre chambre, Mike et moi commencions à disposer d'une vraie collection d'affaires pour bébé : du landau neuf au stérilisateur dernier cri, en passant par tout un assortiment de vêtements qui ne cessait de croître.

Mike avait également prévu de faire la surprise à Riley, pendant qu'elle serait à l'hôpital, de décorer la chambre qui servirait au bébé. Il avait couvé ce plan après avoir entendu David dire qu'ils ne pouvaient pas se permettre de préparer la chambre dans l'immédiat et que le bébé dormirait dans la leur en attendant qu'ils aient le temps et l'argent de s'en occuper. Le futur grand-père était donc parti en mission shopping et avait rapporté du papier peint Winnie l'Ourson, des cadres et des peluches qu'il garderait cachés jusqu'au grand jour. La tâche s'avérerait ardue pour un laps de temps si court, mais je ne doutais pas un instant que Mike puisse y arriver.

Un autre événement approchait à grands pas et, en contraste avec la naissance prochaine du bébé de Riley, ce n'était pas quelque chose que j'attendais avec impatience. Très bientôt, Justin devrait nous quitter afin de rejoindre sa nouvelle famille d'accueil que notre agence avait fini par sélectionner.

J'aurais dû y être préparée, car je savais que cela arriverait. Notre genre d'accueil n'était pas destiné à être permanent – à vrai dire, c'était le cas pour n'importe quelle famille d'accueil. Mais, comme tous ceux qui préfèrent vivre au jour le jour, je m'étais efforcée de toujours songer à la suite des événements avec optimisme. Ça fonctionnait lorsque les choses se passaient mal, et ça fonctionnerait lorsqu'il nous quitterait, mais, dans l'immédiat, il m'était très difficile de penser au fait qu'il devrait bientôt rejoindre une nouvelle famille.

Je fus confrontée à la triste réalité un soir de semaine, tandis que nous regardions tranquillement la télé tous les deux, ce qui, sans vraiment que je m'en rende compte, était devenu notre petit rituel.

Mike était monté prendre un bain, et Justin vint de l'autre bout du canapé se pelotonner contre moi, puis il posa la tête sur mes genoux.

Avec douceur, je dégageai les boucles sur son visage en souriant. Comme beaucoup d'autres choses, cette intimité qui était instinctive pour la plupart des enfants vis-à-vis de leurs parents, et si étrangère à Justin à son arrivée, avait fini par s'insinuer entre nous naturellement.

— Bientôt, tu seras trop grand pour vouloir faire ça, trésor, lui dis-je.

— Alors, profites-en ! répondit-il en me gratifiant d'un large sourire.

Je me mis à rire, et il reprit sa position douillette.

— Dix minutes, alors. Ensuite, il faudra que j'aille préparer le dîner de Mike.

— D'accord. Mais..., Casey ?

— Mmm ?

— Je ne serai jamais trop grand pour ça, en *réalité*, non ? Parce que je suis comme ton fils, maintenant ? Et les *vrais* fils ne sont jamais trop grands pour se blottir contre leur maman, hein ?

— Tu as raison, chéri, affirmai-je.

J'étais bouleversée et émerveillée par ce que Justin venait de me dire, en dépit de son tempérament aigre-doux. N'était-ce pas la plus belle confirmation de notre progression ? Mais j'étais également submergée par la tristesse. C'était aussi la preuve que nous aurions bientôt accompli notre mission.

Nous en avions pas mal parlé lors de notre formation. Le programme était conçu de telle façon qu'au bout d'environ un an, l'enfant ait franchi toutes les étapes du traitement avec succès et soit prêt à évoluer d'un point de vue concret et émotionnel. Ainsi, il pouvait retourner dans une famille d'accueil traditionnelle. Ça n'arrivait pas chaque fois (comme Mike et moi en serions témoins plus tard, avec d'autres enfants) mais, si le programme fonctionnait, c'en était la finalité. En aucun cas nous ne voulions voir un enfant placé laissé pour compte. Il importait donc à toute personne impliquée dans sa présentation ou sa prestation que le programme connaisse le plus grand succès possible.

Ce soir-là, debout dans la cuisine, j'observai Justin qui finissait calmement ses devoirs sur la table, et je tentai d'imaginer nos vies lorsqu'il ne serait plus là.

Lors de la formation, j'avais beaucoup cherché à me représenter la transition difficile que serait celle de passer de parents libres aux enfants désormais indépendants à assistants familiaux de préadolescents. Comment allions-nous gérer le fait de perdre de nouveau notre liberté ? Allions-nous supporter les pleurs, les caprices ? Comment allions-nous nous entendre, si nous ne cessions de faire la morale ? Mais maintenant que nous avions franchi cette étape, je me rendis compte que je n'avais jamais envisagé à quel point il serait difficile de se séparer de cet enfant. Vous accompagniez vos propres enfants tout au long de leur vie : du berceau à la vie adulte, et au-delà. Dans ce cas, c'était totalement différent, comme passer le relais alors que le travail n'est pas fini.

Mais nous avions *fini* notre mission, et il fallait que nous l'acceptions. Mais lui, allait-il l'accepter ?

Voilà ce qui me tracassait bien davantage. C'était un petit garçon traumatisé, et on nous avait maintes fois répété que ce genre d'enfant avait tendance à barrer la route à tout ce qui pouvait leur causer de la peine. C'était donc difficile de savoir comment il allait appréhender ce nouveau changement : reprendrait-il ses anciennes mauvaises habitudes afin de gérer la situation ?

Lors de notre formation, on avait bien insisté sur le fait qu'une fois le changement de foyer programmé, il fallait s'attendre à une certaine régression chez l'enfant. Même si, dès le début, on lui avait clairement expliqué que ce serait un placement temporaire, avec un but précis – un *autre* placement –, on nous avait assuré qu'il rejetterait cette idée. Et John nous avait prévenus qu'une fois face à la réalité de la situation, Justin réagirait sûrement mal.

En gros, il n'aurait pas envie de nous quitter. Pourquoi le voudrait-il ? Il venait tout juste de me confier qu'il était heureux et qu'il avait l'impression de faire partie d'une famille – de *notre* famille. La vie pouvait être d'une telle cruauté… Je ne savais plus quoi penser.

J'étais sûrement bien plus affectée que je ne voulais le croire, car, en préparant les légumes pour le dîner, alors que Justin travaillait, je me surpris à m'emparer du paquet de *crumpets* et du chocolat : notre petit plaisir du vendredi, et nous n'étions même pas vendredi.

Dès que j'eus annoncé à John que Justin avait obtenu tous les points du programme, les choses se mirent à évoluer très vite.

— Il faut organiser une réunion, déclara-t-il. Avec nous tous : Mike et vous, évidemment, et Harrison et moi, afin que nous puissions expliquer en détail à Justin ce qui va se passer. Nous lui avons trouvé une famille, que nous avons rencontrée tous les deux et qui nous semble parfaite. Dès que nous en aurons parlé à Justin, nous nous arrangerons pour qu'ils fassent connaissance. Il va falloir vous préparer, Casey, me prévint-il. C'est la partie la moins facile de votre mission.

— On dirait bien, répondis-je. Et le pire n'est pas encore passé !

Je riais, mais ce n'était qu'une apparence.

— J'ai peur de le lui dire, avouai-je. Je n'ai pas envie de le décevoir.

— Je suis certain que ça ne sera pas aussi grave que vous l'imaginez, me rassura John.

J'étais aussi certaine que ça le serait. Je songeai à tout ce que nous avions vécu ensemble : la fête « Petite Sirène », les vacances en Espagne, les petites victoires, les gros désastres, la confiance qu'il avait fini par nous accorder. L'amour.

Comment annoncer à un enfant qu'il allait devoir quitter la chambre qu'il avait fini par considérer comme son refuge ? Comment annoncer à un enfant qu'il allait devoir vous quitter, tout simplement ?

J'avais vécu de nombreux moments de trouble durant cette mission dans laquelle Mike et moi nous étions lancés. Mais également avant, et pendant la formation. Mais ce n'était rien comparé à maintenant.

21

— C'est pas juste ! J'ai envie de venir, moi !

Riley grimaça et s'installa derrière la table de la cuisine. Bob vint aussitôt lui lécher la main, comme s'il compatissait à son désarroi évident.

Cela faisait quelque temps que Bob vivait de nouveau chez nous, Kieron et Lauren étant parvenus à la conclusion que Justin était assez mûr pour bien se comporter avec lui. Et ça avait été une sage décision. Ces deux-là étaient inséparables, et Justin avait désormais bien en tête que Bob était l'animal de toute la famille, et qu'ainsi, chacun avait le droit de l'aimer.

— Je sais, trésor, dis-je. Et tu vas nous manquer. Mais regarde-toi : tu pourrais avoir des contractions à tout moment.

— Exactement, confirma Justin en enfilant la capuche de son nouveau sweat.

Il arborait la tenue flambant neuve que nous venions de lui acheter : des baskets, un jogging chic et un sweat à fermeture éclair rouge vif.

— Imagine que tu perdes les eaux dans la voiture. Beeeeeerk !

— Merci, c'est charmant ! se vexa Riley.

— T'as raison, c'est dégueu ! renchérit Kieron.

— Oui, ce serait embarrassant, confirma Mike avec un sourire presque aussi large que le mien. Venez, mes poètes. Il se fait tard, il faut y aller.

C'était la deuxième semaine d'octobre, et nous partions tous à l'aventure. Enfin, sauf Riley, bien sûr, qui était enceinte de trente-neuf semaines et tellement énorme que son médecin et sa sage-femme lui avaient déconseillé d'aller *où que ce soit*, car elle risquait d'avoir ses premières contractions à tout moment. Mais nous autres nous rendions à la cérémonie qui symboliserait la réussite de Justin dans notre programme d'accueil. C'était une journée très importante pour lui, et plutôt spéciale pour nous aussi. C'était à tous notre première fois.

La cérémonie était censée avoir lieu dans la salle de réception de notre agence d'accueil, et tous ceux qui étaient impliqués dans le suivi de Justin seraient présents. Nous étions très déçus que Riley ne puisse pas partager ce moment avec nous, mais, à vrai dire, si ce que Justin avait si délicatement suggéré venait à se produire, cela serait problématique. L'agence se trouvait à une bonne heure de route, et, si Riley était prise de contractions, elle connaîtrait un trajet plutôt long et difficile jusqu'à l'hôpital.

Nous arrivâmes vers onze heures, après un voyage sans encombre, et je remarquai immédiatement à quel point ils avaient pris les choses au sérieux. Et je leur donnais raison : les enfants concernés par ce programme étaient ceux pour lesquels *le moindre* succès avait une énorme valeur. Il était légitime qu'ils apprennent que, dans la vie, on récolte ce que l'on sème, et la vue du tapis rouge à l'entrée de la salle de réception m'arracha un sourire. On avait été plutôt trop confiant par rapport au temps, qui affichait un ciel de plomb, mais, après tout, pourquoi notre petit n'aurait-il pas le droit d'être la star d'un jour ?

J'étais très touchée par les moyens qu'avait mis en œuvre l'équipe de l'agence. En plus du tapis rouge, une énorme bannière dorée ornait le dessus de la porte d'entrée. Écrit en grosses lettres, on pouvait y lire : *Bien joué, Justin. Tu y es arrivé !* Il fallait absolument que je pense à la prendre en photo avant de partir.

— Oh ! mon Dieu, Casey, regarde ça ! s'écria Justin, stupéfait, lorsqu'il la découvrit. Ouah ! Casey, j'ai peur d'entrer, maintenant.

— Ne sois pas bête, mon pote ! lança Kieron. Cette bannière n'est pas là pour rien, andouille. C'est parce que tu as réussi le programme. Allez, entre ! insista-t-il en l'encourageant d'une petite bourrade dans le dos. Et dépêche-toi ! Je gèle, moi, dehors !

À l'intérieur, on dut nous entendre débattre, car, soudain, une des portes battantes s'ouvrit sur une salle pleine de gens. Tout le monde semblait être présent : John Fulshaw, évidemment ; Richard Firth, le responsable d'année de Justin ; sa charmante éducatrice, Helen King ; son conseiller de gestion de la colère, Simon ; Harrison Green et deux autres membres de l'équipe que je connaissais de vue et qui avaient travaillé avec lui de temps à autre ; et, enfin, nous tous : sa « famille ».

On lui avait demandé s'il voulait inviter sa mère à

la cérémonie, mais il avait maintenu qu'elle ne serait pas la bienvenue.

— Elle ne m'a pas du tout aidé durant ce programme, avait-il dit de façon plutôt raisonnable. Pourquoi devrait-elle participer à ma fête ?

Je craignais qu'il ne vienne à regretter cette décision plus tard, mais Mike s'était montré tout aussi catégorique.

— C'est sa journée, me rappela-t-il. Ça doit donc être *son* choix. Nous n'avons pas à l'influencer en quoi que ce soit. Il a le droit d'inviter qui il veut.

Ces visages souriants et familiers semblèrent dissiper jusqu'au dernier soupçon de timidité chez Justin, et il avança dans la salle. Nous le suivîmes et prîmes place pour la cérémonie. Une rangée nous avait été réservée, tout devant, et Justin se glissa aussitôt entre Mike et moi afin de ne pas être en plein milieu. Tout en m'asseyant, je fus une fois de plus touchée par l'effort qui avait été fourni pour célébrer cette journée particulière.

Le long d'un mur, une table était chargée de nourriture. On avait entre autres demandé à Justin d'en choisir la composition. Il avait établi une liste qu'il avait ensuite envoyée par e-mail à John, et le festin de ses rêves s'exhibait désormais devant nous. Il y avait des parts de pizza, des bâtonnets de saucisse, des sandwiches au jambon, des crackers au beurre de cacahuètes, des cupcakes et même – j'avoue avoir eu du mal à y croire – toute une assiette de *crumpets* aux côtés d'un grille-pain !

La salle affichait d'autres signes de fête sous la forme de grappes de ballons et de banderoles colorées. Mike et moi échangeâmes un petit coup de coude lorsque nous vîmes le mur contigu au buffet, entièrement recouvert de photos de Justin que j'avais choisies et envoyées discrètement à John par e-mail, un peu plus tôt dans la semaine. C'étaient des clichés pleins de gaieté, et ils étaient encore plus réjouissants une fois agrandis et affichés ainsi. Ça faisait tellement plaisir de voir tous ces témoignages du bon temps que Justin avait passé chez nous.

La cérémonie débuta aussitôt, et Mike, Kieron et moi écoutâmes avec fierté chaque membre de l'assistance dire un mot gentil au sujet de Justin et le féliciter pour la moindre de ses réussites. Aux yeux de quelqu'un qui ne l'aurait pas connu à son arrivée chez nous, cela aurait pu paraître légèrement exagéré – tout ce tralala pour si peu –, mais cet enfant-là en était digne. Et je regardai avec fierté, sans parler de l'énorme boule dans ma gorge, Justin avancer timidement afin de recevoir son certificat, une poignée de main et les félicitations qu'il méritait sincèrement.

— Mon Dieu, Mike, soufflai-je lorsqu'un tonnerre d'applaudissements explosa enfin dans la salle. Je sens que je vais pleurer. C'est malin, il va avoir honte de moi, maintenant.

— Alors, de moi aussi, chérie, murmura-t-il.

John conclut la cérémonie en offrant son prix à Justin. C'était un trophée – et un gros ; ils n'avaient visiblement rien fait dans la demi-mesure – avec son nom gravé dessus, et sous lequel on pouvait lire : *Une remarquable récompense pour un jeune homme remarquable.*

— Et si tu disais quelques mots, maintenant, jeune homme ? lui suggéra John.

Je voulus croiser le regard de Justin afin de lui signifier mon encouragement. J'étais persuadée que, comme la plupart des garçons de son âge dans ce genre de situation, s'exprimer en public, même brièvement, serait une épreuve difficile pour lui. Mais je le vis avec surprise, et grand plaisir, regarder John droit dans les yeux et hocher la tête.

— Je voudrais remercier tout le monde pour cette cérémonie, dit-il en faisant le tour de la salle des yeux.

Il sourit et leva le trophée, ce qui provoqua une nouvelle tournée d'applaudissements et de clameur.

— Ça me touche beaucoup ! poursuivit-il, ce qui était de toute évidence sincère. Merci énormément à tous. Mais je voudrais remercier en particulier Casey, Mike et Kieron. Oh ! et Riley… qui ne peut pas être là aujourd'hui, ajouta-t-il en me souriant. Vous m'avez beaucoup aidé, et vous avez dû me prendre tel que j'étais, avec mon vécu – tu as vu, Casey, je parle bien, hein ? C'est Simon qui m'a appris ce mot ! Enfin, bref, merci beaucoup. Je vous aime très fort.

C'en était trop, je ne pus retenir mes larmes une seconde de plus. Et je vis Mike et Kieron se frotter les yeux eux aussi – ils sont sensibles, mes hommes – alors que je me jetais sur Justin pour le serrer dans mes bras.

Mais la fête ne s'arrêtait pas à cette cérémonie. Nous voulions également célébrer sa réussite à la maison afin qu'il puisse réaliser qu'il faisait partie intégrante de notre famille, désormais, qu'importe ce qui allait se passer par la suite.

Nous avions invité tous ceux dont nous pensions la présence indispensable : les membres de ma famille et de celle de Mike qui connaissaient Justin depuis le début, ainsi que nos amis proches et leurs enfants – tous ceux qui avaient contribué de façon positive à l'évolution de Justin et qui s'étaient révélés un précieux soutien. John et l'équipe nous rejoignirent à la maison pour poursuivre les festivités. À vrai dire, la seule personne que Justin n'avait pas voulu voir chez nous était Harrison – une exclusion notable. Justin avait justifié son choix en signalant que sa présence rendrait les choses « trop officielles ». Je ne m'y étais pas opposée, mais je soupçonnais qu'en réalité, il ne veuille pas de lui, car c'était la personne qui représentait le plus son avenir. Après tout, ce serait lui qui accompagnerait Justin – et sa vieille valise – dans son nouveau foyer.

Mais aucun de nous ne voulait penser à de telles choses, pour l'instant. C'était une journée qui célébrait le présent, et non le passé *ou* l'avenir. C'était en tout cas notre état d'esprit du moment. La maison résonnait des rires des gens qui s'amusaient, et pas un mot de plus ne fut prononcé au sujet du tournant que sa vie prenait désormais (terminées les additions de points derrière un chocolat chaud et des *crumpets*, le vendredi, sans parler de ce que cette réussite symbolisait).

Et Justin semblait sincèrement heureux, ce qui était le comble du bonheur, aux yeux de Mike et moi, qui savourions cette satisfaction. La vie nous paraissait paisible, au moins pour le moment.

Ce n'est que quelques soirs plus tard, alors que je montais chercher le linge sale, que la réalité de cette nouvelle situation me frappa de plein fouet. Lorsque j'approchai de la chambre de Justin – il était monté regarder un film –, Bob me doubla et entra dans la pièce comme une flèche.

— Salut, toi, entendis-je souffler Justin. Tu sais que tu vas me manquer quand je devrai partir ?

Il marqua une pause, durant laquelle je l'imaginai caresser tendrement Bob, puis il reprit avec une voix encore plus douce :

— Oui, c'est clair que tu vas me manquer, petit père, murmura-t-il. Et moi, je vais te manquer ? Oui, j'en suis sûr.

Serait-il capable d'exprimer ces sentiments, vis-à-vis de nous ? Je désirais tellement qu'il nous accorde une place particulière dans son cœur et qu'il sache que c'était réciproque. J'avais si peur qu'il nous repousse, éventualité qu'on nous avait évoquée de nombreuses fois. Je disparus du palier sur la pointe des pieds.

22

Nous étions vendredi matin, et cela faisait une semaine que la cérémonie avait eu lieu lorsque l'école me téléphona.

— Madame Watson ?

Je reconnus aussitôt cette voix : c'était celle de Richard Firth, le responsable d'année de Justin.

— Oui, c'est moi, répondis-je en m'attendant au pire.

En principe, le collège ne vous appelait pas en pleine journée pour vous signaler les bons résultats de votre enfant en physique. Et il s'agissait de Justin. Je me demandais ce qui avait encore bien pu arriver.

— Nous nous faisons du souci, m'annonça Richard, et nous voulions vous en parler. Désolé d'ajouter cela au changement imminent de famille d'accueil de Justin ; j'imagine que vous auriez préféré vous en passer. Mais plusieurs événements nous ont alarmés, en particulier durant les cours que, je suis navré de vous l'apprendre, Justin perturbe de plus en plus.

— Ce n'est pas vrai !... lançai-je.

Que pouvais-je bien dire d'autre ?

— Qu'est-ce qu'il a fait ?

— Il a tendance à dissiper les autres élèves en leur faisant jeter des objets, par exemple, ou il les pousse à hurler des idioties. On m'a également signalé qu'il ne mangeait pas son déjeuner. Apparemment, il dépense plutôt son argent dans des bonbons et des boissons gazeuses. D'après nous, ce comportement cache quelque chose ; ces actes dénotent un besoin d'attirer l'attention.

— J'imagine que vous avez raison, dis-je en me remémorant la prévision de John. Qu'est-ce que vous voulez que je fasse ? Lui parler ?

— En premier lieu, oui. Vous pourriez peut-être lui rappeler qu'il marche toujours sur des œufs, surtout vis-à-vis des membres du conseil d'établissement. Nous préférerions ne pas avoir à aller plus loin, en particulier maintenant que Justin a fait un énorme pas en avant. Alors, si vous pouviez étouffer cela dans l'œuf en discutant avec lui, ça faciliterait les choses.

— Mince ! lança Riley, qui venait prendre un café à la maison et avait entendu la fin de la conversation. Ça se passe exactement comme ils l'avaient prédit, hein ? C'est tellement triste…

J'avais expliqué à Riley que John et Harrison nous avaient préparés à une éventuelle régression chez Justin maintenant qu'il allait bientôt nous quitter. On nous avait rassurés : c'était totalement normal. Les enfants en famille d'accueil avaient tendance à protéger leurs sentiments de cette manière ; ils faisaient en sorte qu'on ne les aime pas afin de pouvoir plus facilement briser leurs liens émotionnels. Mais la réalité se révélait légèrement plus ardue que ce que je m'étais imaginé, sans parler du timing, loin d'être idéal. Riley arrivait à terme et elle pouvait avoir ses premières contractions à tout moment. Ce qui voulait dire que, quand David travaillait, il fallait que je sois disponible. La dernière chose dont j'avais envie ou besoin était donc qu'on me demande de venir régler tout un tas de nouveaux problèmes d'attitude.

Car, en vérité, il n'y avait pas qu'à l'école que ça s'était passé. À la maison, sans que je puisse l'expliquer, tout était soudain devenu difficile presque aussitôt après la cérémonie, et en particulier suite à la dernière rencontre de Justin avec Harrison Green, qui lui avait parlé de son prochain foyer et montré des photos de la famille. De l'avis général, c'était un gentil couple, sans enfant et avec deux chiens. Cependant, leur aspect sympathique n'était pas ce qui comptait le plus. Aller vivre chez eux, aussi affables fussent-ils, voulait dire qu'il nous quitterait.

Mais nous nous étions engagés ; c'était en quoi consistait notre rôle de famille d'accueil. Il ne s'agissait pas de glisser un enfant dans un créneau libre de votre vie, mais qu'il *devienne* votre vie, plus ou moins.

Je me rassis auprès de Riley, désemparée.

— Ça se passe *exactement* comme ils nous l'avaient dit. C'est comme s'il avait le manuel, mais pas nous. L'autre après-midi, j'ai eu une migraine atroce. Et lorsqu'il est rentré de l'école et a allumé la télé à plein volume, je lui ai demandé de la baisser. Tu sais ce qu'il m'a répondu ?

Riley remua la tête et but une gorgée de son déca.

— Non, dis-moi.

— Il m'a regardée droit dans les yeux et m'a sorti : « Super ! J'espère que tu auras une attaque ! »

Je pris mon café et soufflai pour le refroidir.

— Charmant, hein ?

Riley plissa le front, songeuse.

— Je sais, finit-elle par dire. À vrai dire, il a eu une attitude similaire, lundi dernier, lorsqu'il est passé nous voir à la maison pendant la promenade du chien. Je ne voulais pas te le répéter parce que ce n'est franchement pas sympa, mais…

— Oh ! ne t'inquiète pas, l'interrompis-je. Qu'est-ce qu'il t'a dit ?

— C'était au sujet de toi et papa. Comme tu l'as suggéré, ce comportement cache quelque chose, mais ça m'a tout de même clouée sur place. Je lui racontais qu'une fois, quand Kieron et moi étions petits, tu t'étais fâchée parce qu'on avait mis des laisses aux lapins pour aller les promener, tu te souviens ?

Je hochai la tête. Oui, je me souvenais très bien.

— D'un coup, Justin nous sort : « Mes pauvres. Je vous plains d'avoir été élevés par Mike et Casey. » *« Quoi ??? »* je lui fais. Alors, il répond : « Parce qu'ils craignent », ou un truc du genre, puis il rajoute : « Et j'ai hâte de partir, parce que je les déteste. » Je lui ai passé une sacrée soufflante, tu peux me croire ! J'étais si *choquée* de l'entendre dire une chose pareille, après tout ce qu'il a vécu avec vous ! Encore, il aurait lancé ça il y a six mois, d'accord, mais *aujourd'hui* ? Je savais que tu ne le prendrais pas mal si je te le disais, mais je lui en voulais tellement… C'est sorti de nulle part, et c'est tellement gratuit…

— Pas tant que ça, la rassurai-je.

Elle semblait si gênée de m'avoir confié cela que ça me brisait le cœur.

— C'est exactement ce que John et Harrison avaient prévu. C'est une réaction normale, et, non, je ne le prends pas mal, trésor. À vrai dire, je m'inquiète plus de ne pas savoir quoi faire.

J'en fis part à Harrison Green lorsque Riley fut partie. Je l'aurais bien signalé à John, mais je me rendis compte que ça ne servirait à rien. Dès que Justin nous aurait quittés, John ne serait plus impliqué dans sa vie. Comme c'était Harrison qui le suivrait, il valait mieux que ce soit à lui que je transmette un quelconque doute potentiel sur l'évolution de Justin.

Mike et moi avions également besoin de conseils. Devions-nous réagir ? Lui faire la morale ? C'est en tout cas ce que semblait vouloir l'équipe de son collège, et la dernière chose que je lui souhaitais était de se faire exclure une fois de plus. Ou devions-nous simplement faire comme si de rien n'était ? Nous contenter d'ignorer son comportement ? Quelle était la meilleure façon de gérer la situation ? Je n'en avais aucune idée.

— Il faut à tout prix réagir, me conseilla Harrison. Dites-lui qu'une telle attitude est inacceptable, mais ne laissez rien transparaître de vos sentiments. Il ne faut pas lui donner la possibilité d'aggraver le conflit entre vous. Contentez-vous de lui assurer que vous l'aimez, que c'est seulement son *attitude* qui est inacceptable. Ça fait partie du processus ; il faut que vous le preniez avec calme.

Ce qui rejoignait plus ou moins ce que je pensais : nous allions devoir réagir comme avec un enfant en bas âge. Mettre en avant les choses positives et gérer de façon pondérée mais efficace les mauvais points. Harrison n'était pas la première personne auprès de qui j'aurais cherché conseil en temps normal, mais il avait bien plus d'expérience que moi, que ce soit avec Justin ou d'autres enfants en famille d'accueil, et il fallait que je me fie à son avis. Je ne supportais pas de l'entendre – je *refusais* que Justin rompe tout lien émotionnel avec nous –, mais ce qu'Harrison me dit me paraissait malheureusement vrai.

— Je n'arrive pas à me faire à l'idée qu'il pense devoir nous rayer de sa mémoire, confiai-je à Mike ce soir-là, une fois au lit. Je comprends pourquoi il le fait, pourquoi n'importe quel enfant pour qui tout est temporaire le ferait, d'ailleurs, mais nous ne pouvons pas le laisser faire, tu n'es pas d'accord ? S'il y a bien une chose qu'il doit retenir de tout cela, c'est qu'il y a des gens qui l'aiment inconditionnellement, et que nous serons toujours là pour lui. *Toujours.*

— Il le saura, m'assura Mike, si on ne change rien à notre façon de faire. Peut-être ne pourra-t-il pas le montrer dans l'immédiat – ça s'avère être plutôt le contraire, d'ailleurs. Mais je suis persuadé qu'il en aura conscience. Et c'est ça qui compte. Je sais que c'est difficile, chérie, mais il est obligé de prendre certaines distances vis-à-vis de nous. Il va devoir nous quitter, après tout.

Il y avait toutefois une chose que je n'avouai pas à Mike ce soir-là : j'étais bouleversée par tout cela.

Pas seulement à cause de nos relations de nouveau tumultueuses avec Justin, mais également parce qu'en vérité, je ne voulais pas qu'il parte. Je voulais le garder. C'était aussi simple que ça.

Je soupçonnais Mike de ressentir la même chose, mais Mike étant ce qu'il est – toujours bien plus pratico-pratique que moi –, chaque fois qu'il me voyait « trop cogiter », comme il disait, ou l'air triste, il faisait en sorte de m'arracher un sourire, de me motiver en me parlant de notre mission suivante, de l'arrivée du prochain enfant, et il m'assurait que je me débrouillais comme une chef. C'était ce dont j'avais besoin, et c'est sûrement pour ça que nous formions une si bonne équipe, mais, en toute honnêteté, j'avais parfois envie de lui hurler : *« Mais je ne me débrouille pas si bien que ça ! Je ne veux pas d'une autre mission ! Je veux garder celle que j'ai déjà ! »*

Le jour suivant, j'appelai John Fulshaw pour lui révéler ce que je ressentais et lui demander si nous pouvions nous voir. J'avais besoin de connaître exactement les options qui nous étaient offertes avant d'en parler à Mike. Par chance, John avait une réunion pas très loin de chez nous le lendemain. Nous convînmes donc de nous retrouver ensuite autour d'un café. Dès son arrivée, je compris que j'avais eu raison de lui faire part de mes craintes : visiblement, il avait des choses à me dire.

— Je ne voulais pas en parler, à la base, confirma-t-il mes soupçons à peine fut-il assis. En toute honnêteté, je ne devrais pas. En grande partie parce que j'ai conscience que cette période de transition est difficile psychologiquement pour n'importe quel assistant familial, surtout ceux qui vivent ça pour la première fois.

— Parler de quoi ? Qu'est-ce que vous ne m'avez pas dit ? Ne me faites pas croire que vous avez encore un effroyable secret à me révéler, dis-je en m'efforçant de garder un ton léger, avec un sourire.

Je ne voulais pas qu'il imagine que je commençais à ne plus pouvoir gérer mes émotions. Mais il secoua la tête.

— Aucun secret, promis. Non, il s'est passé quelque chose. J'ai reçu un coup de fil…

— De qui ?

— De Justin.

— De *Justin* ? Pourquoi vous appellerait-il ? Il ne sait même pas comment vous contacter !

Aussitôt, je me rendis compte de ma stupidité. Il avait non seulement accès au numéro de John, mais aussi à tous les autres numéros importants, que j'avais affichés sur le frigo.

— De toute façon, ajoutai-je, embarrassée, il appellerait sans doute Harrison, s'il voulait discuter de…

— J'ai bien l'impression qu'il a fait quelques recherches, répondit John. J'imagine qu'il a dû avoir mon numéro par le biais d'Harrison.

Je remuai la tête.

— Non.

Je lui fis part de mon imprudence. Mais, quelque part, ça n'était pas si grave. Pourquoi ne pourrait-il pas appeler John ? Certes, ce n'était pas son référent social, mais le mien. Mais peut-être était-ce exactement *pour cela* qu'il voulait lui parler ?

— Qu'est-ce qu'il a dit ? le pressai-je, intriguée.

— En gros ? Que, d'après lui, il n'est pas encore « guéri ». Qu'il pense avoir encore besoin de votre aide pour « y voir clair ». Il m'a demandé s'il pouvait rester avec vous et refaire le programme.

Ce qui expliquait la vraie raison de son comportement, et non ce que nous avions supposé. Il ne faisait pas des siennes afin de créer une certaine distance émotionnelle entre lui et notre famille avant de partir. Il agissait ainsi, car, selon lui, c'était un moyen de pouvoir rester avec nous.

— Oh ! mon Dieu…

John s'enfonça dans sa chaise et remua la tête.

— Je sais. Et je dois vous dire que c'est une première pour moi aussi, Casey, admit-il, se faisant l'écho de mes pensées. J'imagine que ce sera une circonstance propre à ce programme. Cette réaction n'est pas vraiment étonnante : un enfant placé dans un foyer stable n'a pas de raison de vouloir partir. Et dans une famille d'accueil traditionnelle, un enfant ne réclame jamais ce genre de chose. En général, il quitte un foyer pour retourner dans sa famille. Disons donc que nous sommes tous les deux en territoire inconnu.

J'étais abasourdie. Et également perturbée. J'avais du mal à trouver les mots qui décrivaient exactement l'état dans lequel cette révélation m'avait mise.

— Oh ! John, le simple fait qu'il vous ait appelé me brise le cœur.

— Je sais, Casey, je sais.

Je luttai avec toutes ces pensées pendant des jours. Ce soir-là, je révélai à Mike mon envie de garder

Justin, mais aussi qu'il ne cherchait pas à briser tout lien avec nous afin de rendre la séparation plus facile. Au contraire, il tentait à tout prix d'empêcher cette séparation. Ce qui, même s'il me fallut un peu de temps pour en prendre conscience, était sûrement la preuve la plus flagrante du progrès qu'il avait fait avec nous. En effet, il refusait de subir les choses de façon passive, et son comportement inquiétant ne l'était en fait pas du tout. Il s'efforçait d'arranger la situation en mettant en avant sa détermination. Il semblait vouloir prendre en main son avenir plutôt que de se faire du mal ou de se contenter d'accepter l'inévitable. En gros, il ne jouait plus le rôle de victime.

Ce fut cela, sans compter évidemment le soutien professionnel de John, qui finit par me convaincre. Nous pouvions abandonner le programme et garder cet enfant jusqu'à ce qu'il ait l'âge d'être indépendant, ou nous pouvions faire ce pour quoi nous étions formés, c'est-à-dire accompagner Justin jusqu'à sa prochaine famille d'accueil. C'était en tout cas ce que l'on attendait de nous lorsqu'on avait emmené Justin dans notre famille « de la dernière chance ». Si nous options pour cela, nous pourrions accueillir un nouvel enfant, puis un autre, et peut-être encore un autre, dans le but d'en aider un maximum, ce qui avait été mon objectif quand j'avais décidé de quitter mon précédent emploi. Car comme me l'avait fait remarquer Mike, le clan Watson ne disparaîtrait pas de la vie de Justin. Nous ne partions pas à l'autre bout du monde ; nous ne l'abandonnions pas. Et *tout* enfant qui se joignait à notre famille la joignait à vie. Il devenait notre propre enfant, si c'était ce qu'il voulait, et j'espérais plus que tout que c'était ce que désirait Justin.

Je me souvins également, en poussant mon caddie dans le supermarché, ce samedi-là, à la recherche de *crumpets* et de la marque de chocolat que Justin aimait tant, que sa nouvelle famille d'accueil ne vivait pas très loin d'ici. Ce qui signifiait qu'à l'instar des liens émotionnels, les traditions familiales, comme les nôtres, demeuraient tant qu'on n'y mettait pas une fin.

23

— Qu'est-ce que tu en penses, Casey ? Je mets le t-shirt de rugby ou mon sweat rouge ? Je n'arrive pas à me décider.

C'était le premier samedi de novembre, magnifique mais glacial, et Mike emmenait une fois de plus Justin chez sa mère. C'était la première fois qu'ils se revoyaient depuis le fiasco du mois d'août.

Le cœur gros, je me rendis compte que ce serait également sans doute la dernière visite dans laquelle Mike et moi allions être impliqués. Je ne pouvais malheureusement pas les accompagner. Cela faisait une semaine que ma pauvre Riley aurait dû accoucher, et je n'osais pas m'aventurer trop loin de peur qu'elle ait ses contractions et qu'elle ait besoin de moi à ses côtés, car elle m'avait demandé d'assister à la naissance.

C'était une responsabilité que je prenais très au sérieux, ravie que j'étais d'avoir eu le privilège d'être choisie. J'avais toujours secrètement nourri l'espoir qu'elle me le propose – quelle mère ne le voudrait pas ? –, mais je n'aurais jamais osé m'imposer. Ce n'était pas la façon dont les choses devaient se dérouler. C'était une décision qui appartenait à

Riley et David, j'avais donc dû me contenter de croiser les doigts pour qu'ils veuillent de moi lors de ce moment.

Pour mon plus grand bonheur, c'était le cas. J'étais plus qu'enchantée de pouvoir assister à la venue au monde de mon premier petit-fils. Je doute qu'il soit utile de préciser que j'étais sur un petit nuage, et, plus le moment approchait, moins je tenais en place.

Mais ça voulait donc dire que je ne pouvais pas être là pour Justin, ce jour-là, et, même si je savais que Mike était à la hauteur de la situation, je ne cessais de m'inquiéter du bon déroulement de cette rencontre, priant qu'elle se passe correctement, cette fois. Je ne suis pas certaine que j'aurais été capable de me maîtriser si Janice avait fait quoi que ce soit pour blesser Justin. J'étais comme une tigresse avec son petit, prête à attaquer quiconque viendrait le renifler de trop près.

La visite avait mis du temps à arriver. Depuis le cauchemar de la dernière fois, l'ordonnance de non-contact venait tout juste de prendre fin. Durant tous ces mois, Janice avait été surveillée de près. Les services sociaux avaient travaillé d'arrache-pied avec la famille, leurs assistants s'étant rendus chez elle de façon hebdomadaire.

Ils m'avaient également signalé qu'ils avaient tout de suite mis les choses au clair avec Janice : si elle ne coopérait pas entièrement avec eux, il y avait un gros risque qu'elle perde la garde de ses autres enfants et que son bébé, qui venait de naître, soit inscrit sur le registre de protection des enfants.

Cela semblait l'avoir réveillée, et elle avait visiblement fait preuve d'un réel effort pour changer radicalement certains aspects de sa vie. Ainsi, elle avait coupé le contact avec la plupart de ses « amis » et avoué à la police que son cadet avait de fortes chances de dire la vérité lorsqu'il s'était plaint d'abus, bien qu'elle maintînt ne pas se souvenir des noms de tous les hommes qui venaient se droguer chez elle.

Elle suivait des cours parentaux et avait entamé une cure de désintoxication. Elle avait donc de toute évidence fait un grand pas en avant, ce dont, je l'espérais, bénéficierait Justin. Peut-être n'était-ce pas trop tard pour qu'ils aient une vraie relation.

J'avais hâte de partager ces bribes de bonnes nouvelles avec lui. Chaque fois qu'on me signifiait l'évolution positive de sa mère, je tenais à le lui signaler, et il semblait ravi de l'entendre. Cependant, il affichait toujours une certaine réserve dans ces moments-là, ce qui était le résultat évident de leurs rencontres précédentes : il préférait ne pas nourrir trop d'espoir. Cette pensée ne fit que renforcer ma détermination. Nous occupions une place privilégiée dans la vie de Justin : il nous faisait entièrement confiance. Nous devions donc nous montrer constants afin de ne jamais le décevoir et de l'assurer que nous ne le laisserions jamais tomber.

Mais cette lueur d'espoir concernant sa mère ne pourrait jamais s'éteindre entièrement, et, étant donné les efforts qu'elle fournissait pour être une meilleure mère (même si Justin n'était pas pour le moment visé), il me paraissait juste que les choses se passent ainsi. Il était en tout cas indispensable qu'il reste en contact avec ses deux petits frères.

Lorsque quelques jours auparavant, après avoir discuté avec Harrison Green, Justin avait suggéré qu'il pourrait peut-être appeler sa mère, je m'étais donc réjouie intérieurement qu'il ait pris l'initiative une fois de plus, malgré mon angoisse persistante qu'elle puisse de nouveau le rejeter. Avant de l'autoriser à l'appeler, je m'assurai que c'était la bonne chose à faire auprès d'Harrison Green, finalement, ce coup de téléphone que je redoutais tant se passa très bien. Justin lui demanda comment elle allait, prit des nouvelles de la petite et se mit même à rire lorsque Janice lui annonça qu'elle lui ressemblait comme deux gouttes d'eau au même âge.

Mais, après avoir discuté une dizaine de minutes, Justin me tendit soudain le téléphone, me mettant dans une situation plutôt embarrassante.

— Vas-y, Casey, m'encouragea-t-il en me plaquant le combiné dans les mains. Elle veut juste te demander si je peux aller la voir.

Je me sentais mal à l'aise et quelque peu agacée, ne sachant pas vraiment de quelle façon m'adresser à elle. Ce n'était pas surprenant, étant donné les circonstances de notre dernière rencontre. Mais, à mon grand étonnement, elle déclara qu'elle voulait me remercier pour tout ce que nous avions fait pour Justin. Soudain, elle lâcha une bombe : médusée, je l'écoutai exprimer le désir que Justin reste chez nous pour toujours, car elle avait conscience de l'amour qu'il nous témoignait.

J'étais bouche bée ; je ne savais pas vraiment comment le prendre. Ça partait d'un bon sentiment

– c'était évident, à sa façon de parler –, mais, étant donné l'évolution qu'ils avaient chacun connue depuis août, je ne parvenais pas à comprendre comment elle pouvait suggérer une chose pareille. En toute logique, elle aurait dû espérer qu'il revienne chez *elle*, non ?

Submergée par une vague de tristesse, je me contentai de lui répondre que cela avait été un privilège de pouvoir nous occuper de lui et qu'il deviendrait sans aucun doute un charmant jeune homme. Évidemment, j'acceptai que nous l'emmenions la voir.

La semaine continua dans cette optique. Justin ne s'était pas limité à offrir un rameau d'olivier à sa mère, mais, une fois le rendez-vous planifié, il se mit en tête de faire la paix avec ses deux pères potentiels en leur écrivant une lettre. Justin s'étant décidé de son propre chef, cela avait été une surprise totale. J'avais imaginé que sa rencontre avec l'un de ces hommes avait été un moment difficile pour lui, mais lorsque Justin demanda à Harrison s'il pouvait leur faire passer ses lettres et qu'il nous expliqua ce qu'il comptait leur dire, nous fûmes impressionnés par sa maturité. Il souhaitait seulement qu'ils sachent qu'il ne leur en voulait pas et que, si un jour ils avaient envie de le contacter, il en serait ravi. Je lus ces lettres avec une boule dans la gorge (j'avais vérifié les fautes d'orthographe et de grammaire avant de les donner à Harrison). Son sens de l'acceptation me touchait tout particulièrement. Il avait fini par s'accommoder du fait qu'il ne connaîtrait peut-être jamais son vrai père. Il pouvait enfin aller de l'avant sans aucune amertume.

Cette réaction témoignait de son évolution émotionnelle, étant désormais capable de se montrer rationnel et généreux vis-à-vis d'adultes qui ne lui avaient fait subir qu'indifférence et chagrin.

— C'est très mûr de ta part, Justin, lui dis-je tandis qu'il glissait avec soin les lettres dans leurs enveloppes. Je suis certaine qu'en les lisant, ils se rendront compte de la chance qu'ils ont de t'avoir quelque part dans leurs vies.

Il avait fait un petit haussement d'épaules résigné, mais pas anxieux.

— La balle est dans leur camp, maintenant. De mon côté, je sais que j'ai fait tout ce que je pouvais. Ce n'est plus mon problème.

Il haussa de nouveau les épaules et me gratifia d'un sourire bancal.

— Je l'ai sorti, secoué et rangé dans mon armoire, hein, Casey ?

J'acquiesçai, soufflée et émue.

— Et s'ils veulent de moi, ils savent où me trouver.

Je fus prise à la fois d'une bouffée de compassion et d'un accès d'injustice en voyant à quel point la vie pouvait être cruelle. Ce garçon aurait pu connaître une existence totalement différente si seulement *un* adulte avait été là pour lui, juste lui, à trois cents pour cent – ce qui paraissait normal aux yeux de tellement d'enfants, les miens y compris. Mais ça ne servait à rien de s'appesantir là-dessus. Il gérait la situation et ne pouvait rien faire de plus. Il fallait gérer et aller de l'avant.

J'étais très fière de lui.

— Tu as entièrement raison, trésor, déclarai-je. Tu as fait ta part. En effet, ce n'est plus ton problème.

Il s'avéra que je m'étais inquiétée pour rien, ce matin-là, en regardant Mike et Justin partir. Lorsqu'ils revinrent quelques heures plus tard, Justin était rayonnant : la visite s'était donc bien passée.

Il n'y en avait que pour sa petite sœur.

— J'aurais vraiment aimé que tu la voies, Casey ! Elle est trop mignonne ! Et elle ne s'appelle pas Princesse, mais Gemma, et, attends…

Il ôta son sac à dos et se mit à farfouiller dedans.

— J'ai une photo.

Il finit par la trouver et la sortit délicatement avant de me la tendre d'un air fier.

— Qu'elle est belle ! confirmai-je. Et Gemma est un très joli prénom. Tu sais quoi ? Ta mère avait raison. On dirait vraiment les photos de toi bébé.

— Je sais, et elle est forte, aussi, continua-t-il à s'épancher. Elle m'a attrapé le petit doigt et elle ne voulait plus le lâcher ! Elle a déjà un sacré tempérament ! ajouta-t-il en déclenchant un fou rire général.

— Et elle n'arrête pas de sourire, poursuivit-il. Tu l'as vue, Mike, hein ?

Mike hocha la tête, aussi enchanté que moi par l'euphorie de Justin.

— Oui, oui, p'tit gars. C'est une sacrée charmeuse. Et elle a de jolies boucles blondes, comme toi !

Visiblement, les paroles de Mike comptaient beaucoup pour Justin, qui poussa un soupir satisfait en ne quittant pas le cliché des yeux.

— Je te jure, Casey, tu l'aurais adorée.

Il agita de nouveau la photo sous mon nez.

— Tu aurais un cadre, au fait ? J'aimerais la mettre à côté de mon lit.

Je partis en chercher un dans la cuisine, et Justin emporta son nouveau trésor dans sa chambre.

— On dirait qu'il a passé un bon moment ! lançai-je à Mike une fois Justin là-haut.

— Oh ! oui. Et c'est très bien pour lui. Je suis content que sa mère se soit radoucie.

— Moi aussi, confirmai-je en mettant l'eau à bouillir pour lui faire un café.

Finalement, peut-être restait-il un espoir pour eux.

Mais c'était un espoir d'un autre genre que Justin nourrissait, et, à ma grande surprise, ça ne le concernait pas. Nous étions tous les trois dans le salon, en train de manger une pizza que nous avions commandée. C'était rare, chez nous.

En principe, je ne laissais pas les enfants manger dans le salon – gare à eux si je les attrapais ! –, mais, comme Kieron était chez Lauren et que Justin n'avait pas de copain pour jouer à la PlayStation, et aussi parce que sa journée avait été riche en émotions, je fis une entorse à la règle afin que nous nous régalions tous ensemble devant la télé. Enfin, c'était le but.

— Vous savez ! lança brutalement Justin tout en mâchouillant. J'espère que ma mère va réussir à rester quelqu'un de bien maintenant qu'elle a une petite fille.

Je posai ma part de margherita, pas certaine de voir où il voulait en venir.

— Qu'est-ce que tu veux dire, trésor ? demandai-je en m'essuyant les doigts.

— Eh bien, je pense qu'elle n'aimait pas vraiment les garçons. J'imagine que c'est à cause de tous les hommes mauvais qu'elle a connus.

Il sembla réfléchir un moment, le regard dans le vague.

— Mais elle paraît complètement différente, maintenant. J'ai l'impression qu'elle l'aime vraiment, celle-ci. Vous comprenez ?

Je ne savais pas quoi dire, mais, de toute évidence, il attendait une réponse. Et je me devais de lui en fournir une.

— Justin, ce que *je* pense, c'est que ta maman aime *tous* ses enfants. Elle a juste eu énormément de mal à gérer la situation lorsque vous étiez petits. Mais aujourd'hui, elle est plus forte et elle va beaucoup mieux. Je suis sûre qu'elle ne changera pas, tu verras.

Justin réfléchit un instant avant de poursuivre en hochant la tête.

— Tu dois avoir raison. Je l'espère, en tout cas, parce que c'est ma petite sœur, et personne n'a le droit de lui faire du mal. Pas même maman.

Mike et moi échangeâmes un regard alors que Justin mordait dans sa pizza.

— Je suis sûre que ça ira, trésor, insistai-je.

Il semblait me croire.

— Moi aussi, déclara-t-il. Mais quelque part, je me demande : pourquoi moi, Casey ? Pourquoi il n'y a que *moi* qui suis en famille d'accueil, et pas les autres ?

C'était la première fois que j'entendais Justin

aborder ce sujet, et c'était une question que tout le monde, même moi, avait posée, mais aucune véritable réponse n'y avait jamais été apportée.

Je pris alors conscience que Justin acceptait enfin le fait que c'était sa mère qui avait décidé de le placer, que ce n'était la faute de personne d'autre ; pas la sienne, pas celle des services sociaux, mais juste de sa mère. Ça devait être atroce à admettre, pour un enfant. Mais, en même temps, il faisait un pas gigantesque vers une éventuelle sérénité.

— Je n'en ai aucune idée, trésor, avouai-je. Lorsque tu seras assez grand pour parler d'adulte à adulte avec ta mère, elle pourra sûrement t'expliquer tout cela. Mais ce que tu dois savoir, c'est que ce n'est pas ta faute. Ça ne l'a jamais été. Et n'oublie pas qu'il y a beaucoup de gens qui t'aiment, d'accord ?

Justin enfouit une poignée de chips dans sa bouche.

— On ne peut *que* m'aimer ! lança-t-il en souriant.

Mais en plus d'avoir à accepter la nouvelle situation de sa famille naturelle, ce qu'il semblait faire admirablement pour l'instant, Justin devait également se préparer à une transition plus immédiate : se défaire peu à peu de la routine sous notre toit afin de devenir membre d'une nouvelle famille.

Il nous fallait encore rencontrer le couple qui avait été choisi. Nous savions seulement que c'étaient des gens d'âge mûr qui s'appelaient Nick et Glynis Hanson et qui avaient, après de nombreuses fausses couches, abandonné l'idée d'avoir des enfants. Ils avaient donc décidé de devenir famille d'accueil.

Jusque-là, ils n'avaient eu à s'occuper que d'un enfant, mais sur une très longue durée. John m'avait dit qu'il avait passé sept ans chez eux et qu'il vivait désormais dans une cité universitaire.

Je m'étais aussi demandé comment ils géreraient l'arrivée de Justin, me souvenant du choc culturel – bien que voulu – que cela avait été pour nous de revivre les rendez-vous chez le dentiste, les tas de linge sale, les tonnes de devoirs, les chambres en bazar et le bouleversement d'avoir de nouveau un enfant de cet âge dans notre vie.

Jusque-là, tout semblait aller pour le mieux. Il les avait déjà rencontrés une fois, avec Harrison, en terrain neutre, et il s'était réjoui de m'annoncer qu'ils avaient deux chiens. Mais, probablement préoccupé par la visite chez sa mère qui approchait, il ne s'était pas étendu davantage sur le sujet. Je n'avais pas insisté non plus. Je savais qu'il me parlerait d'eux quand il serait prêt, lorsqu'il aurait pris réellement conscience qu'il allait vivre chez eux. En attendant, la transition se faisait tout en douceur, avec des visites fréquentes mais courtes, sans forcément suivre un rythme régulier, l'idée étant que le changement se fasse graduellement.

L'étape suivante consisterait à dormir une nuit là-bas, puis plusieurs nuits d'affilée, jusqu'à ce qu'il passe plus de temps chez eux que chez nous, ce qui mènerait le processus à bon terme.

Cela faisait quatorze jours que Riley aurait dû accoucher, et je commençais à me faire du souci. Après avoir été récupéré par Harrison dans la matinée, Justin avait passé la plus grande partie de la journée chez sa future famille d'accueil.

Il était plus de six heures quand Harrison s'arrêta devant la maison. Justin entra tout excité, avec dans son sillage une odeur d'air frais et de chien, et il s'épanchait déjà sur la merveilleuse journée qu'il avait passée.

— C'est super, lui dis-je en le serrant dans mes bras.

Je m'étais rendu compte que c'était une chose que je faisais de plus en plus souvent, à l'approche de son départ. Je voulais à tout prix qu'il sache qu'il pouvait me faire un câlin à tout moment.

— Je suis ravie que ça se soit bien passé. Comment sont les chiens ?

Il afficha un sourire jusqu'aux oreilles.

— Ils sont adorables, Casey !

— Génial ! Et je suis sûre qu'ils seront très contents de pouvoir jouer avec toi, même si tu vas beaucoup manquer à ce pauvre Bob, tu sais.

Il plissa le front, mais sembla soudain avoir une idée lumineuse :

— Peut-être qu'ils pourraient se rencontrer – les chiens, je veux dire – et devenir amis. Je sais ! Je pourrais les promener tous ensemble !

— Pourquoi pas ? répondis-je en le dirigeant vers la cuisine. Quelle est leur race ?

— Je ne suis pas trop sûr… Ils sont un peu gros, en tout cas bien plus que Bob. C'est peut-être des bergers allemands. Il y en a un qui s'appelle Rufus, et l'autre, Blue, et ils sont complètement foufous. Nick m'a dit que, la prochaine fois, lorsque j'irai dormir chez eux, on pourra les emmener à la plage toute la journée. Il m'a dit qu'ils adoraient jouer dans la mer et être tout mouillés. Mais il faut faire attention quand ils sortent, sinon ils vous trempent des pieds à la tête en se secouant.

— Je n'aimerais pas être à ta place, alors ! éclatai-je de rire en lui prenant une assiette et un mug. Je préférerais…

Je m'interrompis aussitôt, car Mike venait d'apparaître à l'entrée de la cuisine avec un curieux sourire.

— C'était David, dit-il en montrant le téléphone dans sa main. Riley a des contractions.

24

Inspire, expire, me répétai-je intérieurement. C'était enfin le grand jour. J'étais une vraie pile électrique depuis que le terme de Riley était passé, mais, maintenant que nous y étions, je me sentais de nouveau sereine.

Ce qui n'était pas plus mal, car, étant donné que j'allais assister à son accouchement – auprès de David, évidemment –, j'avais des choses à faire. Je devais être à mon poste.

— Bon, dis-je à Mike tout en faisant un grand sourire à Justin. Appelle Kieron, tu veux, chéri ? Demande-lui de descendre. Et je vais avoir besoin de la liste qui se trouve dans le tiroir de ma table de chevet.

Mais Mike ne m'écoutait pas. Lui-même était dans tous ses états : il s'agitait littéralement comme une poule sans tête, ramassant ses clés de voiture, les reposant, attrapant son manteau… Ça ne lui ressemblait absolument pas, mais, pour sa défense, il n'avait jamais été encore sur le point de devenir grand-père. De toute évidence, il allait falloir le canaliser.

— Mike ! répétai-je d'un ton plus ferme. Nous

avons du temps, et tout est déjà organisé. Est-ce que tu peux aller chercher Kieron, s'il te plaît ?

Puis je me tournai vers Justin, dont l'expression était passée de « Génial ! Riley va avoir un bébé ! » à « À l'aide ! Plus rien ne tourne rond ici ! » Je lui pressai l'épaule d'une main rassurante. Malgré les efforts qu'il avait fournis, Justin avait encore besoin d'une certaine routine. Il fallait donc le conforter dans l'idée qu'il y en avait toujours une en place.

— Ça va aller, trésor, lui soufflai-je. J'ai tout prévu pour toi. On en a parlé il y a deux semaines, tu te souviens ? Mike et moi rejoignons Riley à l'hôpital, et Kieron et Lauren restent ici pour te garder.

Il hocha la tête, mais il semblait toujours inquiet.

— D'accord, répondit-il. Mais vous rentrez à la maison, ce soir ?

— Je ne sais pas, trésor, avouai-je. Parfois, les bébés mettent du temps à arriver. Mais ça va aller. Lauren dort à la maison, aussi, souviens-toi. Elle et Kieron te prépareront ton dîner et ton petit-déjeuner. Et je te promets de t'appeler. Juste avant que tu ailles te coucher. Comme ça, je te donnerai des nouvelles.

Il acquiesça de nouveau et, cette fois, il semblait légèrement moins nerveux. Tout se passerait bien, avec Kieron et Lauren. Après tout, j'avais déjà noté tout ce qu'ils avaient besoin de savoir : quoi préparer, pour quelle heure, etc. Par chance, nous étions samedi : je pouvais donc rayer toutes les instructions concernant l'école.

— Maman ! lança Kieron en dévalant l'escalier derrière Mike. Tu m'appelles toutes les heures, d'accord ? Et peu importe s'il est tard. Je ne pourrai pas dormir tant que je ne saurai pas que Riley va bien.

Submergée par une vague d'amour maternel, je lui promis de le faire. C'était tellement touchant de voir à quel point mes enfants tenaient l'un à l'autre. C'est alors que je fus frappée par une autre révélation, au sujet de mon premier fils « adoptif » : il était sur le point de partager l'un des plus grands moments de notre vie. Voilà qui nous lierait à jamais. J'embrassai mes deux garçons et leur jurai de les appeler, puis Mike et moi partîmes.

Nous arrivâmes à la maternité tout juste quand on reliait Riley à un moniteur. Le travail avait déjà été bien entamé lorsqu'elle avait été admise, et elle avait désormais des contractions toutes les minutes.

Mais c'était un premier enfant, et je savais qu'avoir des contractions toutes les minutes ne signifiait pas forcément que le bébé n'allait pas tarder. En effet, Mike passa trois longues heures solitaires à faire les cent pas dans la salle d'attente tandis que je faisais de mon mieux pour assister Riley, aux côtés d'un David nerveux, en lui épongeant le front, en lui passant le masque à gaz hilarant et en lui assurant qu'elle se débrouillait très bien.

Il n'y a pas de mot pour décrire ce que j'ai ressenti en regardant venir au monde mon premier petit-fils, à vingt-trois heures quinze, en ce samedi de fin novembre, et quiconque ayant déjà assisté à une naissance doit sans aucun doute partager ce sentiment. Je ne me souviens pas d'avoir jamais autant pleuré. J'étais si fière de Riley qu'il m'était impossible de me contenir et, lorsqu'on posa dans mes bras ce petit bout, les vannes s'ouvrirent davantage. C'est un miracle que je ne l'aie pas trempé jusqu'aux os.

Mike nous rejoignit quelques instants plus tard, lorsque la sage-femme eut terminé de s'occuper de Riley. Aussitôt, David et lui se mirent à pleurer eux aussi. À vrai dire, je ne suis pas sûre d'avoir déjà vu Mike ainsi. En quelques secondes, il s'était mis à pleurer tout son soûl.

Il lui fallut cinq bonnes minutes pour se remettre. Une fois calmé, et sûrement un peu gêné par son effusion de larmes, il se pencha vers Riley et lui souffla :

— Il est magnifique, chérie. Mais tu ne trouves pas qu'il a les oreilles d'oncle Glynn ?

Même épuisée par l'accouchement, Riley n'avait pas perdu son sens de la repartie. Elle lui décocha un coup sur l'épaule et lança sa contre-attaque verbale avec un grand sourire :

— Tu n'as pas tort, papa. Mais je peux faire avec, tant qu'il ne finit pas avec ton nez !

Il ne m'en fallut pas davantage pour rouvrir les vannes. J'attrapai la boîte à mouchoirs et sortis appeler à la maison, comme promis.

On dit que rien n'arrive par hasard. Peut-être la naissance du petit Levi était-elle arrivée au moment opportun, car, suite à un tel bouleversement familial, je vécus les deux premières semaines dans une espèce d'état second. Riley et moi étant très proches, nous passions beaucoup de temps ensemble, et j'avais beau tout faire pour l'aider à gérer son nouveau rôle, j'étais consciente que ma fille se débrouillait très bien toute seule.

Elle semblait douée pour ça, même s'il me faudrait encore deux années pour réaliser l'étendue de cette disposition. En attendant, je savourais la délicieuse fierté d'être grand-mère en prenant des tas de photos.

Et cela me permettait surtout d'être un peu moins angoissée au sujet du bouleversement qu'allait connaître Justin, un autre petit garçon ayant accaparé également mon attention. Ça ne pouvait être qu'une bonne chose, car la transition serait moins difficile à supporter.

Comme ce le fut lorsque nous rencontrâmes enfin sa nouvelle famille. Levi avait deux semaines quand nous fîmes la connaissance des Hanson, qui étaient des gens tout à fait charmants.

Désormais, nous déposions Justin chez eux nous-mêmes – c'était idiot de laisser Harrison Green continuer ces allers et retours, et nous nourrissions l'espoir, même si les Hanson l'ignoraient encore, que Justin puisse régulièrement passer chez nous lorsqu'il vivrait définitivement chez eux.

Pour sa stabilité émotionnelle, une certaine proximité géographique avec notre famille avait sûrement été un facteur clé dans le choix du futur foyer de Justin, même si nous n'en avions jamais demandé la confirmation. Et cela, pas seulement dans l'idée que Justin puisse garder contact avec nous : ça signifiait aussi qu'il n'aurait pas une fois de plus à changer d'école – expérience déjà déchirante pour n'importe quel enfant de son âge, alors d'autant plus pour un jeune avec de tels soucis.

Il était donc indispensable que nous nous entendions bien avec les Hanson, et ils nous avaient justement proposé de venir prendre un café, cet après-midi-là, en déposant Justin, qui dormirait là-bas.

— C'est terrible, confiai-je à Mike, plus tard dans la soirée, derrière le curry que nous venions de commander.

Ça faisait bizarre. Justin passait la nuit chez les Hanson, et Kieron était sorti avec Lauren ; c'était notre première soirée en amoureux depuis des années. Rien que nous deux, et un gueuleton devant la télé.

— Et j'ai honte de l'avouer, mais je crois que je m'étais préparée à trouver des raisons de ne pas les aimer, dis-je en haussant les épaules d'un air gêné. C'est idiot, pas vrai ?

— Je n'attendais rien d'autre de toi, répondit Mike avec un sourire.

— Hé !

— Quelque part, peut-on espérer qu'ils soient à la hauteur, après nous ? Après *toi* ?

— C'est horrible de dire une chose pareille, Mike ! Ce n'est pas gentil de te moquer.

— Je plaisante. Mais, sérieusement, n'oublie pas que je sais comment tu fonctionnes, chérie. J'ai conscience que c'est difficile. Quand tu te donnes autant pour quelque chose – ou quelqu'un, en l'occurrence –, tu veux que ce soit particulier. Tu veux être spéciale à ses yeux. Tu veux lui manquer. Tu ne veux pas qu'il parte avec les Hanson sans se retourner une dernière fois.

— Tu dois avoir raison, admis-je. Mais ils ont l'air

très bien, tu ne trouves pas ? Je pense qu'il sera heureux chez eux. Et tu sais pourquoi ? Parce qu'ils semblaient sincèrement tenir à lui, et pas de manière professionnelle. Ça se voit qu'ils ne se cantonnent pas au simple rôle de « famille d'accueil ». J'ai vraiment eu l'impression qu'ils avaient les pieds sur terre et plein d'amour à donner. Comme s'ils étaient décidés à l'aider à réussir sa vie.

Mike m'entoura de son bras et me tira vers lui, percevant peut-être que, derrière ma façade enthousiaste, il y avait encore une partie de moi qui ne voulait pas le laisser partir.

— Ce sera tout de même difficile de t'arriver à la cheville, chérie, murmura mon tendre mari.

Cela avait été étrange d'accueillir Levi dans notre vie alors que Justin s'apprêtait à la quitter, et, les premiers jours, avec toutes ces allées et venues, je ne savais pas vraiment si le fait que l'attention générale soit centrée sur le bébé rendrait la séparation plus facile pour Justin. D'un côté, il y avait ce nouveau sujet de conversation, mes nombreux allers-retours chez Riley et David, et la routine familiale qui avait été chamboulée. D'un autre côté, il y avait également les va-et-vient de Justin, sa conception du foyer s'apparentant désormais à une fête itinérante. En effet, il allait de plus en plus souvent dans sa nouvelle maison et restait de moins en moins chez nous.

Levi ne devait pas avoir plus de trois ou quatre semaines lorsque je pris conscience que le concept de « maison », dans ce cas, n'était pas forcément fait de briques et de ciment. Il était crucial que Justin s'adapte à sa nouvelle famille, mais je me souciais tout de même qu'en l'y encourageant, il ne finisse par se sentir rejeté de la nôtre. Toutefois, je n'aurais pas dû autant m'inquiéter. Un jour, alors qu'il venait tout juste de rentrer de l'école pour le goûter – il irait ensuite passer la soirée chez les Hanson –, Riley arriva avec Levi.

Elle paraissait fatiguée mais épanouie, et elle gérait toujours la situation, prenant les choses avec sérénité.

— Salut, Justin ! lança-t-elle en le découvrant. Ça me fait plaisir de te voir ! Et tu tombes plutôt bien. Tu veux donner le biberon à Levi, pour que je puisse profiter de dix minutes de repos avec maman ?

Justin la regardait d'un air hébété tout en intégrant ce qu'elle venait de lui demander. Son expression légèrement nerveuse mais ravie était non seulement irrésistible, mais elle démontrait surtout l'évolution que nous avions connue.

— Allez, l'amadoua Riley. Viens t'asseoir ici.

Elle tira une chaise de sous la table de la cuisine.

— Installe-toi confortablement pendant que je fais réchauffer le biberon.

Justin s'exécuta. Tandis que Riley s'affairait de son côté, je pris Levi dans son landau et le posai délicatement dans les bras de Justin. Par chance, Levi y semblait aussi heureux que dans ceux de n'importe qui. Lorsque le biberon fut chaud et que Riley eut montré à Justin comment le tenir, Levi se mit à téter avec entrain, l'air rêveur.

Mais c'était l'expression de Justin qui nous captivait le plus – même si ni moi ni Riley n'aurions osé l'avouer. Il donnait le biberon à Levi avec douceur, comme n'importe quel grand frère attentionné, et il avait les larmes aux yeux.

Je versai moi-même beaucoup de larmes les deux semaines suivantes.

J'avais toujours eu conscience que le fait d'accueillir des enfants serait une montagne russe émotionnelle, et qu'un tel bouleversement faisait partie du lot, mais j'étais encore perplexe, tout comme Mike, de voir à quel point nous vivions le départ de Justin comme un deuil.

Mais c'était inéluctable : la séparation prenait peu à peu effet. Justin faisait preuve d'un certain recul vis-à-vis de nous, désormais. Même si je savais que c'était ce qu'il avait de mieux à faire pour pouvoir gérer la situation, je ne pouvais m'empêcher de me sentir rejetée.

John Fulshaw entreprit de me prodiguer ses conseils et de me rassurer, mais je ne cessais de revivre tout ce que nous avions traversé et de me demander ce que nous aurions pu faire différemment, du moins moi. J'imagine que je cherchais à avoir ce que je ne pouvais obtenir : je voulais qu'il me montre à quel point je lui manquais et continuerais à lui manquer, ce qui était précisément ce qu'il ne pouvait pas se permettre d'afficher.

John avait également insisté sur le fait que Justin était un enfant profondément perturbé, qui avait vécu de nombreux rejets dans sa vie et ne pourrait désormais que tisser des relations superficielles avec les autres.

Mais je suis différente ! me retins-je de lui hurler.

L'étais-je vraiment ? Probablement pas, mais ça

ne m'empêchait pas de nourrir l'espoir que je l'étais au moins aux yeux de Justin, que nous l'étions tous. Peut-être pas aujourd'hui, mais sûrement plus tard.

— Il va falloir vous endurcir, insista John.

Ce qu'il continua de faire devant une tasse de café, dans ma cuisine, à la mi-décembre.

— Car toutes vos prochaines missions se termineront de cette manière, Casey. C'est la nature de votre travail. Il va falloir vous y faire.

Je jetai un œil par la fenêtre, vers le ciel teinté de corail qui me paraissait chargé de neige. La météo n'en ayant pas prévu, peut-être mon esprit me jouait-il des tours. J'espérais toujours qu'il neige, à cette période de l'année. Noël approchait et, comme tous les ans, j'en faisais des tonnes. Peut-être en faisais-je même plus que d'habitude, songeai-je en observant les guirlandes qui clignotaient dans le jardin, à l'avant de la maison (il ne faisait pas encore nuit, mais j'avais décidé de les allumer tout de même). Non seulement parce que c'était le premier Noël de mon petit-fils, mais aussi pour combler l'énorme vide laissé par Justin.

Et je savais qu'il fallait que je recharge mes batteries, car John me l'avait ordonné en partant.

— Mike et vous avez droit à deux semaines de repos, m'apprit-il. Ensuite, on vous proposera votre prochain enfant.

Je le regardai grimper dans sa voiture. La bise de décembre s'enroulait autour de mes jambes jusqu'à les mordre.

Au moment de partir, il baissa sa vitre et me dit :

— Attendez-vous à un feu d'artifice en janvier…

Épilogue

Qu'en est-il de l'évolution de Justin, depuis qu'il nous a quittés ? Eh bien, son nouveau placement a duré deux ans avant de malheureusement prendre fin. Comme John l'avait envisagé, Justin ne réussit pas à se lier à sa nouvelle famille et, au bout de deux ans, il se mit à considérer de plus en plus sérieusement un retour en maison d'enfants. Il finit par quitter les Hanson pour en intégrer une, où il se trouve toujours actuellement, seul mais stable. Il travaille en tant que jardinier.

Même s'il est fort possible que Justin ne s'intègre jamais totalement à la société en tant qu'adulte, il fait partie intégrante de notre famille et vient nous voir, Mike et moi, toutes les semaines. Quant à Riley et David, ils ont trois enfants maintenant : Levi, Jackson et Marley Mae. Justin passe chaque Noël avec nous, chez Riley et David, et il adore les petits, qui le lui rendent bien. Pour eux, c'est leur « tonton Justin ».

Kieron et Lauren sont toujours ensemble, pour notre plus grand bonheur, et ils attendent actuellement leur premier enfant. Justin en est également ravi et nous a d'ailleurs récemment confié qu'il gardait une échographie du bébé dans son portefeuille.

Quant à Justin, il a dix-sept ans, désormais, et j'ai le plaisir de vous annoncer qu'il est toujours en contact avec sa famille naturelle. Il voit sa mère et ses frères deux fois par an et semble avoir accepté le fait qu'ils ne seront jamais une « vraie » famille, à proprement parler.

Parfois, sa mère lui manque, mais en général, dans ces cas-là, il m'appelle et nous en discutons. Quant à Gemma, maintenant qu'elle est assez grande, elle et Justin se téléphonent constamment !

Notre relation avec Justin est très simple à nos yeux. Pour lui, nous sommes Mike et Casey, et nous serons toujours là pour lui, ainsi que Riley et David, et Kieron et Lauren – le clan tout entier. Toutefois, peut-être est-il intéressant de conclure en remarquant que Justin parle de Kieron et de Riley comme de son demi-frère et de sa demi-sœur. Que voulez-vous ajouter à cela ?

Remerciements

J'aimerais remercier toute l'équipe
de HarperCollins, l'adorable Andrew Lownie,
et mon amie et mentor, Lynne.

Composition et mise en pages réalisées
par Text'oh ! - 39100 Dole

Achevé d'imprimer par N.I.I.A.G.
en janvier 2013
pour le compte de France Loisirs, Paris

N° d'éditeur : 71221
Dépôt légal : janvier 2013
Imprimé en Italie